古代歷史文化研究輯刊

二編

王明蓀 主編

第24冊

明代官員丁憂與奪情之研究

駱芬美 著

國家圖書館出版品預行編目資料

明代官員丁憂與奪情之研究／駱芬美 著 — 初版 — 台北縣永
和市：花木蘭文化出版社，2009〔民 98〕
目 4+210 面；19×26 公分
（古代歷史文化研究輯刊 二編：第 24 冊）
ISBN：978-986-254-000-8（精裝）
1. 人事制度　2. 明代
573.43　　　　　　　　　　　　　　　　　98014333

ISBN - 978-986-2540-00-8

9 789862 540008

古代歷史文化研究輯刊
二 編 第二四冊　　　　　　　ISBN：978-986-254-000-8

明代官員丁憂與奪情之研究

作　　者　駱芬美
主　　編　王明蓀
總 編 輯　杜潔祥
出　　版　花木蘭文化出版社
發 行 所　花木蘭文化出版社
發 行 人　高小娟
聯絡地址　台北縣永和市中正路五九五號七樓之三
　　　　　電話：02-2923-1455／傳真：02-2923-1452
網　　址　http://www.huamulan.tw 信箱 sut81518@ms59.hinet.net
印　　刷　普羅文化出版廣告事業
初　　版　2009 年 9 月
定　　價　二編 30 冊（精裝）新台幣 46,000 元　　　版權所有‧請勿翻印

明代官員丁憂與奪情之研究

駱芬美　著

作者簡介

駱芬美

1956 年出生，雲林縣土庫鎮

輔仁大學歷史學士

中國文化大學史學碩士

碩士論文「三楊與明初之政治」（1982）（指導老師：程光裕教授）

中國文化大學史學博士

博士論文「明代官員丁憂與奪情之研究」（1997）（指導老師：王家儉教授）

曾在世新、輔大、海洋、實踐、台科大、護理學院、空大等校兼課。

目前專職銘傳大學通識教育中心副教授。

因長期擔任通識課程，遂涉及「台灣史」、「中國史」、「兩岸關係」與「世界史」的教學領域。「影視史學」、「田野與口述歷史」則是近年歷史教學較多採用的模式，亦為近年研究的方向與興趣。

提　要

　　「丁憂」者，古代中國人居父或母喪之謂也。依據傳統禮儀，父母死亡，子女例應居家守喪三年，以盡孝道。而在朝為官者，亦須辭官歸鄉守制二十七月，謂之丁憂守制。但若身居朝廷要職，事務繁繁，一旦長期離職，對於國事影響甚大，朝廷亦每不令其去職，勉其化私為公，是謂之「奪情」；又或有人，丁憂離職，服未滿，朝廷基於公務所需而召出任職者，則名之為「起復」。二者統稱為「奪情起復」。

　　丁憂守制源於中國人的「送死勝於養生」的孝道思想。其制起源甚早，大抵三代的夏商周時期已經萌芽。其後歷經演變，至唐朝（618-902）始成為政府的禮制，迨至明朝（1368-1644），則更趨於完備。

　　本文之作，擬以明代丁憂守制之推展為綱，所歷各朝丁憂守制之變遷為緯，藉以探討有明一代該制實施的概況，以及由此所引發的各種當代政治問題和社會現象。由於前輩學人對於此一問題研究甚少，本文尚屬闢荒之作，疏漏缺失之處在所難免，尚懇學界先進多所指正。

　　全文計分陸章，茲將扼其要點略述如下：

　　第壹章　前言。闡明本論文研究旨趣、動機、研究方法。

　　第貳章　官員丁憂制度之由來及演進。分述丁憂制度的理論來源（孝道與禮制）、歷代丁憂制度的演進。

　　第參、肆章　明代官員丁憂制度之建立。分述明太祖制定守制的意義、守制政令的頒布與調整、守制離職的規定、守制中的待遇、守制官員的活動、守制官員的服闋與復職。

　　第伍章明代官員奉行丁憂之情形。分就洪武至宣德時期、正統至成化時期、弘治至萬曆時期等三個時期論述之。

　　第陸章　丁憂制度的權宜措施。分述歷代奪情的大概，與明代奪情的情形。

　　第柒章　丁憂制度下之政潮。分述明代言官的風氣、成化朝首輔李賢的奪情事件、萬曆朝首輔張居正奪情引起的政爭。

　　第捌章　結論。總論本文之研究心得。

目

次

第一章　前　言

　　在民國以前，中國人遇到直系尊親屬死亡時，要居家守喪，不婚嫁、不赴宴、不應考。而在政府為官者，在親喪期中即停止官職，歸鄉守喪，稱曰「丁憂」〔註1〕或「丁艱」。〔註2〕「丁」者，當也；〔註3〕「憂」者，喪也。〔註4〕艱亦憂也。按政府規定丁憂，故又曰「守制」。〔註5〕其父或承重祖父之

〔註 1〕《論語》第四〈里仁篇〉，頁 5（十三經注疏附校勘記，清嘉慶二十年江西南昌學府刊本，臺北，藝文印書館景印）總頁 38。載：「子曰：父母之年，不可不知也。一則以喜，一則以懼。」「懼」即「憂慮害怕父母年紀已大，恐已不久於人世」。因而指稱正值父母之喪者為「丁憂」；《晉書》卷七十五〈袁悅之傳〉（臺北，洪氏出版社），頁 1975。載：「（袁）始為謝玄參軍，為玄所遇，丁憂去職」。

〔註 2〕《世說新語三卷附校語》卷下之下〈仇隙〉第三十六：「藍田於會稽丁艱，停山陰治喪」。四部叢刊初編子部，（上海商務印書館，縮印明嘉趣堂本），頁 151。

〔註 3〕《爾雅》卷二〈釋詁下〉，頁 12（十三經注疏附校勘記，清嘉慶二十年江西南昌學府刊本，臺北，藝文印書館景印）總頁 25。載：「丁，當也」；《詩經》十之二〈大雅・雲漢〉，頁 15（十三經注疏附校勘記，清嘉慶二十年江西南昌學府刊本，臺北，大化書局）總頁 1210。載：「寧丁我躬」〔丁，當也〕；《後漢書》卷十七〈岑彭傳〉（臺北，洪氏出版社），頁 663。載：「我喜我生，獨丁斯時」。〔註〕丁猶當也。

〔註 4〕《尚書》卷十〈說命上〉第十二，頁 1（臺北，國立中央圖書館善本叢刊，景印宋乾道淳熙間建安王朋甫刊本）總頁 139。載：「王宅憂，亮陰三祀，既免喪，其惟弗言。」故「憂」即「喪」也；《北史》卷四十，列傳第二十八〈李彪傳〉（臺北，洪氏出版社），頁 1458；《日知錄集釋》卷十五（臺北，世界書局），頁 369。載：「期功喪去官」條，〔原注〕古其父母喪謂之丁大憂。原文見《北史》卷四十，列傳第二十八〈李彪〉（臺北，洪氏出版社），頁 1458。

〔註 5〕明・顧炎武，清・黃汝成集釋《日知錄集釋》卷十五「奔喪守制」條（臺北，

喪爲「丁外艱」，或「丁父憂」、「丁祖父憂」；〔註6〕母或承重祖母之喪爲「丁內艱」，或「丁母憂」、「丁祖母憂」。〔註7〕

丁憂守制在傳統中國社會，是一項重要的制度。任何制度的產生，皆有其思想背景爲引導；再因著價值判斷的結果，進而影響其行爲模式。因此，傳統中國人面對親人的喪亡，作何樣的思考？採取何樣的適應？即是該制度產生，與推展的主要因素。

中國人是個重視孝道的民族，「養生」與「送死」皆是其表達孝道的方式。其中，「送死」更是重於「養生」，故孟子說：「養生者，不足以當大事，惟送死，可以當大事」。〔註8〕中國社會中，居喪曰守孝，服父母喪者稱爲孝子，〔註9〕喪服稱孝服。可見，丁憂守制是基於「孝道」爲考量的設計。

然當丁憂制度變成政治制度的一環，以法令來執行時，就不再是單純的個人孝道問題。近人黃仁宇氏曾說：「中國傳統社會，因採取中央集權制，事無大小，悉聽朝廷號令。因此皇室威權，雖廣泛無涯，但其行政技術低劣。政治之安定，並非經常在法律及經濟上求改革。而有賴於支持儒家思想，由家族社會之安定性所促成」。〔註10〕而丁憂守制這表面上屬於家庭倫理性的制度，究竟在官場上有何樣的功能？

丁憂時既需離開政壇歸鄉守制，但若身居朝廷要職者，事務紊繁，一旦長期離職，對於國事影響甚大，朝廷亦每不令其去職，而穿素服上朝辦事，僅不參加朝廷的吉禮活動，是謂之「奪情」；又或有人，丁憂離職，服未滿，朝廷基於公務所需而召出任職者，則名之爲「起復」。二者統稱爲「丁憂起復」。（此詳論於第六章第一節）

丁憂守制既是孝道的表現，奪情豈不就違反了「孝道」？中國歷代的官

　　　洪氏出版社），頁 1458。

〔註6〕 清・江藩《漢學師承記》卷三〈錢大昕〉，頁5。《中華古籍叢刊》（臺北，大西洋圖書公司，民國57年5月出版）。載：「明年夏，以丁外艱」。

〔註7〕 《舊五代史》卷二十四，梁書二十四，列傳十四〈李珽傳〉（臺北，洪氏出版社），頁321。載：「年二十四登進士第……俄丁內艱」。

〔註8〕 《孟子・離婁下》卷八上，頁7，（十三經注疏附校勘記，清嘉慶二十年江西南昌學府刊本，臺北，藝文印書館影印），總頁144。

〔註9〕 清・毛先舒《喪禮雜說》卷九，頁7下，收入（臺北，新文豐出版公司），叢書集成續編，第六十八冊，社會科學類〈喪禮〉，總頁6。

〔註10〕 黃仁宇〈從《三言》看晚明商人〉《放寬歷史的視界》允晨叢刊十九（臺北，允晨文化公司，民國81年1月14版），頁1。

員如何因應如是的情況？

　　以上的疑問，乃促使本論文撰寫的動機。中國歷史悠久，丁憂制度是歷史中的產物，吾人非溯其始末無法掌握其全貌。但所以僅選擇有明一代來研究者，有兩個原因：

　　其一、丁憂守制非始於明朝，但在明清兩朝中特別重視，明朝承襲蒙元之後，卻更能將該制度特予發揚提倡，原因何在？值得觀察！

　　其二、在明萬曆時，曾因首輔張居正丁憂奪情而引起一連串的政潮，當時一般人評張居正「工于謀國，拙於謀身」；〔註 11〕甚至謂：「予追溯東林所自始，而本之於爭奪情，以其氣節之倡也」。〔註 12〕中國歷朝以來，丁憂奪情的情況非始於明萬曆朝首輔張居正，但「奪情」卻是因為張居正而引起爭論，並造成政潮。接續下來的清朝，雖不乏奪情者，卻未見有如是的情況。可見，此事件影響之重大。

　　檢討這樣的案例，究竟純屬個人的道德品格問題？或是制度方面設計的問題？或已牽涉至官場權位之爭奪因素？此亦值得探究！

　　關於丁憂守制主題的文獻，近人中以該主題為討論而撰文者不多。〔註 13〕因此，本論文之撰寫，以官方之正史及實錄，私人之文集為據，所用方法以統計為主。

　　本論文中的主要量表，在明以前的部份，為表二及圖一。主要是根據二十五史所記錄的人物丁憂情形為統計的依據。由於先秦、西漢、東漢和三國，無詳細的資料可作為數量統計。所以以兩晉南北朝以後為統計的上限；明代部份的所有統計圖表皆以《實錄》所記錄的人物丁憂情形為統計的依據。由於萬曆以後的記錄較不清楚，所以僅記錄至萬曆朝。

　　雖然如此，但相信此些數據統計圖表的呈現，仍能彌補文字資料之不足，顯示守制風氣在不同時代的盛衰狀況。

　　制度的發展受政治人物與環境的影響甚深，本文即企圖解決前所提的各樣問題與疑點。

〔註 11〕談遷《國榷》卷七十一，頁 4415，引毛登壽語。（臺北，鼎文書局）。

〔註 12〕吳應箕〈東林本末〉「江陵奪情」，在中國近代內亂外禍歷史故事叢書《東林始末》（臺北，廣文書局，民國 66 年 3 版），頁 15。

〔註 13〕僅見祝建平〈北宋官僚丁憂持服制度初探〉《學術月刊》1997 年第 3 期（總第 334 期），（上海社會科學學會聯合會，學術月刊社）。

第二章　丁憂制度之由來及演進

第一節　丁憂制度的理論來源——就孝道與禮制而論

　　中國傳統社會中，為人子女者盡「孝道」的重要形式：按《禮記‧祭統》說：「是故孝子之事親也，有三道焉；生則養，沒則喪，喪畢則祭。養則觀其順也，喪則觀其哀也，祭則觀其敬而時也。盡此三道者，孝子之行也」；〔註1〕《孟子‧滕文公上》載：「曾子曰：生，事之以禮；死，葬之以禮，祭之以禮。可謂孝矣」；〔註2〕《中庸》曰：「事死如事生，事亡如事存，孝之至也」。〔註3〕可見，在儒家的觀念之下，父母在時固然要盡孝，父母死後，當然要繼續行孝。「守喪」制就是表達著這樣的意念。

　　守喪，是守「三年喪」。為何要守「三年喪」？「三年之喪」究竟起於何時？茲先就各種三年之喪起源的推測，歸納於下：

　　其一、來自遠古，已無從考查確定年代：《禮記‧三年問》載：

　　　　故三年之喪，人道之至文者也。夫是之謂至隆，是百王之所同，古
　　　　今之所壹也，未有知其所由來者也。〔註4〕

〔註1〕《禮記‧祭統》卷四十九，十三經注疏附校勘記，清嘉慶二十年江西南昌學府刊本（臺北，藝文印書館影印），頁2～3，總頁830-831。

〔註2〕《孟子‧滕文公上》卷五上，頁3，總頁89。

〔註3〕《禮記‧中庸》卷五十二，頁17。

〔註4〕漢‧鄭玄注，唐‧孔穎達疏，陸德明音義，《禮記注疏》卷五十八〈三年問〉，頁5（臺北，臺灣商務印書館），景印四庫全書第一一六冊，總頁116-451。

鄭玄注：「三年之喪，喪禮之最盛也。」又謂：「不知其所從來，喻此三年之喪，前世行良久矣」！〔註5〕孔穎達疏：「《正義》曰：案《易繫辭》云，古之葬者，厚衣之，以薪葬之中野，不封不樹，喪期無數；《尚書》云，百姓如喪考妣三載；此云不知所由來者，但上古云喪期無數，謂無葬練祥之數，其喪父母之哀，猶三年也。故堯崩，云如喪考妣三載，則知堯以前，喪考妣已三年，但不知定在何時」？〔註6〕意即，三年之喪，行之久遠，已無從考查。

其二、在堯舜之前就已實行，《尚書・舜典》說：「二十有八載，帝乃殂落，百姓如喪考妣。三載，四海遏密八音」。〔註7〕論者認為，此處之「三載」，即是三年之喪已實行之證據。〔註8〕

其三、與天道觀念有關：《二程全書》曰：「歲一周，則天道一變，人心亦隨以變。惟人子孝於親，至此猶未忘，故必至於再變，猶未忘，又繼之以一時」。〔註9〕孔穎達疏曰：「所以成三年文理者，以三年一閏天道小成」。〔註10〕論者引申曰：「人們之所以將最隆重的喪禮定為三年，取義三年一閏，天道小成」。〔註11〕

其四，三年之喪之制，其起源雖不可考，論者引「魯昭公十五年（？）周景王穆后和太子先後死亡，叔向說：『王一歲有三年之喪二焉，於是乎以喪宴賓』」。認為叔向之言，足可證明「至少春秋時，尚為人遵守」。但孔子弟子曾認為守喪一年就可以了，雖被斥為不仁，可見，那時禮崩樂壞，此制已不能維持了。〔註12〕

總之，「三年之喪」的由來，長久為人所質疑。表面上看來，守喪制度似乎只是單純的社會禮俗，應是基於初民祖先崇拜的宗教行為，及「對鬼魂的恐懼

〔註5〕 同前。

〔註6〕 前引書，總頁 116-452。

〔註7〕 漢・孔安國《尚書》卷一〈舜典第二〉，頁 38。

〔註8〕 康學偉《先秦孝道研究》，頁 117。

〔註9〕 宋・程顥、程頤原撰，朱熹編《二程全書附索引》卷二十四〈遺書伊川先生語第八上〉，頁 21，總頁 827，（日本京都，中文出版社，據漢籍叢刊思想三編影印，1979 年 6 月出版），縮印本頁 216；清・徐乾學《讀禮通考》卷二十八，頁 2（臺北，臺灣商務印書館，景印文淵閣四庫全書第一一二冊），總頁 112-598。

〔註10〕 漢・鄭玄注，唐・孔穎達疏，陸德明音義，《禮記注疏》卷五十八〈三年問〉，頁 5，總頁 116-451。

〔註11〕 常金倉《周代禮俗研究》（臺北，文津出版社，民國 82 年 2 月出版），頁 99。

〔註12〕 王貴民《中國禮俗史》（臺北，文津出版社，民國 82 年 7 月初版），頁 84。

心理」；〔註13〕然在理論方面，因受儒家思想影響，初民服喪的觀念反而不受注意了。〔註14〕所以應從儒家的角度來探討論及守喪制度，方能掌握其中之精義。

守父母之喪，爲何要三年？即三年喪之意義何在？按儒家的觀點，可歸納爲四方面：

其一、有報本之意：孔子曰：「子生三年，然後免於父母之懷」。〔註15〕此外，《論語·陽貨》〔註16〕《荀子·禮論篇》〔註17〕皆有類似的論調。按孔穎達疏曰：「又子生三年，然後免於父母之懷，故服以三年，成文章義理」。〔註18〕也就是說，幼兒哺乳，須三歲方脫於父母懷抱，今親喪而守孝三歲，以示報本之意。

其二，「稱情而立文」，以及「因以飾群，別親疏貴賤之節」：就是按人之常情的輕重，以及心理、身體的負荷程度，來制定的禮儀。因爲父母至親，爲人子女者，在心理方面，頓然失怙的無依與悲痛，思親之情，無以名狀，哀痛逾恆，在所難免，自然「食不知味，席不暇煖」。且至親已亡，還報無望，以「斬衰、苴杖、居倚廬、食粥、寢苫、枕塊」克苦己身的生活方式，來表明至痛之情。但如是情況，不能持續下去，因恐有身心「崩潰」之虞也。所以又以「毀不滅性，不以死傷生」之原則，加以限制，使其回復正常生計。而對子女以外的親友，則按親疏貴賤之關係，感情濃淡程度，來制定守喪之

〔註13〕 章景明《先秦喪服制度考》（臺北，臺灣中華書局，民國60年1月初版），頁1～4。

〔註14〕 此討論，參見王國維《觀堂集林》卷十，頁2（臺北，藝文印書館，民國45年1月初版），總頁116；章景明《先秦喪服制度考》；日·影山誠一《喪服總說》（日本，大東文化大學東洋研究所叢書大東文化大學東洋研究所刊，昭和四十四年三月），頁2；王明珂〈慎終追遠——歷代的喪禮〉《中國文化新論——宗教禮俗篇敬天與親人》（臺北，聯經出版公司，民國71年8月初版，民國80年元月第六次印行），頁321～322；王貴民《中國禮俗史》頁80；詳見拙著〈試論古代中國「守喪」制的意義〉《實踐學報》第二十五期（臺北，實踐大學）。

〔註15〕 漢·鄭玄注，唐·孔穎達疏，陸德明音義，《禮記注疏》卷〈三年問〉，頁6，總頁116-452；《禮記·三年問》卷五十八，頁4，總頁962。

〔註16〕 《論語·陽貨第十七》，頁9，總頁第158。

〔註17〕 周·荀況撰，唐楊倞注《荀子》卷十三，〈禮論篇第十九〉，頁19，據嘉善謝氏本。收入《子書四十種（一）》（臺北，文文書局，民國65年4月出版），總頁247。

〔註18〕 漢·鄭玄注，唐·孔穎達疏，陸德明音義，《禮記注疏》卷五十八，〈三年問〉，頁6，總頁116-451。

禮節，如是庶合乎人之常情。〔註19〕

其三、「立中制節」：失親哀痛本為人之常情，然而人情各異，過與不及皆非常情。《荀子・禮論》載：「故有血氣之屬，莫知於人；故人之於其親也，至死無窮。將由夫愚陋邪淫之人與？則彼朝死而夕忘之，然而縱之，則是曾鳥獸之不若也，彼安能相與群居而無亂乎！將由夫脩飾之君子與？則三年之喪，二十五月而畢，若駟之過隙，然而遂之，則是無窮也。故先王聖人安為之立中制節，一使足以成文理，則舍之矣」。〔註20〕意即，有「愚陋邪淫之人」，他們對親喪無動於衷；而在中人之上，又有「脩飾之君子」，他們對親喪哀慟終身。不論依據這兩種人中的哪一種來設定禮制，都有礙於「群居」；前者將使團體失去聯繫，分崩離析；而後者則將使親族長期陷於傷痛中，不能恢復正常運作。因此，「先王聖人」要立中節制，根據中人一般的情感反應來設定三年之喪。而既設定了，脩飾君子與淫邪小人也都和一般人一樣必須遵守。如此，則禮制已脫離《禮記・坊記》說的「因人之情而為之節文」的性質，而反過來成為一種神聖不可侵犯的制度，要求人盡可能去符合它的標準。〔註21〕所以，「立中制節」是制禮過程中一個不可忽視的原則，唯其如此，所編制的儀式節文才叫做禮，也才能將社會納入一個諧調系統之中。〔註22〕

其四、有「加隆」之義：按《禮記・三年問》載：「然則何以三年也？曰，加隆焉爾也，焉使倍之，故再期也。由九月以下，何也？曰，焉使弗及也，故三年以為隆，緦小功以為殺，期九月以為間。上取象於天，下取法於地，中取則於人。人之所以群居壹之理盡矣」。〔註23〕此乃荀子所主張以一年為守喪期限，他是採取宰我：「舊穀既沒，新穀既升，鑽燧改火，期可已矣！」的說法而定的。〔註24〕又載：「然則何以至期也？曰，至親以期斷。是何也？曰，天地則已易矣，其在天地之中者，莫不更始焉，以是象之也」。〔註25〕然以父

〔註19〕 前引書，頁1～2，總頁116-449-450；《禮記・三年問》卷五十八，頁4，總頁962；宋・衛湜《禮記集說》，卷一四五，〈三年問〉，頁2、6、7，總頁120-507、509。

〔註20〕 《荀子》卷十三，〈禮論篇第十九〉，頁12，總頁246。

〔註21〕 李淑珍《東周喪葬禮制初探》國立臺灣師範大學歷史研究所碩士論文，民國75年6月，頁109～110。

〔註22〕 常金倉《周代禮俗研究》，頁41。

〔註23〕 《禮記・三年問》卷五十八，頁4，總頁962。

〔註24〕 《論語・陽貨》卷十七，頁8，總頁157。

〔註25〕 《禮記・三年問》卷五十八，頁3，總頁962。

母之恩既重，故乃加隆。

　　既然三年之喪有如此重大之意義，所以儒家認爲喪期無可損益。《論語·陽貨》孔門弟子宰我認爲三年之喪太長，以此請教孔子，被孔子斥爲「不仁」。〔註26〕宰我從維持禮樂制度的形式上立論，認爲若禮文久不演練，勢必生疏退化，將與社會脫節，因此三年之喪的確太長。可是孔子則從禮文之本，即仁愛之心來考量。若禮文徒具形式，而欠缺人心之「安」，則禮文的形式根本難以維持。所以，當宰我自稱安於食稻衣錦時，孔子也只好說「女安則爲之」，但背地裏還是以「三年之喪，天下之通喪也。予也，有三年之愛於其父母乎？」來責備他。此透露出一個訊息是：禮的施行並非只訴諸每個個體的「安」，而是要以大多數人的「安」作判準；若與眾人不合，自己雖然可以心安理得，仍是非禮的。〔註27〕此即《禮記·檀弓下》所說：「直情徑行者，戎狄之道也。禮道則不然」。〔註28〕孔子對三年之喪的堅持，相對於他對葬禮的態度，是理性的。按《論語·八佾》：「林放問禮之本。子曰：『大哉問！禮，與其奢也，寧儉；喪，與其易也，寧戚』」。〔註29〕又《禮記·檀弓下》載：「子路曰：『傷哉貧也！生無以爲養，死無以爲禮也。』孔子曰：『啜菽飲水盡其歡，斯之謂孝。斂手足形，還葬而無椁稱其財，斯之謂禮』」。〔註30〕可見，孔子並不講究外在的形式，而是注重眞摯哀情的流露。

　　在「守喪」期間，死者親屬們根據與死者的親疏關係而穿戴五種不同的喪服，俗稱「五服」。即「斬衰、齊衰、大功、小功、緦麻」。〔註31〕喪期則爲「三年、期、九月、五月、三月服」。〔註32〕以五服爲標準，五服以內爲親，五服之外爲疏。

　　喪服制中含有深義，《儀禮集釋》載：

　　　　釋曰，凡十有一章，大傳曰：服術有六，一曰親親，二曰尊尊，三曰名，四曰出入，五曰長幼，六曰從服；喪服小記曰：親親、尊尊、

〔註26〕《論語·陽貨》卷十七，頁8～9，總頁157-158。

〔註27〕李淑珍《東周喪葬禮制初探》頁108～109。

〔註28〕《禮記·檀弓下》卷九下，頁25，總頁175。

〔註29〕《論語·八佾》卷三，頁3，總頁26。

〔註30〕《禮記·檀弓下》卷十，頁3，總頁187。

〔註31〕《禮記·學記》卷三十六，頁17，總頁656。引孔穎達疏所言。

〔註32〕明·高承《事物紀原》卷九，收入（臺北，臺灣商務印書館），叢書集成簡編，據惜陰軒叢書本排印，頁337。

長長、男女之別，人道之大者，此服之義也。〔註33〕

至於三年之喪的「三年」，究竟是多久？《禮記・三年問》謂：「三年之喪，二十五月而畢」。〔註34〕照說「三年」應是「三十六月」，爲何會是「二十五月」？吳澄氏解釋曰：

> 蓋二十四月則兩期矣，期第二十五月者，第三年之月也。大祥後除練服，去絰杖，則喪事畢矣。其喪後所服至第二十七月，禫祭畢而除者，此非喪之正服也，故喪之正服止於二十五月。〔註35〕

近人李祚唐氏解釋道：古代計算時間往往是首尾兼容的，所以三年之喪的期限不是整三年，而是首尾三年。〔註36〕

「二十五月」是三年喪的最早制定的期限，但是歷代守喪之期並非皆爲此數：漢朝因文帝「短喪」之詔，〔註37〕而有「三十六日」的喪期。其實文帝僅有「短喪」之意，並未言明「三十六日」，且非對官員而言，後爲宰相翟方進所引用，而成爲其後官吏所依據。〔註38〕

東漢則有鄭玄的「二十七月」之說。三年之喪乃二十五月，似乎是漢人共同的概念，爲何鄭玄會有「二十七月」之異說？鄭玄所說之「二十七月」，其義爲「三年之喪二十五月而畢者，論其正；二十七月而禫者，明其加。」魏之王肅反對此說，以「無二十七月之禫」駁之。然晉武帝仍接受鄭玄說，南朝宋武帝亦從之。〔註39〕所以，儘管南北朝時期有各樣的南北之爭，然於「禮」，「則同遵於鄭氏」。〔註40〕

〔註33〕 宋・李如圭《儀禮集釋》卷十七，頁 1（臺北，臺灣商務印書館，景印四庫全書第一○三冊），總頁 103-300。

〔註34〕 《禮記・三年問》卷五十八，頁 4，總頁 962。

〔註35〕 清・康熙年間敕編，乾隆元年敕校《日講禮記解義》卷六十一，〈三年問〉，頁 2（臺北，臺灣商務印書館），影印四庫全書第一二三冊，總頁 123-172。

〔註36〕 李祚唐〈論中國古代的服喪期限——「三年之喪」期限的演變〉《學術月刊》1994 年第 10 期，頁 56～57。

〔註37〕 漢・班固《漢書》卷四〈文帝紀〉（臺北，洪氏出版社），頁 132。

〔註38〕 漢・班固《漢書》卷八十四〈翟方進傳第五十四〉，頁 3416～3417；方中履《古今釋疑》卷八，頁 9～10（國家圖書館（原中央圖書館）藏本，臺北，臺灣學生書局景印出版，民國 60 年 5 月景印版），頁 809～814。

〔註39〕 以上各說參見北齊・魏收《魏書》卷一八二〈禮志第二，四〉（臺北，洪氏出版社），頁 2760、2797；梁・沈約《宋書》卷十五〈禮二・志第五〉（臺北，洪氏出版社），頁 392～393。

〔註40〕 唐・李延壽《北史》卷八十一〈列傳第六十九・儒林上〉（臺北，洪氏出版社），

隋朝之後，以鄭學爲主的趨勢已不可逆轉，如治禮最著名的張文詡，「每好鄭玄注解，以爲博通」。〔註41〕唐朝杜佑《通典》〔註42〕亦主鄭說。

由此，鄭玄「二十七月」的喪期被普遍的接受。所以明朝所遵行之喪期，顧炎武《日知錄》中論道：「今從鄭氏之說，三年之喪，必二十七月」。〔註43〕清朝代明，亦遵明制。

第二節　唐朝以前的丁憂制度

論及丁憂守制之演變，徐乾學在《讀禮通考》中有一段詳盡的敘述：

> 自（漢）孝文更制，仕者從之，然亦有請從古制者，請之而不許，而後有奪服之名。與夫金革無避之說，本不相蒙也。迨至宣帝地節詔書，始令百姓有喪者，吏勿繇使。哀帝綏和始詔博士弟子父母死予寧三年。安帝元初詔，始聽二千石刺史行三年喪。蓋其制由卑以及尊，第曰：「欲行者聽之而已，非有一切之法以整齊之也。」迨至建光，復斷前制。桓帝復行，漢祚已衰；至孫吳時，又屬禁奔喪，待以重辟。當是時也，欒欒之容，豈復可見乎？晉武銳意復古，復搖於杜預輩之邪說，卒不能定；沿至於唐，始令斬衰三年，齊衰三年者，並解官，見於開元禮。蓋其時職官憂服少有定制矣；唐末藩鎮，天下分裂，下及五代，法制盡隳，如五代會要所載：考功申送選人，斷自百日卒哭之後，梁唐迄周，大率如是。宋初始議革之，然猶有乞免持服者。風俗之弊於斯極矣。至於執政起復先授武官，蓋將以傅合墨衰之義，而奪情之說起焉；明洪武初，始令奔喪者不待報而行。天順間奏罷奪情起用之制，法令始一。其後大臣奪情雖或時有，而論者蜂起，禮教興行。〔註44〕

意即，丁憂守制眞正的定制應於唐時，但法令齊一則直至明代。

至於唐朝以前，正如徐乾學的疑問：「喪制何也？今日（指清）通行之制

　　　頁2709。

〔註41〕唐・魏徵等《隋書》卷七十七〈列傳第四十二・張文詡〉（臺北，洪氏出版社），頁1760；詹子慶〈對禮學的歷史考察〉《東北師大學報》1996年第5期（總第163期），（長春，東北師範大學），頁31。

〔註42〕《通典》卷八十七〈禮〉四十七〈沿革〉四十七〈凶禮〉九，頁2387～2389。

〔註43〕明・顧炎武撰，清・黃汝成集釋《日知錄集釋》頁116～117。

〔註44〕清・徐乾學《讀禮通考》卷一百十，〈喪制〉三，頁1～2，總頁114-547。

也。其冠以古制者何？本所自也」。〔註45〕

《禮記》載：「子夏問曰：『三年之喪，卒哭，金革之事無辟也者，禮與？』初有司與孔子曰：『夏后氏三年之喪，既殯而致事，殷人既葬而敘事。』記曰：『君子不奪人人之親，亦不可奪親也，此之謂乎？』」孔穎達疏曰：「《正義》：『此一節論君不奪孝子情之事』。人臣有親之喪，在上君子許其致事，是不奪人喪親之心，以己情恕彼也。人臣遭親之喪，若不致事，是自奪思親之心也。故遭喪須致事，是不奪情以求利祿，此謂孝也」。〔註46〕意即孔子提到早在夏商之時，君王就有不奪大臣之喪之情況。

西漢時「高祖受命，蕭何創制，大臣有寧告之科，合於致憂之義」，即大臣可以因喪事而休假，「所以崇孝道厚風俗也」。〔註47〕

文帝時，因社會的厚葬久喪，而流於虛榮與矯飾，乃遺詔短喪。〔註48〕按《讀禮通考》引王楙《野客叢書》即曰：「漢人居喪，率多以日易月，罕有終三年之制者，其制自（漢）文帝始。文帝遺詔，令臣子勿久喪，已葬則除。自後因而弗改，習已成俗」。〔註49〕皇室既行「短喪」，雖未規定大臣或百姓的喪禮也要如此，但上行下效，以致大臣之間，遭父母之喪能持喪三年的非常少。〔註50〕

宣帝地節四年（B.C.66年）詔書：「百姓有喪者，吏勿繇使」。〔註51〕哀帝綏和始詔：「博士弟子父母死予寧三年」。〔註52〕另漢律有「不為親行三年

〔註45〕 前引書，卷一百八，頁1，總頁114-513。卷一百一十，頁1，總頁114-547。徐乾學案：「自孝文更制，仕者從之，然亦有請從古制者，請之而不許。」

〔註46〕 漢·鄭玄注，唐·孔穎達疏，陸德明音義《禮記注疏》卷十九，頁34，總頁115-415。

〔註47〕 《東漢會要》卷七，收錄於歷代會要第一期書第三冊（臺北，世界書局），民國52年4月2版，頁76；宋·范曄《後漢書》卷四十六〈陳忠傳第三十六〉（臺北，洪氏出版社），頁1561。

〔註48〕 漢·司馬遷《史記》卷十〈孝文帝本紀第十〉（臺北，粹文堂），頁433～434；一般咸認為短喪是出於文帝的遺詔，如此引書中之文。但清人申涵盼卻為文帝申辯曰：「文帝為漢代明主，短喪之制，古今皆歸咎焉。不知短喪者，乃景帝，非文帝也。」清·申涵盼《忠裕堂集》一卷，頁37～38。收入（臺北，新文豐出版社）叢書集成新編，第七十六冊，總頁649-650。

〔註49〕 清·徐乾學《讀禮通考》卷一百九，頁21～23，頁114～540；王楙《野客叢書》見《筆記小說大觀》續編三集（台北，新興，民國49年），頁1378。

〔註50〕 王明珂〈慎終追遠——歷代的喪禮〉《中國文化新論·宗教禮俗篇敬天與親人》頁328～300。

〔註51〕 漢·班固《漢書》卷八，〈宣帝紀第八〉，頁250～251。

〔註52〕 前引書，卷十一，〈哀帝紀第十一〉，頁336～337。

服，不得選舉」〔註53〕之文。然以上「皆詳於士民，而略於百官公卿」，袁夢麒氏不解地說：「又何意耶」。〔註54〕可知官員守制已被注意，但未實行於高層官員。

東漢初年，仍繼承西漢的「短喪」，「絕告寧之典」，〔註55〕即是禁止因喪事而休假；並規定「公卿、二千石、刺史不得行三年喪」。〔註56〕

至安帝（未親政），鄧太后之時，才首度有准許「大臣終喪」〔註57〕的三個詔令（見表一）初聽大臣、二千石刺史行三年喪。如此的轉變，應與「自（鄧）太后臨朝，水旱十載，四夷外侵，盜賊內起。每聞人飢，或達旦不寐，而躬自減徹，以救災厄，故天下復平，歲還豐穰」〔註58〕的背景有關，一方面是天下較安定了，可以讓遭逢親喪的大臣們回鄉守制；一方面則應是鄧太后個人對於守喪制之注重。〔註59〕不過，前引之徐乾學說這只是「欲行者聽之而已，非有一切之法以整齊之也。」

不久，即有：「自非父母服，不得去職」之反向詔令出現。（見表一）鄧太后崩，安帝親政後，更有「復斷大臣二千石以上服三年喪」（見表一）的詔令。此舉，緣於尚書祝諷、孟布等奏：「孝文皇帝定約禮之制，光武皇帝絕告寧之典，貽則萬世，誠不可改。宜復建武故事」。〔註60〕可見，「短喪」觀念非可斷然改之。特別是有「鮮卑」入侵、「地震」等災害，「詔三公以下，各上封事陳得失」〔註61〕之時，回復短喪，是「情勢所趨」。至此，東漢第一度准大臣丁憂之制，僅實行了短短的五年。

至桓帝，有第二度准許「大臣終喪」的詔令頒布，再度聽刺史、二千石行三年喪服。並准「中官得行三年服」（見表一）。而在延熹二年（159 年），以鮮卑和蜀郡夷侵擾等事，「復斷刺史、二千石行三年喪」。（見表一）這一次亦僅是短短五年。

〔註53〕前引書，卷八十七下，〈揚雄傳第五十七下〉引應劭之說，頁 3569。

〔註54〕《東漢會要》卷七，頁 77。

〔註55〕宋・范曄《後漢書》卷四十六〈陳忠傳第三十六〉，頁 1560。

〔註56〕前引書，卷三十九〈劉愷傳第二九〉，頁 1307。

〔註57〕前引書，卷四十六，〈陳忠傳第三十六〉，頁 1561。陳忠言：「大臣終喪，成乎陛下（指東漢安帝）」。

〔註58〕前引書，卷十上，〈皇后紀第十上〉，頁 425。

〔註59〕同前註，頁 424。

〔註60〕前引書，卷四十六，〈陳忠傳第三十六〉，頁 1561。

〔註61〕前引書，卷五，〈孝安帝紀第五〉，頁 233～234。

　　總之，東漢官員的守制，政府方面除前所舉兩度（前後共約十年）有明令准許官員可以「終喪」外，其餘時間皆不准許，「奪情」之事屢見。〔註62〕然有論者謂：「後漢承光武明帝提倡禮教之後，凡父母喪無不去官守制者」，〔註63〕又謂：「其遵國制不服三年者，蓋僅見也」。〔註64〕可見官方規定雖有中斷，然以鄭玄等學者的提倡，禮學在社會上受到重視，官員遵行的情況仍持續之。雖然遵守者皆非任重要職務，〔註65〕卻是守制風氣能不絕斷之因素。

　　魏晉南北朝時期，禮制依然被重視，甚至成為顯學。為何會如此？論者認為是「出於門閥制度的需要」，目的在「靠禮學來維繫士族門戶的界限」。其中，「六朝人尤精於喪服制度的研究，因為喪服體現了尊卑等級之別，最為當時人所遵循」。〔註66〕守制得以被重視，與此背景是相關的。

　　西晉武帝是三國以來，對於守制最注重的。連連的頒布相關詔令：泰始元年（265 年）詔：「諸將吏（二千石以下）遭三年喪，聽歸終寧，庶人復除徭役」；泰始三年（267 年）三月，「初令二千石得終三年喪」；十月，「聽士卒遭父母喪者，非在疆域，皆得奔赴」；後始制大臣聽終喪三年。（見表一）

　　北魏孝文帝時，祕書丞李彪指出：

> 今四方無虞，百姓安逸，誠是孝慈道洽，禮教興行之日也。然愚臣所懷，竊有未盡。伏見朝臣丁父（？大）憂者，假滿赴職，衣錦乘軒，從郊廟之祀，鳴玉垂綬，同節慶之醮，傷人子之道，虧天地之經。愚謂如有遭大父母、父母者，皆聽終服。若無其人有曠庶官者，則優旨慰喻，起令視事，但綜司出納敷奏而已，國之吉慶，一令無預。其軍戎之警，墨縗從役，雖惄於禮，事所宜行也。如臣之言少有可採，願付有司別為條制。〔註67〕

孝文帝遂「思遵遠古，終三年之制」，〔註68〕於太和二十年（478 年）並按其

〔註62〕 方中履《古今釋疑》卷七，「奪服」，頁 77～78。

〔註63〕 尚秉和《歷代社會風俗事物考》（上海書店），頁 257；楊樹達《漢代婚喪禮俗考》（上海書店），頁 237～258。

〔註64〕 楊樹達《漢代婚喪禮俗考》頁 258。

〔註65〕 拙撰〈概說先秦至五代的「丁憂」守制〉《簡牘學報》第十五期（臺北，蘭臺出版社），民國 82 年 12 月，頁 265。

〔註66〕 詹子慶〈對禮學的歷史考察〉〈東北師大學報〉1996 年第 5 期（總第 163 期），頁 30。

〔註67〕 北齊・魏收《魏書》卷六十二，〈李彪傳第五十〉，頁 1388～1389。

〔註68〕 前引書，卷七下，〈高祖紀第七下〉，頁 167。

意見推行之。〔註69〕

　　至北周武帝宣政七年（578 年）四月，「初令遭父母喪者，聽終制。」（見表一）

　　綜觀兩晉南北朝的守制狀況，就數據而言，見表二、圖一所示，雖有高達百分之六十三的守制者。不過，《南史・孔奐傳》卻載：「時天下喪亂，皆不能終三年之喪，唯梁之孔奐及吳國張種，在寇亂中守持法度，並以孝聞」。〔註70〕其間的落差，則因此時期的國別間守制程度的差異所致。〔註71〕

　　隋朝統一後，亦重視禮制；及至唐朝，禮學更是空前發展：唐太宗時修貞觀禮，高宗時修顯慶禮，玄宗時修開元禮。堪稱「禮制之大備」。〔註72〕而丁憂守制的起源，按清人徐乾學所說：「爲人上者，思有以一之，職官憂服之制所由起也。始令斬衰三年，齊衰三年者，並解官，見於開元禮」。〔註73〕其實，更可以說是源於歷朝以來對於禮學的注重，應是禮制發展的成果。

　　就制定的過程言：唐高宗武德二年（619 年）正月，尙書左丞崔善奏：

　　　　欲求忠臣必于孝子，比爲時多金革，頗遵墨縗之義，丁憂之士，例

　　　　從起復。無識之輩，不復戚容。如不糾劾，恐傷風俗。〔註74〕

該年九月，遂制曰：「文官遭父母喪，聽去職。」（見表一）接著，武則天長安三年（703 年）、玄宗天寶十三年（754 年）、代宗廣德二年（764 年）、宣宗大中五年（852 年），皆陸續頒布守制詔令。（見表一）可見唐朝廷對於守制的重視情況。

　　至於史書中開始以「丁憂」稱官員逢父母喪而離職之事，是在《晉書》〔註 75〕等南北朝時期之書。而此時期之史書皆唐朝所修。然唐朝遵行者仍不多（見表二），《唐會要》中亦有「國朝（指唐朝）奪情者多矣，惟通能合

〔註69〕清・徐乾學《讀禮通考》卷一百一十，頁 8，總頁 114-550。

〔註70〕唐・李延壽《南史》卷二十七，〈孔奐傳第十七〉（臺北，洪氏出版社），頁728。

〔註71〕詳見拙撰〈概說先秦至五代的「丁憂」守制〉《簡牘學報》第十五期，頁 265～271。

〔註72〕詹子慶〈對禮學的歷史考察〉，頁 31。

〔註73〕清・徐乾學《讀禮通考》卷一百九，頁 1，總頁 114-529；卷一百十，〈喪制〉三，頁 1～2，總頁 114-547。

〔註74〕《唐會要》卷三十八（歷代會要第一期書第六冊，臺北，世界書局，民國 52年 2 版），頁 688～689。

〔註75〕唐・房玄齡《晉書》卷七十五，〈列傳第四十五〉（台北，洪氏出版社），頁1975。載：「（袁悅之）丁憂去職。服闋還都。」

典禮」〔註76〕之語；唐末藩鎮，天下分裂，下及五代，法制盡隳。〔註77〕

綜觀隋唐時期官員的守制情形，按表二、圖一所示，隋朝百分之八，唐朝百分之六十三，五代百分之四十三。〔註78〕

表一　西漢至元朝丁憂政令公布概況

時間	內容概要	附　註
西漢	不詳	高祖受命，蕭何創制，大臣有寧告之科，合於致憂之義。〔註79〕
	宣帝地節四年 66B.C.	詔曰：「導民以孝，則天下順。今百姓或遭衰絰凶災，而吏繇事，使不得葬，傷孝子之心，朕甚憐之。自今諸有大父母、父母喪者勿繇事，使得收斂送終，盡其子道。」〔註80〕
	哀帝	令：「博士弟子父母死，予寧三年。」〔註81〕
	不詳	漢律以不爲親行三年服，不得選舉。」〔註82〕
東漢	光武帝建武七年 31A.D.	詔：「世以厚葬爲德，薄終爲鄙，至于富者奢僭，貧者單財，法令不能禁，禮義不能止，倉卒乃知其咎。其布告天下，令知忠臣、孝子、慈兄、悌弟薄葬送終之義。」〔註83〕
	不詳	「公卿、二千石、刺史不得行三年喪」〔註84〕
	安帝元年 116A.D	詔：「大臣得行三年喪，服闋還職。」〔註85〕
		詔：「長吏以下不爲親行服者，不得典城選舉」〔註86〕
		「初聽大臣、二千石、刺史行三年喪。」〔註87〕

〔註76〕《唐會要》卷三十八，頁 689。

〔註77〕清‧徐乾學《讀禮通考》卷一百九，頁 1，總頁 117-529；卷一百十，〈喪制〉，頁 1～2，總頁 114-547；參考拙撰〈秦至五代的「丁憂」守制〉《簡牘學報》第十五期。

〔註78〕詳見拙撰〈概說先秦至五代的「丁憂」守制〉《簡牘學報》第十五期，頁 272～277。

〔註79〕《東漢會要》卷七，頁 76；《後漢書》卷十六，〈陳忠傳第三十六〉，頁 1561。

〔註80〕漢‧班固《漢書》卷八，〈宣帝紀第八〉，頁 250～251。

〔註81〕前引書，卷十一，〈哀帝紀第十一〉，頁 336～337。

〔註82〕前引書，卷八十七下，〈揚雄傳第五十七下〉引應劭之說，頁 3569。

〔註83〕宋‧范曄《後漢書》卷一下，〈光武帝紀第一下〉，頁 51。

〔註84〕前引書，卷三十九，〈劉愷傳第二十九〉，頁 1307。

〔註85〕前引書，卷四十六〈郭陳列傳第三十六〉，頁 1560。

〔註86〕前引書，卷三十九，〈劉愷傳第二十九〉，頁 1307。

〔註87〕前引書，卷五，〈孝安帝紀第五〉，頁 226。

	安帝？年	「自非父母服，不得去職」〔註88〕
	建光元年 121A.D	「復斷大臣二千石以上服三年喪」。〔註89〕
	桓帝永興二年 154A.D	「初聽刺史、二千石行三年喪服」。〔註90〕
	永壽二年 156A.D	「初聽中官得行三年服」。〔註91〕
	延熹二年 159A.D	「復斷刺史、二千石行三年喪」。〔註92〕
三國	吳嘉禾六年 235A.D	禁奔喪，犯者大辟。〔註93〕
西晉	武帝泰始元年 265A.D	詔：「諸將吏（二千石以下）遭三年喪，聽歸終寧，庶人復除傜役。」〔註94〕
	泰始三年 267A.D	「初令二千石得終三年喪」。 十月，「聽士卒遭父母喪者，非在疆場，皆得奔赴」。〔註95〕
	太康七年？	始制大臣聽終喪三年。〔註96〕
魏	孝文帝太和二十年二月 478A.D	詔：「自非金革，皆聽終三年喪。」〔註97〕
北周	武帝宣政元年 578A.D	「初令遭父母喪者，聽終制」〔註98〕
隋朝	文帝開皇初定典禮	「凶服不入公門。期喪已下不解官者，在外曹緣紗帽。若重喪被起者，皁絹下裙帽。若入宮殿及須朝見者，服依百官例。齊衰心喪已上，雖有奪情，並終喪不弔不賀不預宴。期喪未練，大功未」

〔註88〕梁・沈約《宋書》卷十五，〈禮二，志第五〉，頁387。
〔註89〕宋・范曄《後漢書》卷五，〈孝安帝紀第五〉，頁232～234。
〔註90〕前引書，卷七，〈孝桓帝紀第七〉，頁299。
〔註91〕同前，頁302。
〔註92〕同前，頁304。
〔註93〕唐・房玄齡《晉書》卷三，〈武帝，帝紀第三〉，頁53；梁・沈約《宋書》卷十五，〈禮二，志第五〉，頁391。
〔註94〕唐・房玄齡《晉書》卷三，〈武帝，帝紀第三〉，頁55～56。
〔註95〕然此制之制定時間、相關記載有些出入：《晉書・武帝紀》載：太康七年（286年），十二月，始制大臣聽終喪三年。（唐・房玄齡《晉書》卷三，〈武帝，帝紀第三〉，頁77）《宋書・禮制》載：宏康七年，大鴻臚鄭默母喪，既葬，當依舊攝職，固陳不起。於是始制大臣得終喪三年。（梁・沈約《宋書》卷十五，〈禮二，志第五〉，頁391）《晉書・鄭默傳》載：「遭母喪，舊制，既葬還職，默自陳懇至，久而見許。遂改法定令，聽大臣終喪，自（鄭）默死始也。服闋，爲大司農，轉光祿勳。太康元年卒，時年六十八。」（唐・房玄齡《晉書》，卷四十四，〈鄭默傳〉，頁1252。）可知，大臣得以終喪是始自鄭默，至於究竟是何年？則仍存疑處。
〔註96〕唐・李延壽《北史》卷十，〈周本紀下第十〉，頁371。
〔註97〕唐・魏徵等《隋書》卷八，〈禮儀三，志第三〉，頁157。
〔註98〕《唐會要》卷三十八，頁688～689。

		葬，不弔不賀，並終喪不預宴。小功已下，假滿依例。居五服之喪，受冊及之職，儀衛依常式，唯鼓樂從而不作。若以戎事，不用此制」〔註99〕
唐朝	高宗武德二年九月 619A.D	制曰：「文官遭父母喪，聽去職。」〔註100〕
	不詳	《唐律》：「居父母喪，冒哀求仕。謂父母喪禫制未除，及在心喪內者，並免所居之一官，並不合計閏，父母死言餘喪。諸父母死應解官，詐言餘喪不解者，徒二年半。若詐言父母死以求假，及有所避者，徒三年。若先死，詐稱始死，減三等。」
		《疏議》：「父母之喪解官居限，而有心貪榮，詐言餘喪不解者，徒二年半。為其已經發哀，故輕於聞喪，不舉之罪。」〔註101〕
	武則天長安三年 703A.D	三年之喪，自非從軍更籍者，不得輒奏請起復。〔註102〕
	天寶十三年 754A.D	詔左降官遭父母喪者，聽歸。〔註103〕
	代宗廣德二年 764A.D	敕：「三年之喪，謂之達禮。自非金革，不可從權。其文官自今以後，並許終制，一切不得輒有奏聞。」〔註104〕
	德宗	令周親已下喪者禁服，朝會須服本色綾袍金玉帶。〔註105〕
	宣宗大中五年 852A.D	宰臣奏：「伏以通喪三年，臣庶一致，金革無避，軍旅從權。近日諸使及諸道多奏請與人吏職掌官並進奏官等起復，因循既久，訛弊轉深，非惟大啟倖門，實亦頗紊朝典。臣等商量，自今以後，除特敕及翰林並軍職外，其諸司使人吏職掌官，並諸道進奏官，並不在更請起復授官限。其間或要藉驅使官任，准舊例舉追署職，令句當公事，待服闋日，即依前奏官。」從之。〔註106〕

〔註99〕 清・徐乾學《讀禮通考》，卷一百八，頁11，頁114～518。

〔註100〕《唐會要》卷三十八，頁689。

〔註101〕同前。

〔註102〕後晉，劉昫等《舊唐書》卷十三，〈德宗下本紀第十三〉（臺北，洪氏出版社），頁372。

〔註103〕《唐會要》卷三十八，690～691。

〔註104〕元・脫脫《宋史》卷一二五〈志〉第七十八〈禮〉二十八（臺北，洪氏出版社），頁2924。

〔註105〕同前，頁2922。

〔註106〕同前，頁2924～2925。

宋朝	不詳	凡奪情之制，文臣諫舍以上，牧伯刺史以上，皆卒哭後恩制起復；其在切要者，不候卒哭。內職遭喪，但給假而已，願終喪者亦聽。惟京朝、幕職、州縣官皆解官行服，亦有特追出者。〔註107〕
	太宗雍熙二年十一月 895A.D	詔：在京丁父母憂者，並放離任。〔註108〕
	太宗淳化五年 994A.D	詔：孝為百行之本，喪有三年之制，著于典禮，以厚人倫。中外文武官子弟，或父兄之淪亡，蒙朝廷之齒敘，未及卒哭，已聞蒞官，遽忘哀戚，頗玷風教。自今文武官子弟，有因父亡兄歿特被敘用，未經百日，不得趣赴公參。御史臺專加糾察；并有冒哀求仕、釋服從吉者，並以名聞。〔註109〕
	眞宗咸平元年 998A.D	詔：「任三司、館閣職事者丁憂，並令持服」。又詔：「川陝、廣南、福建路官，丁憂不得離任，既受代而喪制未畢者，許其終制。」
	仁宗天聖五年 1027A.D	從太常禮院之奏：「自來宗廟祀祭，皆宰職行事。每遇宰執因私喪持服，因遵緦麻以上喪，不得鄉廟之禮，只得改差，遂多致妨闕。嗣后凡有慘服既葬公除、及聞哀假滿者，許吉服赴祭」。〔註110〕
	景祐二年 1035A.D	禮儀使奏請：「自后有私喪公除者，聽赴廟祭，免致廢闕」
	慶曆三年 1043A.D	太常禮院議：「《禮記》：『父母之喪，無貴賤，一也。』又曰：『三年之喪，人道之至大也。』請不以文武品秩高下，並聽終喪。」時以武臣入流者雜，難盡解官。詔：「自今三司副使已上，非領邊寄，並聽終制，仍續月奉。武臣非在邊而願解官者，聽。」〔註111〕
	慶曆七年 1047A.D	詔：「准宗室及文武官有遭喪被起及卒官赴朝參者，遇大朝會，聽不入；若緣郊廟大禮，惟不入宗廟，其郊壇、景靈宮得權從吉服陪位，或差攝行事。」〔註112〕
	仁宗（日期不詳）	在韓縝的建言下，而令武臣崇班以上皆聽持服。〔註113〕

〔註107〕 清‧徐乾學《讀禮通考》卷一百八，頁21，總頁114-524。
〔註108〕 元‧脫脫《宋史》卷一二五〈志〉第七十八〈禮〉二十八，頁2924～2925。
〔註109〕 前引書，卷三一五，〈列傳第七十四‧韓縝〉，頁10310。
〔註110〕 前引書，卷二十二，〈徽宗四，本紀第二十二〉，頁406。
〔註111〕 前引書，卷一二五，〈志第七十八‧禮二十八〉，頁2923。
〔註112〕 同前，頁2925。
〔註113〕 前引書，卷二一五，〈列傳第七十四‧韓縝〉，頁10310。

	神宗熙寧四年 1071A.D	詔：宗室率府副率以上，遭父母喪，及嫡孫承重，並解官行服。〔註114〕
	徽宗宣和二年 1120A.D	詔「罷文臣起復」〔註115〕
元朝	世祖至元二十七年 1290A.D	議：「祖父母、父母喪亡并遷葬者，許給假限，其限內俸鈔，擬合支給，違例不到，停俸定罪。」〔註116〕
	成宗大德元年 1297A.D	議：「雲南官員，如遇祖父母、父母喪葬，其家在中原者，並聽解任奔赴。」
	大德二年 1298A.D	詔：「凡值喪，除蒙古、色目人員各從本俗外，管軍官并朝廷職不可曠者，不拘此例。」〔註117〕
	大德五年 1031A.D	樞密院臣議：「軍官宜限以六月，越限日以他人代之，期年後，授以他職。」〔註118〕
	大德六年 1032A.D	詔：「軍官除邊遠出征，其餘遇祖父母、父母喪，依民官例，立限奔赴」。〔註119〕
	仁宗延祐四年 1317A.D	有監察御史言：「官吏丁憂起復，人情驚惑，請禁止以絕僥倖。惟朝廷耆舊特旨起復者，不在禁例。」制曰：「可」。〔註120〕
	泰定帝致和元年 1328A.D	塔失帖木兒、倒拉沙請：「凡蒙古、色目人效法丁憂者除其名」。從之。〔註121〕
	文宗天曆二年 1329A.D	詔：「官吏丁憂，各依本俗，蒙古、色目倣效漢人者，不用。」部議：「蒙古、色目人願丁父母憂者聽。」〔註122〕
	文宗至順三年 1332A.D	監察御史陳思謙言：「內外官非文武全才、出處繫天下安危、能拯金革之難者，勿許奪情起復。」制可。〔註123〕
	順帝元統二年 1334A.D	詔「蒙古、色目人行父母喪」〔註124〕

〔註114〕 前引書，卷十五，〈本紀第十五·神宗二〉，頁279。
〔註115〕 前引書，卷二十，〈本紀第二十二·徽宗四〉，頁406。
〔註116〕 明·宋濂等《元史》，卷三十，〈本紀第三十·泰定帝二〉，頁686。
〔註117〕 前引書，卷八十三，〈志第三十三，選舉三〉，頁2067～2068。
〔註118〕 前引書，卷三十六，〈本紀第三十六·文宗五〉，頁805；卷一八四，〈列傳第七十一·陳思謙〉，頁4239。
〔註119〕 前引書，卷三十八，〈本紀三十八·陳思謙〉，頁823。
〔註120〕 前引書，卷二十六，〈本紀二十六·仁宗三〉，頁581。
〔註121〕 前引書，卷三十，〈本紀三十·泰定帝二〉，頁686。
〔註122〕 前引書，卷八十三，〈志第三十三·選舉三〉，頁2067～2068。
〔註123〕 前引書，卷三十六，〈本紀三十六·文宗五〉，頁805。
〔註124〕 前引書，卷三十八，〈本紀三十八·陳思謙〉，頁823。

表二　兩晉至明朝官員丁憂／奪情數量表

守制情況 朝代別	守　　制		奪情起復	
	人　數	%	人數	%
兩晉南北朝	101	63	60	37
隋　　朝	1	8	12	92
唐　　朝	54	63	32	37
五　　代	10	43	13	57
宋　　朝	116	59	81	41
金　　朝	20	23	67	77
元　　朝	11	34	21	66
明　　朝	1231	84	229	16

資料來源：《廿五史》

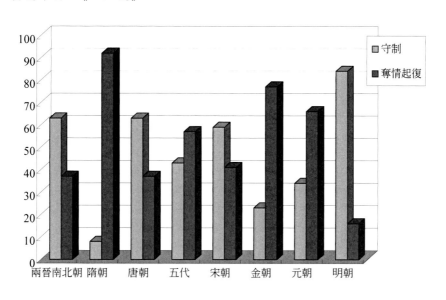

圖一　兩晉至明朝官員丁憂／奪情百分比圖

第三節　宋元時期的丁憂制度

及至宋朝，宋太宗雍熙二年（985 年）有旨：「在官丁父母憂者，並放離任」；淳化五年（994 年）八月，詔曰：

孝爲百行之本，喪有三年之制，著于典禮，以厚人倫。中外文武官子弟，或父兄之淪亡，蒙朝廷之齒敍，未及卒哭，已聞蒞官，遽忘哀戚，頗玷風教。自今文武官子弟，有因父亡兄歿特被敍用，未經百日，不得趣赴公參。御史臺專加糾察；并有冒哀求仕、釋服從吉者，並以名聞。（見表一）

可見因風教不良之故，太宗遂有此詔令，以示對於丁憂守制之事的重視。

眞宗咸平元年（998 年），有「任三司、館閣職事者丁憂，並令持服」、「川陝、廣南、福建路官，丁憂不得離任，既受代而喪制未畢者，許其終制」等詔。（見表一）顯見是有條件的守制。

議論方面，眞宗大中祥符九年（1016 年），殿中侍御史張廓言：

京朝官丁父母憂者，多因陳乞，與免持服。且忠孝恩義，士所執守，一悖于禮，其何能立？今執事盈庭，各務簡易，況無金革之事，中外之不闕，不可習以爲例。望自後並依典禮，三年服滿，得赴朝請。

〔註 125〕

又，眞宗天禧元年（1017 年），劉燁判流內銓請「京朝官遭父母憂，官居毋得奏留。故事當起復者如舊」。因詔益梓利夔路長吏仍舊奏裁，餘乞免持服者論其罪；〔註 126〕天禧四年（1020 年），御史臺並以「文武官併丁憂者」，是否「相承服五十四月」？下太常禮官討論，結果議爲「隨其先後而除之，無通服五十四月之文」。〔註 127〕

至仁宗時，有數起「開創性」的守制行動：

其一、慶曆二年（1042 年）龍圖待制楊察請終喪制。此舉，歐陽修以當時「丁憂奪情」風氣之普遍，朝廷輒以「推恩」成之，難怪「風俗大壞」。時既見身爲龍圖待制的楊察願守禮制，因而藉以進言，以匡時弊。〔註 128〕

其二、允許武臣田況終喪，這是宋朝帥臣終喪之始。在此之前，武臣是不守喪制的。時田況「徙秦州，丁父憂，詔起復，固辭。又遣內侍持手敕起之，不得已，乞歸葬陽翟。既葬，託邊事求見，泣請終制。仁宗惻然許之。帥臣終喪自此始」。〔註 129〕關於此事，《讀禮通考》引沈括之言曰：

〔註 125〕前引書，卷一二五，頁 2922～2923。

〔註 126〕清·徐乾學《讀禮通考》卷一百十，頁 13，總頁 114～553。

〔註 127〕元·脫脫《宋史》卷一二五，〈志〉第七十八〈禮〉二十八，頁 2923。

〔註 128〕前引書，卷二九五，〈列傳第五十四·楊察〉，頁 9856。

〔註 129〕前引書，卷二九二，〈列傳第五十一·田況〉，頁 9782。

自唐末用兵，文臣給舍以上，武臣刺史以上，喪父母者，急於國事，
以義斷哀，往往以墨衰從，既泣哀，則莅事如故，號曰起復。國朝
襲唐制不改，慶曆中田元鈞帥秦鳳，奏乞解官，終喪，既葬，託邊
事求見上曰：「陛下以孝治天下，方邊隅無事，而區區犬馬之心，不
得自從，因泣下。」上視其貌瘠，乃許終喪。帥臣終喪自田（況）
始。〔註130〕

　　又引紹寶之言曰：「父母之喪，無貴賤一也。而謂文武異道乎，不得已而
從金革，古之人固有行之者矣。若夫無事之時，不失於用，而以存禮，烏乎
而不可？」〔註131〕

　　仁宗且在韓縝的建言下，令武臣崇班以上皆聽持服。當時仁宗是以水災
而求直言，韓縝上疏曰：「今國本未立，無以繫天下心，此陰盛陽微之應。」
詞極剴切。劉沆薦其才，命編修三班敕。前此，武臣不執親喪。韓縝建言：「三
年之喪，古今通制；晉襄墨衰從戎，事出一時。」遂著令，自崇班以上聽持
服。〔註132〕《讀禮通考》引《金坡遺事》中對於此事之看法：

故事，武官不持服。韓汝玉奏請持服，下兩制臺諫議唐子方、歐陽
永叔，見各不同，竟為兩議而上。遂詔崇班以上持服，供奉以下不
持服。論者以為如是則官高者得為父母服，官卑者不得為父母服，
無官者將何以處之？〔註133〕

《宋史・禮志》載：

（仁宗）慶曆三年（1043年），太常禮院議：「《禮記》：『父母之喪，
無貴賤，一也。』又曰：『三年之喪，人道之至大也。』請不以文武
品秩高下，並聽終喪。」時以武臣入流者雜，難盡解官。詔：「自今
三司副使已上，非領邊寄，並聽終制，仍續月奉。武臣非在邊而願解
官者，聽」。〔註134〕

由是，可知宋廷對於武臣丁憂守制之重視。

　　其三、嘉祐六年（1061年）宰相富弼堅持終喪。當時富弼任禮部侍郎、
同平章事。丁母憂去位，雖「故事，執政遭喪皆起復，帝虛位五起之」，弼以

〔註130〕清・徐乾學《讀禮通考》卷一百八，頁21，總頁114～524。
〔註131〕同前。
〔註132〕元・脫脫《宋史》卷三一五，〈列傳第七十四・韓縝〉，頁10310。
〔註133〕清・徐乾學《讀禮通考》卷一百八，頁21，總頁114-524。
〔註134〕清・徐乾學《讀禮通考》卷一百八，頁21，總頁114-524。

「百官任職，天下無事」，且謂「此金革變禮，不可施於平世」，卒不從命。故「自此宰相多終喪者，由弼始也」。〔註135〕《讀禮通考》引《名臣言行錄》中更詳載此事：

> 仁宗至和間富鄭公爲相，以母喪去位，時久無宰相持喪者。詔下意大向公必欲起復，再下，再力辭。末以盧朱崖薛文惠故事切責有云：以相國之重而守匹夫之節，任天下之重而爲門內之私，朕所不取也。且命中人督公起，非同就道不得先還；公復抗章言：天下無事，宰相奉行常務，豈可與太宗時比。中書樞密院臣僚韓琦等，平居皆常與臣論起復不是好事，今在賢嫌疑之地，必不肯爲臣盡言，惟斷自聖意。上知其不可奪乃已。遂以文潞公次遷首相韓魏公，由樞密使補其位。〔註136〕

歐陽修也是在仁宗當政的至和元年（1054年）守制的，他就認爲，身爲朝廷官員又有職務在身，丁憂制度使其能兼顧「人臣」之忠及「人子」之孝：

> 人臣之大節，曰忠與孝。然處之者或過不及。故先王設禮以爲制，
>
> 喪者不呼其門，盡爲子之志也，服除而從政，即爲臣之道也。〔註137〕

此爲當時官員對於守制的態度。

其四、守喪者可受實俸之待遇，如高若訥，「丁母憂，始許行服，給實奉終喪。服除，加龍圖閣直學士、史館修撰，以右諫議大夫權御史中丞」。〔註138〕

可見宋朝至仁宗開始，丁憂制度才被較普遍的重視與遵行。

接著，神宗於熙寧四年（1071年）詔：「宗室率府副率以上遭父母喪，及適孫承重，並解官行服」；徽宗宣和二年（1120年）七月，始有「罷文臣起復」（見表一）之詔。

靖康難起，宋室南遷，宋高宗時又處「金革」時期，武臣的重要性增強。當時官員逢丁憂守制的情況，可以就下例子見知。宋孝宗時任資政殿學士、

〔註135〕元・脫脫《宋史》卷二一一，〈表第二・宰輔二〉，頁5480；卷三一三，〈列傳第七十二・富弼〉，頁10254；清・徐乾學《讀禮通考》卷一一二，頁6，總頁114-576。

〔註136〕清・徐乾學《讀禮通考》卷一一二，頁6，總頁114-576。

〔註137〕宋・歐陽修《歐陽永叔集》一〈年譜〉至和元年甲午五月條「制詞」（臺北，臺灣商務印書館），國學基本叢書，萬有文庫薈要，頁12。

〔註138〕元・脫脫《宋史》卷二八八，〈列傳第四十七・高若訥〉，頁9685。

知荊南府、湖北安撫使的劉珙，以繼母憂而去。被起復爲同知樞密院事、荊襄安撫使。劉珙六次上奏懇辭，引經據禮，詞甚切。最後曰：

> 三年通喪，三代未之有改，漢儒乃有「金革無避」之說，已爲先王罪人。今邊陲幸無犬吠之驚，臣乃欲冒金革之名，以私利祿之實，不亦又爲罪人乎？〔註139〕

遂得守制。

　　總論宋朝，守制既是傳統儒家視爲實行「孝道」的必要禮儀，宋朝重文治，又講儒學，因此當官員逢丁憂，就必需在宦途的「現實」與守制的「理想」之間考量。

　　宋朝官員能遵行守制的佔百分之五十九，起復者佔四十一。（見表二）有謂「宋循古制，父母之喪，有持服三年之制，文官均應解職守制，武官則酌情而定」。〔註140〕更有論曰：「以時無金革，士大夫解官終制可也」。〔註141〕

　　就此數據的顯示，難怪清人徐乾學論曰：「獨惜宋之立國號爲有禮，而大臣之喪制如此，其異於五代擾攘之世又幾何哉！」〔註142〕

　　此外，遼、金、元以異族相繼成爲中原的統治者，他們對於丁憂守制的遵行情況，值得觀察：

　　遼朝官員丁憂，百分之百被起復（見表二）此與遼「漢化」程度較少有關。

　　金朝「到了熙宗（在位：1123～1149 年）和海陵王（在位：1149～1161年）的時代，經過他們『全盤漢化』的種種措施，絕對大多數移居中原的女眞人都採取了漢人的風俗習慣。」貞元元年（1153 年）十月，「命內外官聞大功以上喪，止給當日假，若父母喪，聽給假三日，著爲令」。〔註143〕雖然是行「短喪」，但可見已有丁憂守制的概念，才需將喪期予以「規定」。而金代的官員丁憂最早記錄則是海陵王天德二年（1150 年）七月：「參知政事張浩丁憂，起復如故」。〔註144〕既曰「起復如故」，可知，當時丁憂大多是「起復」的。

〔註139〕前引書，卷三八六，〈列傳一四五・劉珙〉，頁 11852。
〔註140〕《二十六史大辭典》吉林人民出版社，頁 107。
〔註141〕宋・王闢之《澠水燕談錄》卷四〈忠孝〉（臺北，臺灣商務印書館），叢書集成簡編，據知不足齋叢書本排印，頁 26。
〔註142〕清・徐乾學《讀禮通考》卷一百九，頁 30，總頁 114-544。
〔註143〕元・脫脫《金史》卷五，〈本紀第五・海陵〉（臺北，洪氏出版社），頁 100。
〔註144〕同前，頁 95。

　　到金世宗的時代，他對漢文化是採取「擇善而從」的態度。〔註145〕大定八年（1168年）二月，制定「子爲改嫁母服喪三年」〔註146〕的政令，應就是他對丁憂守制的認同。元光二年（1223年）正月，金宣宗有謂：「鬻爵恩例有丁憂官得起復者，是教人以不孝也，何爲著此令哉？」〔註147〕可見金朝當局雖已有「丁憂」守制的概念，可是仍以朝廷的需要爲主要的考量。

　　元朝的情況。最早的相關規定，是世祖至元二十七年（1290年），議：「祖父母、父母喪亡并遷葬者，許給假限，其限內俸鈔，擬合支給，違例不到，停俸定罪。」（見表一）

　　接著，梁曾以丁憂之制未行，上言請如禮。〔註148〕後來：

　　大德元年（1297年），議：「雲南官員，如遇祖父母、父母喪葬，其家在中原者，並聽解任奔赴」；二年（1298年），詔：「凡值喪，除蒙古、色目人員各從本俗外，管軍官并朝廷職不可曠者，不拘此例」；五年（1301年），樞密院臣議：「軍官宜限以六月，越限日以他人代之，期年後，授以他職」；六年（1302年），詔：「軍官除邊遠出征，其餘遇祖父母、父母喪，依民官例，立限奔赴」（見表一）；七年（1303年），哈剌哈孫進中書右丞相。嘗言治道必先守令，近用多不得其人，於是精加遴選，定官吏贓罪十二章及丁憂、婚聘、盜賊等制，禁獻戶及山澤之利。〔註149〕

　　仁宗時，王約遷禮部尚書，請定丁憂之制，申旌表之恩，免都城煤炭之徵，皆從之。〔註150〕

　　然元代行「二元政治」，「丁憂」守制以漢官爲限，而蒙古、色目人不許遵守此制，前述大德二年詔令中已可見之。但逐漸的，被「漢化」的蒙古、色目官員，亦有守制的要求，遂有逐步妥協的政令出現：

　　泰定帝致和元年（1328年）四月，塔失帖木兒、倒剌沙請：「凡蒙古、色目人效法丁憂者除其名」。從之。（見表一）

〔註145〕陶晉生〈金代中期的女眞本土化運動〉《邊疆史研究集──宋金時期》（臺北，臺灣商務印書館，民國60年6月初版），頁51、54。
〔註146〕元・脫脫《金史》卷六〈本紀〉第六〈世宗〉上，頁141。
〔註147〕前引書，卷十六，〈本紀第十六・宣宗下〉，頁365。
〔註148〕明・宋濂《明史》卷一七八，〈列傳第六十五・梁曾〉（臺北，洪氏出版社），頁4135。
〔註149〕前引書，卷一三六，〈列傳第二十三・哈剌哈孫〉，頁3293。
〔註150〕前引書，卷一七八，〈列傳第六十五・王約〉，頁4139。

　　文宗天曆二年（1329 年），詔：「官吏丁憂，各依本俗，蒙古、色目倣效漢人者，不用。」不過，部議：「蒙古、色目人願丁父母憂者聽。」（見表一）可見已有蒙古、色目人遵守的情形。

　　到順帝之時，丁憂守制才推展到蒙古、色目人；元統二年（1334 年）六月，詔「蒙古、色目人行父母喪」（見表一）；至此，可見元朝被「漢化」的情形，不過也已經是元朝末期了。

　　綜前所論，丁憂守制在中國歷朝的實行狀況，可以作出幾個結論：

　　其一、丁憂守制由來甚遠，雖歷朝重視程度有所不同，但未曾斷絕過。

　　其二、就官員遵守守制的數量來看（見表二、圖一），先秦、西漢、東漢和三國，因無詳細資料可作為數量統計，故不予論，而自兩晉南北朝至元代，守制者的總數，以兩晉南北朝和唐朝同為百分之六十三為最高；依序則為宋的百分之五十、五代的百分之四十三、元的百分之三十四、金的百分之二十三、隋的百分之八。

　　其三、守制的遵行與否，受制於（一）當朝君王個人之意願；（二）大環境的風氣適行否？就以中國歷朝的情況來論：漢朝雖有「高祖受命，蕭何創制，大臣有寧告之科，合於致憂之義」。但自從文帝遺詔「短喪」之後，整個漢朝，僅有短暫的提倡「守制」而已；兩晉以後，以西晉武帝最為提倡；唐朝則是建國者高祖頒「文官遭父母喪，聽去職」；宋朝則至真宗、仁宗時，始有一些詔令。至於環境的因素而言，如宋雖重儒家之「道德」，但現實的國家生存危機，亦會影響官員能否守制的問題。

第三章　明代官員丁憂制度之建立（上）

　　明太祖十分重視官員守制，前後多次頒布相關詔令。接續的明代諸帝大抵奉行甚謹。且不斷的針對實行以後的弊端漏洞，陸續的有相關補強的詔令，使得丁憂守制的規模逐漸完備。明代的守制風氣呈現了中國歷代以來空前的興盛（見表二、圖一）。

第一節　明太祖制定守制的意義

　　明人王世貞即謂：「高皇（即明太祖）極重此制」。〔註1〕明太祖制定丁憂守制，有「承先啓後」的歷史意義：就「承先」而言，中國的丁憂守制起源雖早，相較於明以前歷朝的開國皇帝，雖不乏訂相關政令者，（見表一）如西漢高祖、西晉武帝、唐高祖等，但是政令之完備，與重視之程度，都不若明太祖；而開國者又屬該朝「祖制」之創立者，其重視的程度，就直接影響後代君主遵守該制的程度。

　　明太祖爲何重視丁憂守制？可就三方面討論之：

一、對於禮制的重視與改進

　　丁憂守制屬古禮，明太祖一直以「帝王得國之初，天必授有德者」〔註2〕

〔註 1〕　明・徐學聚《國朝典彙》卷四十七，（國家圖書館（原中央圖書館）珍藏善本，
　　　　　臺灣學生書局出版，民國 54 年元月），頁 12，總頁 912。
〔註 2〕　《明太祖實錄》卷四十五，頁 2 上，洪武二年九月己亥條。

自居，且長期以儒者爲師，接受了「治天下當法孔子」〔註3〕的概念，對於「禮制」「孝道」等當然重視，成了他治國的重要理念。鄭曉稱太祖：

> 即位之初，制作禮樂，修明典章，興舉廢墜，定郊祀，建學校，崇
> 儒術，育賢才。……上初不識書，每退朝暇，延接儒士，講經論典，
> 又取古帝王嘉言善行書之。……專務德化三十餘年。〔註4〕

明太祖對於禮制的重視，從洪武元年（1368 年）十一月，即「定乘輿以下冠服及婚喪之制」，〔註5〕可以見出；十二月，御史高原侃言：

> 京師人民循習元氏舊俗，凡有喪葬設宴會親友，作樂娛尸，惟較酒
> 殽厚薄，無哀戚之情，流俗之壞至此，甚非所以爲治。且京師者，
> 天下之本，萬民之所取則，一事非則海內之人轉相視倣，弊可勝言。
> 況送終，禮之大者，不可不謹，禁止以厚風化。〔註6〕

其中，「習元氏舊俗」，與「送終，禮之大者」，就是提示明太祖回復「禮制」爲當務之急。明太祖當時即知該事之重要。遂詔中書省，令禮官定官民喪服之制。〔註7〕

那時朝廷中禮部缺人，原禮部尙書錢用壬（任職方四個月）告老，只好起復曾任禮曹主事，參與過太祖即位，大祀諸禮規畫的崔亮來擔任禮部尙書。〔註8〕此後，始詔定官員親屬冠服之制。〔註9〕

洪武七年（1374 年）十一月制定《孝慈錄》，序文中言：「《禮》出於天子，上行下效焉」。「每聞漢唐有忌議喪事者，在朕則不然。禮樂制度出自天子，於是立爲定制」，「使內外有所遵守」。〔註10〕可見，他認爲身爲皇帝，對於制禮一事是如何的「義不容辭」。

明太祖既遵古禮，因而在每個重要時刻，例如洪武九年（1376 年）五月，

〔註3〕 明・尹守衡《明史竊》卷三十五〈桂彥良〉，頁 10（臺北，華世出版社，民國 67 年 4 月 1 版，據民國 23 年東莞博物館刊本影印）總頁 835。

〔註4〕 《皇明通紀》卷三，頁 41～42。

〔註5〕 清・傅維鱗《明書》卷一，頁 20。收入（臺北，新文豐出版公司），叢書集成新編，總頁 23。

〔註6〕 《明太祖實錄》卷三十七，頁 2 上～下，洪武元年十二月辛未條。

〔註7〕 同前。

〔註8〕 同前，洪武元年十二月辛巳條。

〔註9〕 同前，頁 19 下～20 上，洪武元年十二月癸未條。

〔註10〕 明太祖《御製孝慈錄序》紀錄彙編卷四，收入（臺北，新文豐出版社），叢書集成新編第三十五冊，總頁 71。

將有事於方丘，適有晉王紀之喪，就命翰林侍講學士宋濂考古制以聞。宋濂答覆後，提醒曰：「禮，國之大事，聖人所重。雖有三年之喪，亦不敢廢，示有尊也」。〔註11〕可見其謹慎之情。

而明太祖前既允諾，若即帝位，則「禮法國之紀綱，禮法立則人志定，上下安。建國之初，此為先務」。〔註12〕以上舉動，算是履行了他的諾言。當然，從明太祖「好親近儒生，商略今古」〔註13〕的情況。再從明太祖在整個洪武朝的相關舉措來看，他的誠意的確是可以肯定的。

再者，明太祖於喪服之制有著「革新」的精神，凌揚藻《蠹勺集》謂：「明代服制非古」。〔註14〕此從洪武七年（1374年）十一月所制定之《孝慈錄》中可見：因該年九月貴妃孫氏薨，尚書牛諒等奏：「《周禮》《儀禮》：父在為母服期，庶母則無服。」皇子們不需為孫貴妃行服，明太祖覺得古禮甚有不妥處，遂詔修《孝慈錄》以更張之。〔註15〕

當時明太祖認為「喪禮之說，周朝已備，至秦火乃亡。漢儒采諸說以成書，號曰《周禮》《儀禮》或云新書而未行」。〔註16〕而「歷代儒臣往往以為定式以佐人主，若識時務者則采可行而行之，其有俗士執古以匡君，君不明斷是以妨務而害理，中道廢焉」。〔註17〕因敕翰林學士宋濂曰：

> 養生送死，聖王之大政；諱忘忌疾，衰世之陋習。三代喪禮，節文尤詳，而散失於衰周，厄於暴秦。漢唐以降，莫能議此。夫人情有無窮之變，而禮為適變之宜，得人心之所安，即天理之所在。爾等其考定喪禮。〔註18〕

〔註11〕《明太祖實錄》卷一○六，頁2上，洪武九年五月乙丑條。

〔註12〕前引書，卷十四，頁1下，元至正二十四年正月戊辰條。

〔註13〕清·趙翼《廿二史箚記》（臺北，世界書局），卷三十六，頁529。

〔註14〕凌揚藻《蠹勺編》卷十六〈明代服制非古〉（臺北，臺灣商務印書館印行），叢書集成簡編頁261。

〔註15〕明太祖《御製孝慈錄序》紀錄彙編卷四，收入（臺北，新文豐出版社），叢書集成新編第三十五冊，總頁71-77；《明太祖實錄》卷九十四，頁1上～下，洪武七年十一月壬戌朔條；《皇明寶訓》洪武二卷，頁29，總頁0134-0135，縮印本頁18994。此中誤載為「十二月」，實按前書載「十一月」方為正確。

〔註16〕同前。

〔註17〕同前。

〔註18〕《皇明寶訓》洪武二卷，頁29，總頁0134-0135，縮印本頁18994。

宋濂等考據，以古人「服母喪者四十二人，願服三年者二十八人，服期者十四人」。明太祖乃曰：

> 三年之喪，天下通喪。今觀願服三年喪比服期年者加倍，則三年之喪豈非天理人情之所安乎。〔註19〕

更以「父母之恩一也，父服三年，父在爲母則期年，豈非低昂太甚乎，其於人情何如也」。因言「朕覽書度意，非萬古不易之法」。〔註20〕乃立爲定制曰：「子爲父母，庶子爲其母，皆斬衰三年。適子、眾子爲庶母，皆齊衰杖期」。

洪武七年十一月，完成五服喪制，命之曰《孝慈錄》，頒天下。〔註21〕此事，《國榷》引郭正域之稱讚曰：

> 古之帝王，以五禮經邦國，而以凶禮哀死喪。衰周之世，半去其籍。孟氏于諸侯之禮未之學也，況其他乎？詩人所篇。漢書載國卹爲詳，唐李甫許敬宗乃以爲非臣子所宜言，盡削而不書。國有大事，則臨時采掇，附比從事，事已諱而不傳，是不知送終之爲大事也，諛已甚矣，宋史園陵喪際獨詳。高皇神聖廣覽，有諱無諱，而集一書，成于中年，南北不刊之典，至孝慈錄成，而大義微文，廣大精微，無所不至，如父母之制爲斬衰也，長子之降爲期年也。三父八母正宗，三代聖人，未及之也，聖人人倫之至，非高皇帝莫之能改也。〔註22〕

意即肯定明太祖的「革新」作爲了。

若就「啓後」而言，明太祖在制定丁憂守制相關禮儀時，並不以古制所有爲限，而在因應新環境的需求下，注入了時代的色彩。此因處於皇朝新建草創階段，加上他又有心更新所致；而成了明朝的「祖制」之後，接續的明代各朝君王，自然而然以此爲「標準」；而知識份子在傳統儒家的價值觀的影響下，亦以此來批判不遵守此制者；接續明朝的清朝亦大致繼承此制。所以太祖所定者，有啓後作用。

二、對於孝道的重視

明太祖重視孝道，因他認爲：「人情莫不愛其親，必使得盡其孝，一孝而

〔註19〕《皇明寶訓》洪武二卷，頁 29，總頁 0134-0135，縮印本頁 18994；《明太祖實錄》卷九十四，頁 1 上，洪武七年十一月壬戌朔條。
〔註20〕《皇明寶訓》洪武二卷，頁 29，總頁 0134-0135，縮印本頁 18994。
〔註21〕同前。
〔註22〕《國榷》卷五，頁 511～512。

眾人皆趨於孝，此風化之本也。故聖王之於天下，必本人情而爲治」。〔註23〕

　　並以「孝」行示範：「以古人父母既沒，生日當倍悲痛，即位以來，常不受賀，至李善長等累請乃許之」。〔註24〕更在洪武三十年（1397年）九月，命戶部下令天下民，每鄉里各置木鐸一，內選年老或瞽者，每月六次，持鐸巡于道路曰：「孝順父母、尊敬長上」等語，以「使人相親愛厚風俗」。〔註25〕

　　又可以從幾個案例來看：

　　洪武三年（1370年）六月，御史劉炳彈劾中書右丞相汪廣洋「事母不孝」，遂罷之退居高郵。〔註26〕

　　洪武八年（1375年）一月，淮安府山陽縣民有父得罪當杖，請以身代。明太祖謂刑部臣曰：「父子之親天性也，然不親不遜之徒，親遭患難有坐視而不顧者，今此人以身代父出於至情，爲孝子屈法以勸勵天下。」尋釋之。〔註27〕

　　洪武二十四年（1391年）七月，龍江衛吏以過罰書寫，值母喪乞守制。吏部尚書詹徽不聽，吏擊聞鼓訴之。明太祖召詹徽切責曰：「吏雖罰役，天倫不可廢，使其母死不居喪，人子之心終身有歉，夫與人爲善，猶恐其不善，若有善而沮之，何以爲勸。詩曰：『孝子不匱永錫爾類，爾乃獨不然也。』」徽大慚，吏遂得而終喪。〔註28〕

　　由此可知，遵守古禮與重視孝道是明太祖建國以來的施政原則，也是他自我期許爲「有德」之君，〔註29〕以及儒化臣民的應有作爲。

　　進一步論之，明太祖之所以如是重視孝道與守制，應與其「昔遭世艱苦饑饉相仍，當時二親俱在，吾欲養而力不給」〔註30〕的成長經驗，特別是其父母過世時（時明太祖虛歲十七歲），〔註31〕未能予以其安葬，僅能「殯無棺

〔註23〕《皇明寶訓》洪武四卷，頁37，總頁0317，縮印本頁19040。

〔註24〕《皇明通紀》卷二，頁56。

〔註25〕《明太祖實錄》卷二五五，頁1上，洪武三十年九月辛亥條。

〔註26〕前引書，卷五十三，頁9下，洪武三年六月庚辰條。

〔註27〕前引書，卷九十六，頁2下，洪武八年正月癸酉條。

〔註28〕前引書，卷二一○，頁3下，洪武二十四年七月乙巳條。

〔註29〕黃小平〈朱元璋：一個歷史和人格的研究〉《師大學報》第二十四期，國立臺灣師範大學，頁10，總頁148。

〔註30〕《明實錄附錄·寶訓》〈洪武一卷〉，頁13下，總頁0026（臺北，中文出版社），縮印本頁18967。

〔註31〕同前，頁14上，總頁0027。

椰，被體惡裳。浮淹三尺，奠何殽漿」〔註32〕的處境，一直讓明太祖耿耿於懷。此可從明太祖在即位之前至濠州時，就曾因念及「祖考葬時，禮有未備，乃詢改葬典禮、服制於許存仁等」。〔註33〕至洪武十一年（1378年）四月重建「皇陵碑」〔註34〕時，仍再三強調前述諸語，可以見之。

三、對於天象災變的畏懼

論及天象災變一事，顧炎正《日知錄·人事感天》曰：「人事動於下，而天象變於上。有驗於頃刻之間，而不容遲者」。〔註35〕該條下解釋曰：

> 上古之時，人之視天甚近。……董仲舒謂：國家將有失道之敗，天乃出災害以譴告之……。谷永亦言：災異者，天所以儆人君過失……。孔子修春秋，災異無大小必書，如果與人無涉，聖人亦何事多言哉？〔註36〕

外國學者黎威（Marion J. Levy）氏說：

> 中國人民對於國君效忠的觀念頗饒趣味。設令某一時期的社會，風調雨順，物阜民豐，則當政的國君被視為德配天地，是人民愛戴的真主；反之，若天災連年，貪汙盛行，餓孚遍野，則此君主將被視為上受天譴的昏君，而喪失人民對他的忠誠。〔註37〕

可知，中國人認為天象災變對於統治者領導地位之鞏固與否，有相當程度的影響力。

至於明太祖天象災變的想法，以吳元年（元至正二十七年，1367年）十月，對侍臣所說：

> 吾自起兵以來，凡有所為，意向始萌，天必垂象示之……。天垂象所以警乎下，人君能體天之道，謹而無失，亦有變災而為祥者。〔註38〕

〔註32〕《明太祖集》卷十四〈皇陵碑〉，頁271。安徽古籍叢書，（黃山書社出版），1991年11月第一版。
〔註33〕《明會要》卷十七，禮十二〈凶禮〉，臺北，世界書局，頁269。
〔註34〕《明太祖集》卷十四〈皇陵碑〉，頁271；《明太祖實錄》卷一一八，頁2下，洪武十一年四月辛未條。
〔註35〕明·顧炎武《日知錄集釋》，頁700。
〔註36〕同前，頁701。
〔註37〕龔忠武編譯〈近代中國社會的變化〉《大陸雜誌》三十一卷十期，民國54年11月30日出版，頁305。
〔註38〕《明太祖實錄》卷二十六，頁1下～2上，吳元年十月丙午條。

即皇帝位後，洪武元年（1368年）十一月，敕天下有司「凡遇災異咸以實聞」；〔註39〕二年（1369年）九月〔註40〕、四年（1370年）七月〔註41〕、十月〔註42〕等，陸陸續續有類似的詔令頒布，可見對此等事件的重視。

太祖對天象災變如此的留意、敏感，嘗為此頒布守制令：即洪武八年（1375年）七月所頒「百官聞父母喪者，不待報，許即去官」之詔令。當日京師正巧有「地震」發生。〔註43〕雖無法直接證明此二事之間的關聯性，然按前所論，應非純屬巧合而已。

第二節　守制政令的頒布與調整

一、洪武朝廷守制制度的調整

明太祖在位期間陸續頒布關於丁憂守制的法令，實是基於前述的原因所致。但是在實施的過程中間仍為了適應環境，又有多次的調整。

洪武八年（1375年）七月，明太祖將原來丁憂守制的離職手續：「士大夫出仕在外，聞父母之喪，必待移文原籍審覈，俟其還報，然後奔喪」。改為「詔百官聞父母喪者，不待報，許即去官」。此次改變是因北平按察司僉事呂本言及前制有如下的弊端：

> 中外官吏去鄉，或一二千里，或萬餘里。及其文移往復，近者彌月，遠者半年。為人子者銜哀待報，比還家則殯葬已畢，豈惟莫睹父母容體，雖棺柩亦有不及見者，若此之類，深可憐憫。臣請自今官吏若遇親喪，許令其家屬陳於官，移文任所，令其奔赴，然後覈實。
> 人子得盡終之禮，而朝廷孝理之道彰矣！〔註44〕

讓丁憂官員皆得歸鄉守制，符合了開國以來提倡禮制、孝道的精神。

然而這卻與洪武朝的另一個困境，即「缺官」問題相衝突。洪武朝的缺官情況可以從：洪武十二年十二月有「天下博學老成之士皆應詔至京師；吏

〔註39〕前引書，卷二十六上，頁1上，洪武元年十一月己亥條。
〔註40〕前引書，卷四十五，頁2下，洪武二年九月癸卯條。
〔註41〕前引書，卷六十七，頁2上，洪武四年七月壬子條。
〔註42〕前引書，卷六十八，頁5下，洪武四年十月庚辰朔條。
〔註43〕前引書，卷一百，頁4下，洪武八年五月戊辰條。
〔註44〕《明太祖實錄》卷一百，頁4下，洪武八年七月戊辰條；該事《天府廣記》頁199，記於八年三月。今從《實錄》。

部奏是歲除官二千九百八人，天下所舉儒士人材五百五十三人」〔註45〕的大批徵才行動；及十三年四月，明太祖說：「朕自即位以來，雖求賢之詔屢下，而得賢之效未臻」〔註46〕的話，得到印證。

洪武朝所以「缺官」，約有幾個原因造成：

（一）儒士的不願仕宦

按錢穆先生之研究，認為當時一般儒士之有志用世者，率在元之末季，經亂而萌退隱之意。其卒仕於明，本屬意外，並多不獲已而出，固非踴躍以赴者；再就當時社會情況與經濟背景而言，元雖不貴士，然元代之士，即使上不在廊廟臺省，下不在閭閻畎畝，而別自有其淵藪窟穴可以藏身。且當時之為士者，尚有物業生事可安，尚有學業文章傳統可游其心以自盡。故彼輩雖上不在政，而於朝廷多崇重之意，於明太祖，其先何嘗不以群盜視之。〔註47〕

（二）畏於明太祖的嚴刑重法

清趙翼曰：「蓋是時，明祖懲元季縱弛，一切用重典，故人多不樂仕進。解縉疏云：陛下無幾時不變之法，無一日無過之人」。〔註48〕又曰：「明祖懲元季縱弛，特用重典馭下，稍有觸犯，刀鋸隨之，時京官每旦入朝，必與妻子訣，及暮無事則相慶，以為又活一日」。〔註49〕

以上的論點，大抵反應出明太祖洪武朝朝廷缺乏人才的困境。〔註50〕

雖然如此，明太祖仍是非常重視守制的。洪武十六年（1383年）九月的「國子監生聞叔兄之喪者許奔喪，仍令禮部定與期限」；十七年（1384年）三月頒布科舉取士式時，就規定「惟閒罷官員及倡優之家與居父母喪者，均不准入試」（見表三）。即「生員丁父母憂者，不許赴鄉試，及提學官科歲二試。舉人丁父母憂者，不許赴會試。其監生及儒生丁憂者亦不許赴試」。〔註51〕

〔註45〕《明太祖實錄》卷一二八，頁5～6，洪武十二年十二月甲辰條。

〔註46〕前引書，卷一三一，頁8上，洪武十三年四月丙辰條。

〔註47〕錢穆〈讀明初開國諸臣詩文集〉《明代政治》明史論叢之四（臺北，臺灣學生書局），頁46～50。

〔註48〕清·趙翼《二十二史箚記》卷三十二，頁467。

〔註49〕同前，頁469。

〔註50〕關於明太祖與「人才」的關係，參見拙撰〈論影響明洪武朝四輔官設立廢除的因素〉《明史研究專刊》第九期，民國78年12月，頁163～182。

〔註51〕《讀禮通考》卷一百八，頁9～10，總頁114-517～518。

　　凡為救一時之弊而制定的政策，一旦推行，免不了會衍生出若干缺失，守制政策亦然。在簡化了歸鄉守制的手續之後，引致官員「聞祖父母、伯叔、兄弟喪，俱得奔赴」的弊端。洪武二十三年（1390 年）四月，吏部乃針對此弊，提出建議改進方案：

　　　祖父母、伯叔、兄弟皆係期年服。若俱令奔喪守制，或一人連遭
　　　五六期喪，或道路數千里，則居官日少，更易繁數，曠官廢事。
　　　今後除父母、祖父母承重者丁憂外，其餘期喪不許奔，但遣人致
　　　祭。〔註52〕

明太祖接受，於是除去了期年奔喪之制。

　　此舉，《日知錄》作者顧炎武深不以為然，而指出：所謂「曠官廢事」之弊應是「遠官，若近在三五百里，即少曠廢之患矣」。〔註53〕且認為是為後來的「不奔喪守制」立下開端：

　　　此出於一時權宜之政，沿習以來，至三百年，遂以不奔喪守制為禮
　　　法之當然。而倍死忘哀，多見於搢紳之士矣。〔註54〕

　　但是，在洪武時，吏部嘗提出守制引起之流弊：「或一人連遭五六期喪，或道路數千里，則居官日少，更易繁數，曠官廢事」，此種情況，對於朝廷的行政效率有相當程度的影響。何況，洪武朝廷更有「缺人」的困境，因此若藉此舉而能減少官員離任的機會，則對於此困境的疏緩當有助益。

　　除此之外，洪武八年（1375 年）基於「孝道」考量的「有父母喪，不待報，即可離任」政策，也隨著「冒喪」者的出現，面臨了考驗。「冒喪」者增加，當然令明洪武朝廷在「缺人」的狀態下有雪上加霜之苦，因而必需在丁憂奔喪規定上加嚴，即在洪武二十六年（1393 年）令「京官有勘合，在外官有引」，且「起復有程限，奪喪短喪匿喪有禁」（見表三）。如此，則不僅不可以隨意離職，而且丁憂服闋後，亦需即刻按期回任，若「有過期不行，移文催取到部。果無事故，在家遷延者，咨送法司問罪」，如工部主事王伯貞，在丁父憂服闋後，就是遲遲回任，因而被謫戍安慶。〔註55〕藉由如是的規定，防止官員流失，以期維護朝廷的行政效率。

〔註52〕《明會典》卷十一，頁3～4，總頁206。
〔註53〕明・顧炎武《日知錄》卷十五，頁372。
〔註54〕同前。
〔註55〕《明太祖實錄》卷一七八，頁1上～2上，永樂十四年七月戊戌條。

二、守制的推展

洪武時守制的規定，就職別方面言，一些有特殊任務的，另有特別的規定：

> 洪武十九年，凡欽天監官，令不守制。後許奔喪三個月。

> 二十六年，凡倉場官，令倉官放糧守支未絕，聞父母喪者，交盤付
> 見任官吏，方許守制。（見表三）

至於一般的文官，大致必須守制，至永樂朝，守制者更增加了：

> 凡太常寺官，雖由樂舞生出身者，聞父母喪，亦許回原籍守制。

> 凡太醫院官及醫士，令有父母沒，葬於京城外者，許依墳守制。

> 凡王府官，父母沒於任所者，令回籍守制。（見表三）

並推展丁憂守制至新收復的交阯布政使司：永樂十七年（1419年）七月，交阯布政司副理問盧文政言：「交阯之人習於夷俗，父母死止服黔衣，土官生員吏遭父母喪亦不守制。請以國朝所定喪禮頒示民間，俾知遵守。土官生員吏喪父母者，悉解見識役丁憂，庶幾漸革夷習」。成祖覽奏諭行在禮部臣曰：「三年之喪，古今通制，天下豈有無父母之人，悉從所言」。〔註56〕

正統朝起，復有奪情起復禁令的頒布：正統十二年（1447年）「令內外大小官員丁憂者，不許保奏奪情起復」（見表三）。

正統朝所頒布的詔令，是對於明初推動守制以來，規避守制者的一種救正與補強。其產生的效用，就接續各朝逐步提升的守制風氣來看，是可以肯定的。

景泰二年（1451年）七月，禮部儀制司郎中章綸言「近年以來，內外官員多奪情不奔喪」，建議「今後除在京公卿守邊重職不可離者可以奪情，其餘不分官之崇卑一體官制，如此則風俗厚而人得盡其孝矣」。景帝回應曰：「聞喪，惟急用大臣方許奪情，否則不許」。〔註57〕

九月，吏科給事中毛玉亦呼應章綸之奏疏曰：「向者朝廷因各邊未寧，暫行奪情之典，所留者皆股肱輔弼之大臣，邊徼經營之要職。近者各處官司相習成風，或司府佐貳之官，或州縣幕司之職，甚至辦事官吏，一聞親喪即行保舉」。且「前項官吏素非執政之臣，輕引奪情之例，保留章奏絡繹道途，雖蒙明斷不允，亦已煩瀆聖德」。建議「將綸奏准事例通行內外，俾皆遵守，庶

〔註56〕《明太宗實錄》卷二一四，頁1下，永樂十七年七月丁未條。

〔註57〕《明英宗實錄》卷二〇六，頁11～12，景泰二年七月癸亥條。

敦廉恥之節，以消奔競之風」。〔註58〕景帝回應以「邊事方寧，禁諸司勿得援奪情例起復」之詔（見表三）。此次景帝有了較明確的政令，但按《明通鑑》作者夏燮認爲，此僅於「諸司」，未提及「京官」。〔註59〕四年（1453 年）五月，詔：「今後凡遇聞喪，除特恩外，其餘俱依例守制，不許濫保。」（見表三）皆是著重在奪情的抑制。

成化二年（1466 年）五月羅倫因彈劾首輔李賢遭謫之後，七月，戶科給事中劉昊上言：

> 永樂以來，朝臣以奪情起用爲當然，非所以明彝倫廣孝道也。天順初，言官喬毅嘗奏請罷之，今又蹈前非矣。合仍前申明，如有保留，奔喪奪情者各治以罪。〔註60〕

遂令國子監遵守守制，成化三年（1467 年）三月，禮部尙書姚夔等奏「修明學政十事，請榜諭天下學校永爲遵守」，算是最直接的影響。

正德十六年（1521 年）四月，明世宗即位，七月詔：「自今親喪不得奪情。著爲令」（見表三）。此時所以重申禁令，是因焰事中邢寰向吏部奏「懲奪情以重人倫事」彈劾寺丞海宗道、太醫院使李宗周等人奪情事。吏部覆曰：「丁憂之例，載諸職掌，奪情之禁，申于累朝，所以示教而懲不孝也。今海宗道以序班夤緣奪情傳陞寺丞，故太醫院使李宗周從而效尤，且獲廕子，皆不孝之大者。宗道宜逮問，宗周官及廕皆宜削奪。」世宗接納此建言，因而頒布此詔令。〔註61〕此亦是正統朝以來對於奪情起復抑制的結果。

嘉靖四十二年（1563 年），頒布「治喪」條例，題准：

> 內外官員爲人後，遇本生父母亡故，自願回籍者，許給假治喪。在京照例具奏，在外呈詳撫按，就任放回。定限二年，餘原籍起送改選。如過三年者參究。（見表三）

亦即，所有遭丁憂的官員，願意回家治喪者，皆允准之。

此外，更將原本不許守制的官員納入。有：

〔註58〕前引書，卷二〇八，頁 7，景泰二年乙卯條。
〔註59〕《明通鑑》卷二十五，紀二十五，頁 1032。
〔註60〕《讀禮通考》卷一百九，頁 34，總頁 114-546。
〔註61〕《明世宗實錄》卷四，頁 6，正德十六年七月癸丑條。

　　一、各王府「儀賓守制」之制定，於嘉靖四十四年（1565 年）始定。先是各王府儀賓不丁父母憂，至嘉靖四十二年，周府南陵王睦㙒上疏云：

> 文職上自九卿，下至百僚，皆知父恩，而行三年丁憂之制。是以有父母者知報本而盡孝道也。臣今見各王府郡縣主，及郡縣君，選配儀賓，請受誥封，朝廷給與大夫郎官之職，係與文職一體相同。緣何儀賓父母身終，不行丁憂之制，遽忘鞠養之恩，任取衣冠富貴之樂，豈爲人子之道哉？伏望皇上敕下禮部，行令各省有王府地方，自今見爵儀賓，凡有父母身故，宜照文職事例，將半俸停止。服滿之日，許方具呈教授，轉呈布政司，申請都察院，方許開俸。如是，則儀賓得盡孝，服報本之道，國家省祿糧曠耗之費。〔註62〕

疏下，下禮部議。嘉靖四十三年（1564 年），景王圯亦疏云：

> 三年之喪自天子以達於庶人，貴賤通行，無所降殺，此古今一定之禮也。今周府南陵王奏稱，見爵儀賓宜照文職事例丁憂守制，揆之於禮，誠爲允當。〔註63〕

巳而，益王厚炫亦奏稱：

> 王府儀賓舊無丁憂之例，惟弘治年間有儀賓程母喪乞恩終制，該部具題準令住俸，給假葬母省父，續遇父喪，四年未曾食祿，此誠國家以孝治天下之道也，乞敕該部定議通行天下。〔註64〕

至嘉靖四十四年，御史林潤、禮部尚書李春芳等議入，始定是制。〔註65〕

　　二、「衍聖公守制」。隆慶元年（1567 年），吏部主事郭諫臣請衍聖公終制，先前以「衍聖公孔子之後也，秩一品。先是凡遇父母之喪，不行丁憂，即請承襲，與軍職同」。至是，諫臣疏謂：

> 魯爲上世秉禮義之國，而孔子又萬世義之宗。今國家特世封爲衍聖公，秩以一品者，正以聖人後，爲能守禮以表率天下之人耳。不使其子孫守三年之制，其何以責天下。乞許遵制丁憂，一如文臣。〔註66〕

遂下廷臣議，覆許照文臣終制起復。後乃定制。

〔註62〕《讀禮通考》卷一百八，頁 18～19，總頁 114-522。

〔註63〕同前。

〔註64〕同前。

〔註65〕《讀禮通考》卷一百八，頁 19，總頁 114-522；《明會要》卷十八，禮十三，頁 297。

〔註66〕同前。

第三節　守制離職的規定

丁憂守制的官員既需離職回鄉，離職的手續該如何辦理？明代官員丁憂與服闋起復之時的主管衙門，丁憂之事，屬於吏部稽勳司負責。服闋起復之事，則由吏部文選司負責。〔註67〕

一、勘合手續

丁憂既需離職守制，離職的手續則是：洪武初期原規定「士大夫出仕在外，聞父母之喪，必待移文原籍審覈，俟其還報，然後奔喪」。後以北平按察司僉事呂本建議「自今官吏若遇親喪，許令其家屬陳於官，移文任所，令其奔赴，然後覈實」。遂於洪武八年七月「詔百官聞父母喪者，不待報，許即去官」。（此已論於前）

但由於丁憂離職手續太過便利，「冒喪」者增加，令原已有「缺人」困境的洪武朝廷有雪上加霜之苦，因而必需在丁憂奔喪規定上加嚴，洪武二十六年（1393年）令「京官有勘合，在外官有引」。勘合是明朝政府日常行政中所廣泛採用的一項技術性制度：〔註68〕

> 凡內外官吏人等，例合丁憂者，務要經由本部，京官具奏關給內府孝字號勘合，吏典人等箚付應天府（今在京者箚付順天府），給引照回。在外官吏人等，移文知會所在官司，給引回還。除祖父母、父母，承重丁憂外，期年喪服，不許守制。及移文原籍，體勘明白，開寫是否承重祖父母，及嫡親父母，取具官吏里鄰人等，結罪文狀回報。（見表三）

如此，則官員丁憂不再可以隨意離職了。

至弘治朝又有了調整：按《明會典》所載：

> 凡在京堂上官丁憂，吏部具奏，給與勘合。司屬以下官，舊例類引奏請。弘治元年奏准不引，只類奏關給。南京堂上官丁憂，親自赴京奏給勘合。司屬以下官，本部以勘合，發南京吏部填給。起復，齎復本部類繳。其京官公差、養病、在外丁憂，不給勘合。及相繼

〔註67〕《明書》卷六十四，頁1277。

〔註68〕羅冬陽〈勘合制度與明代中央集權〉《東北師大學報》1997年第1期（總第165期）東北師範大學，頁35。

丁憂，不以勘合，并官司申文赴部改填。或勘合遭風失水無告官明

文者，俱問罪。（見表三）

此次的調整，主要有幾項：

其一、將丁憂官分為堂上官與司屬以下官。堂上官手續未變；司屬以下官，則予以簡化，即「奏准不引，只類奏關給」。

其二、此次特別將南京官員提出，即「堂上官丁憂，親自赴京奏給勘合」。「司屬以下官，本部以勘合，發南京吏部填給，起復，齎復本部類繳」。如此亦是將手續稍加簡化，使得司屬以下官，省得南北奔波之累。

其三、既有勘合之相關規定，若未能照實申報者，俱據以問罪。

至嘉靖朝又有所調整：

四年（1525 年）五月詔：「京官出差及養病丁憂者，許差人具奏給領勘合。」（見表三）此是針對弘治朝所定若「京官公差、養病、在外丁憂，不給勘合，俱問罪」之條而改定的。因恐其路途遙遠，或其他不便之因素，而罹罪，因而「許差人具奏給領勘合」。

十一年（1532 年）題准：「京官丁憂，不分南北堂屬，各於南北京關領勘合。公差官員聞喪俱赴京復命，事關領勘合。在家養病省親丁憂者，不必關領。南京公差官員丁憂，造冊具本，差人送繳，仍於南京關領勘合。」（見表三）此亦是一項較「便官」的措施，弘治朝時南京堂上官需親自赴京奏給勘合，現在則皆只需於南京辦理即可。甚且予以養病、省親、公差、丁憂官，更多的便利。

二十六年（1547 年）題准：「凡辦事官未滿，在部丁憂回家。題准，比照省祭事例，服滿不必起送補辦，各令收執原引，候文選司行取勘合到日，本處官司查勘明白送部，免其行查，就令補辦，滿日赴選。」（見表三）

二十七年（1548 年），題准：「兩京官出差丁憂，免其來京，準差人齎執公文赴部告領勘合；其館局司所倉庫等官止令給引照回，服滿，原籍官司查勘無礙，給文送部聽用。」（見表三）此條文是因二十七年九月，吏部尚書聞淵奉詔陳言七事，其中論及「議勘合」時謂「凡公差丁憂者許其聞訃即還應給勘合不必赴京親領」，〔註69〕故有本條文之制定。

三十二年（1553 年），「題准南京給由官員往回在途聞喪者，俱照公差丁

〔註69〕《明世宗實錄》卷三四〇，頁 4 下，嘉靖二十七年九月壬辰條。

憂官例。」（見表三）

四十二年（1563 年），「題准內外官員為人後，遇本生父母亡故，自願回籍者，許給假治喪。在京照例具奏，在外呈詳撫按，就任放回。」（見表三）

主要是讓各處官員於丁憂手續之辦理，更加的便利。而若「勘合不謹」，如正德二年（1507 年）十一月，南京江西道監察御史郭浹，則於服闋時降調江西農城縣。〔註 70〕

二、候代手續

官員丁憂既需離職守制，有些如倉場、鹽務等職務，是須候「交待」方許離任，否則丁憂守制反予不肖官員避罪投機之機會，所以：

洪武二十六年（1393 年），詔有「凡倉場官，令倉官放糧守支未絕，聞父母喪者，交盤付見任官吏，方許守制」（見表三）。

成化十年（1474 年）八月，戶部會官議覆漕運巡撫等官所言事宜：「南京倉場官攢或因守支年久，或懼錢糧虧折追陪問罪，往往詐稱丁憂。今後守支官攢遇有丁憂者，必須原籍官印司印信文移，方許照例守制。」（見表三）

成化十六年（1480 年）十月，兩浙巡鹽監察御史戴仁奏：「丁憂事故亦須定委附近府堂上官查盤交付，方得去任。」（見表三）

而各地巡撫則須候代方能離任：嘉靖三年（1524 年），令各巡撫遇有遷秩或以憂去者，必候代離任，如違，言官劾奏；二十九年（1550 年），仍有腹裏撫臣不拘交代之議；隆慶二年（1568 年），復申各巡撫遇有遷秩或以憂去者，必候代離任。若未交代擅自回籍者，並參治。〔註 71〕

例如：嘉靖二十四年（1545 年）閏正月，詔巡撫雲南都御史顧應祥復職。先是以奔母喪不候代，為巡撫御史楊東所論，罷職。〔註 72〕

三十三年（1554 年）三月，御史徐黯因「初尚書彭黯自巡撫陞任，以內地撫臣例不候代為辭，故聞報輒解印，坐規避得譴」。遂言「近日寇盜紛紛」，「宜令各處總督巡撫不拘邊遠近，凡遇陞遷丁憂宜去任者，俱一體候代不得

〔註 70〕《明武宗實錄》卷三十二，頁 5 下，正德二年十一月壬戌條。
〔註 71〕《明神宗實錄》卷四三一，頁 4 上，萬曆三十五年三月戊寅條。此未見於《會典》。
〔註 72〕《明世宗實錄》卷二九五，頁 5 下，嘉靖二十四年閏五月己酉條；卷五五〇，頁 3 下，嘉靖四十四年九月戊申條。

擅離，其或降調革職者，許巡按御史以便宜行事不得在此例」。疏下，吏部覆可，從之。〔註73〕

三十五年（1556年）三月，江西巡撫許弘綱以「守制不候代」，弘綱以聞父訃徑歸，上疏自劾，言：「巡撫候代，嚴於邊方，寬於腹裏」。〔註74〕吏科陳治則等疏言：

> 弘綱引嘉靖中年之例，而略嘉靖初年之文。總鎮一方，封疆寄重，萬一不虞，有如往年寧藩之變，必難委於南贛撫臣，安得藉腹裏以自解免也。急人子之私情，輕國家之重寄，未可以弘綱之賢過爲姑息耳。〔註75〕

吏部覆上，以隆慶五年（1571年）遼東巡撫毛綱例，服滿之日降一級調外任。〔註76〕

萬曆三十五年（1556年）五月，吏科左給事中劉道隆言：「撫臣去留匪輕，宜速賜處分以成政體，不報。先是江西巡撫許弘綱以奔喪不候代去，議降級調外。至是廣西楊芳又聞喪苦不得代，徐學聚、易登瀛、霍鵬、陳用賓、戴耀各以聞言在告，僅有馬鳴鑾、連標以虜市事迫，得交代去。而戴耀、陳用賓竟以超趲敗終」。〔註77〕可見，巡撫守制之條例，仍是未有定例，似仍需「候代」才可以守制。

總之，離職守制需按規定程序辦理，否則即是違法。正統時有如是的案例：陝西按察司副使陳嶷，先奉敕赴陝西提督水利，行至林清聞喪，以敕付縣官奏繳，徑回原籍守制。後通政司奏：「陳嶷不面取旨擅自奔喪宜治罪」。英宗以「子聞母喪，情迫於內，觀過知仁」而宥之。〔註78〕

〔註73〕 前引書，卷四〇八，頁7，嘉靖三十三年三月辛酉條。
〔註74〕 《明神宗實錄》卷四三一，頁4上，萬曆三十五年三月戊寅條。
〔註75〕 同前。
〔註76〕 同前。
〔註77〕 《明神宗實錄》卷四三三，頁4上，萬曆三十五年五月乙亥條。
〔註78〕 《明英宗實錄》卷一三五，頁7下，正統十年十一月乙未條。

第四章　明代官員丁憂制度之建立（下）

第一節　守制中的待遇

　　守制期間朝廷給予的待遇如何？就守制者的待遇而言，在明以前，宋朝有相關的措施：宋初僅高級官員持服不奪其俸，班行使以下皆無俸祿。〔註1〕宋仁宗時規定：

> 橫行使及內臣昭宣使以上持服者，并全給料錢，節度使給其半，正任刺史以上給三分之一。〔註2〕

　　可見宋代或多或少給丁憂官員提供了保障，然只有少數大臣才可能獲全俸。〔註3〕

　　明朝時期，太祖給予相當優渥的條件：

　　自洪武十一年（1378年）十一月始，太祖給予丁憂官員「米鈔」的補貼，以及問安的信函：例如蘇州府知府李亨丁繼母憂，居鄉里。明太祖遣使賜米鈔，敕曰：

> 朕思自古創業之君，必由群英而典賢能而治爾，李亨曩爲郡長，恪廉謹以奉憲章，雖古稱循良不是過也。自居憂以來，朕未嘗忘，恐爾窘於日給，特遣人賜米五十石，鈔二十錠，爾其領之，體朕至意。
>
> 〔註4〕

〔註1〕　宋・李燾撰《續資治通鑑長編》卷一七七，頁9（臺北，世界書局印行）。
〔註2〕　《宋會要輯稿》職官五十七〈俸祿五〉，頁21（臺北，世界書局）總頁3670。
〔註3〕　祝建平〈北宋官僚丁憂持服制度初探〉《學術月刊》1997年第三期（總第334期），頁75。
〔註4〕　《明太祖實錄》卷一二一，頁3上，洪武十一年十一月丙申條。

　　青州諸城人臧哲，以儒士舉，授禮部主事，轉兵馬指揮，發奸摘伏，不避權豪。明太祖嘗賜白金二錠馬一匹，尋陞四川左參政。未幾，陞廣西布政使，以母喪去官。〔註5〕十二月，賜臧哲米鈔，敕曰：

> 卿曩職桂林，歲月未久。雖有酒失，而廉介自持。適以母憂去職守服至今。朕嘗軫念，特遣人賜卿米六十石，鈔二十五錠，以給所乏。
> 卿當恪恭以孝，服闋來朝，共圖至治。〔註6〕

除了此二人獲此待遇之外，「自後凡官以父母喪去官而家居者皆有賜焉」。〔註7〕接著，十二年（1379年）正月，更詔中書：

> 凡丁憂官在任三年之上無贓犯者，依品級，月與半俸，止於終制。
> 在任三年者，亦依本品級全俸三月以養其廉，著爲令。〔註8〕

故，十二年八月，太常卿唐鐸以母憂去官，特賜食半俸。〔註9〕

　　然此待遇的條件，於十七年（1384年）正月有所調整：

> 命吏部凡文官居憂制，已在職五年，廉勤無贓私過犯者，照品秩給半祿終制。在職三年者，給全祿三月。〔註10〕

　　比之於十二月正月所頒布的薪俸，條件則嚴格了些。即先是「在任三年之上無贓犯者，依品級，月與半俸，止於終制」，這次則需「在職五年，廉勤無贓私過犯者」，才能「照品秩給半祿終制」。另者「在職三年者，給全祿三月」則是一樣的。

　　至於洪武二十四年（1391年）十一月，浙江左布政使王鈍以母喪去官，賜鈔百錠。〔註11〕應屬個別性的恩賜。

　　以上所述皆指文官，至於武官，向來武官有「金革無辟」的丁憂不守制之成例，因此未見有相關規定。然《明通鑑》有載：

> 洪武十七年二月，詔吏部：凡文武憂制，稽其在職一年廉勤無過者，照品給半祿終制。三年歷考無過者，給全祿終制。著爲令。（見表七）

〔註5〕　同前。
〔註6〕　前引書，卷一二一，頁4下，洪武十一年十二月戊辰條。
〔註7〕　同前。
〔註8〕　前引書，卷一二二，頁3下，洪武十二年一月乙未條。
〔註9〕　前引書，卷一二六，頁2下，洪武十二年八月癸未條；卷二五四，頁4上，洪武三十年七月壬申條。
〔註10〕　前引書，卷一五九，頁4下，洪武十七年正月癸亥條；清·傅維鱗《明書》卷三，頁37，總頁457。
〔註11〕　前引書，卷二一四，頁2下，洪武二十四年十一月癸卯條。

該條僅載於《明通鑑》，未見《實錄》及其它資料上有此條記錄，恐有誤，待查。

永樂朝之後，因丁憂蒙賜鈔者，如：

永樂年間守制的都察院右僉都御史史仲成，「賜鈔一百錠」；太僕、苑馬寺卿楊砥，「賜鈔千錠」；以及奪情起復的內閣閣臣楊榮，「賜鈔一千貫」等（見表七）。

弘治年間守制的南京吏部左侍郎李旻，曾充經筵講官，以實錄成，「即家賜銀十兩、綵段二表裏」。〔註12〕

以上係屬於特別賞賜。至於常例性的，應是比照洪武朝之規定。

表三　明代丁憂政令公布概況

時間	內容概要	附　註
洪武	元年十二月	詔定官民喪服之制。〔註13〕
	七年十一月	《孝慈錄》成，定五服喪制。〔註14〕
	八年七月	詔：百官奔父母之喪者，聞喪即行，不俟報。〔註15〕
	十二年正月	詔中書：凡丁憂官在任三年之上無贓犯者，依品級，月與半俸，止於終制。在任三年者，亦依本品級全俸三月以養其廉，著為令。〔註16〕
	十六年九月	國子監生聞伯叔兄之喪者許奔喪，仍令禮部定與期限。〔註17〕
	十七年	正月命吏部凡文官居憂制，已在職五年，廉勤無贓私過犯者，照品秩給半祿終制。在職三年者，給全祿三月。〔註18〕
		二月詔吏部：凡文武憂制，稽其在職一年廉勤無過者，照品給半祿終制。三年歷考無過者，給全祿終制。著為令。〔註19〕

〔註12〕《獻徵錄》卷二十七，頁53，總頁1158。

〔註13〕《明太祖實錄》卷三十七，頁2下，洪武元年十二月辛未條。

〔註14〕前引書，卷九十四，頁1下，洪武七年十一月壬戌朔條。

〔註15〕前引書，卷一百，頁4下，洪武八年五月戊辰條。該事《天府廣記》頁199，記於八年三月。今從《實錄》。

〔註16〕前引書，卷一二二，頁3下，洪武十二年正月乙未條。

〔註17〕前引書，卷一五六，頁3上，洪武十六年九月辛丑朔條。

〔註18〕前引書，卷一五九，頁4下，洪武十七年正月癸亥條。

〔註19〕《明通鑑》卷八，頁423；該條僅載於《明通鑑》，未見《實錄》及其他資料

		三月頒科舉取士式。規定：惟閒罷官吏及倡優之家與居父母喪者，均不准入試。〔註20〕
	十九年	凡欽天監官，令不守制。後許奔喪三個月。〔註21〕
	二十三年四月	除期服奔喪之制〔註22〕
	二十六年	凡倉場官，令倉官放糧守支未絕，聞父母喪者，交盤付見任官吏，方許守制。 凡內外官吏人等，例合丁憂者，務要經由本部，京官具奏關給內府孝字號勘合，吏典人等箚付應天府（今在京者箚付順天府），給引照回。在外官吏人等，移文知會所在官司，給引回還。除祖父母、父母，承重丁憂外，期年喪服，不許守制。及移文原籍，體勘明白，開寫是否承重祖父母，及嫡親父母，取具官吏里鄰人等，結罪文狀回報。如有詐冒，就便，解部，仍以聞喪月日為始，不許閒二十七月，服滿起復。若有過期不行，移文催取到部。果無事故，在家遷延者，咨送法司問罪。〔註23〕
	二十八年	凡陰陽醫學官丁憂起復，令就彼復職。〔註24〕
永樂	洪武三十五年	凡太常寺官，雖由樂舞生出身者，聞父母喪，亦許回原籍守制。〔註25〕
	元年	凡太醫院官及醫士，令有父母沒，葬於京城外者，許依墳守制。 凡王府官父母沒於任所者，令回籍守制。〔註26〕
	十七年七月	推展「丁憂」守制至交阯布政使司。〔註27〕
	二十年八月	皇太子謂吏部刑部都察院臣曰：比年各處閒吏群聚於鄉起滅詞訟，擾攪官府，虐害平民，為患不小。今後吏考滿不給由、丁憂服滿不起、得代不赴京、因事赴京還不著役者，悉發保安衛充軍。〔註28〕

上有此條記錄，恐有誤，待查。
〔註20〕《明太祖實錄》卷一六〇，頁1下，洪武十七年三月戊辰朔條；《明通鑑》卷八，紀八，頁423；《讀禮通考》卷一百八，頁9～10，總頁114-517-518。
〔註21〕《明會典》卷十一，頁3至頁4，總頁206。
〔註22〕《明太祖實錄》卷二〇一，頁4上，洪武二十三年四月甲戌條。
〔註23〕《明會典》卷十一，頁4，總頁205-206。
〔註24〕同前，頁5，總頁207。
〔註25〕同前，頁3，總頁206。
〔註26〕同前，頁4，總頁206。
〔註27〕《明太宗實錄》卷二一四，頁1下，永樂十七年七月丁未條。
〔註28〕《明太宗實錄》卷二五〇，頁8下～9上，永樂二十年六月己亥條。

宣德	四年四月	行在吏部奏吏多有考滿不給由，丁憂服闋及裁替不赴部，或改換文卷仍復恭充，或詐稱親喪相繼守制，把持官府取索贓賄，起滅詞訟，生事告訐，顛倒是非，誣害良善，蓋其立心不臧，輕視國法，當嚴禁約，違者論罪。上諭尚書蹇義曰：「朕以語卿以太祖皇帝之言，正謂此也。其揭榜嚴禁之。」〔註29〕
正統	七年	凡官吏匿喪者，令俱發原籍為民。〔註30〕
	十年九月	官吏詐匿喪者俱問發為民，著為令。〔註31〕
	十二年	令內外大小官員丁憂者，不許保奏奪情起復。〔註32〕
景泰	景帝即位	詔：科道官憂居者悉起復。〔註33〕
	二年七月	詔：聞喪惟急用大臣方許奪情，否則不許。〔註34〕
	二年九月	邊事方寧，禁諸司勿得援奪情例起復。
	四年五月	詔：今後凡遇聞喪，除特恩外，其餘俱依例守制，不許濫保。〔註35〕
天順	元年四月	給事中奏：凡奪情起復官，不計年月久近，乃俾終制。〔註36〕
	二年	令官吏以舊喪詐作新喪者，發順天府昌平、遵化、薊州等處為民，係順天府者，發口外為民。若父母見在，詐稱死亡者，發口外獨石等處充軍。其聞父母喪，匿不舉哀，不離職役者，原籍三千里之上，限一年。不及者限發半年，過限者，口外隆慶（後改延慶）、永寧等處為民（後止革去職役）。〔註37〕
成化	十年八月	戶部會官議覆漕運巡撫等官所言事宜：「南京倉場官攢或因守支年久，或懼錢糧虧折追陪問罪，往往詐稱丁憂。今後守支官攢遇有丁憂者，必須原籍官印司印信文移，方許照例守制。」〔註38〕

〔註29〕《明宣宗實錄》卷五十三，頁1下～2上，宣德四年四月丁丑條。
〔註30〕《明會典》卷十一，頁5～6，總頁207。
〔註31〕《明英宗實錄》卷一三三，頁2下～3上，正統十年九月乙亥條。
〔註32〕《明會典》卷十一，頁5～6，總頁207。
〔註33〕《明史》卷一五七，列傳第四十五〈胡拱辰〉，頁4302。
〔註34〕二年七月條載於《明英宗實錄》卷二〇六，頁11～12上，景泰二年七月癸亥條。二年九月條載於《明史》卷十一，本紀第十一〈景帝〉頁145；《明會要》卷十八，禮十三，頁302；《明通鑑》卷二十五，紀二十五，頁1032。
〔註35〕此事載於《明英宗實錄》卷二二九，頁3上，景泰四年五月庚申條；而《明通鑑》則載於卷二十六，紀二十六，頁1046。景泰三年九月條。今據《實錄》。
〔註36〕《明英宗實錄》卷二七七，頁10下，天順元年四月辛亥條。
〔註37〕《明會典》卷十一，頁5～6，總頁207。
〔註38〕《明憲宗實錄》卷一三二，頁8上，成化十年八月辛亥條。

	十五年	令詐匿喪官員，所在官司，容情起送。或因它事發覺，正犯悉照見行事例發落，經該官吏，以枉法從重論。〔註39〕
	十六年十月	兩浙巡鹽監察御史戴仁奏：「丁憂事故亦須定委附近府堂上官查盤交附，方得去任。」〔註40〕
弘治	元年	凡在京堂上官丁憂，吏部具奏，給與勘合。司屬以下官，舊例類引奏請。弘治元年奏准不引，只類奏關給。南京堂上官丁憂，親自赴京泰給勘合。司屬以下官，本部以勘合，發南京吏部墳給，起復，齎復本部類繳。其京官公差、養病在外丁憂，不給勘合。及相繼丁憂，不以勘合并官司申文赴部改墳。或勘合遭風失水無告官明文者，俱問罪。〔註41〕
	三年	凡官吏監生接喪，弘治三年，令，官吏守制未滿接服，不行申報，及扶同官吏究問。若稱已行申報，中途耽滯者，官員監生不許附選，吏典不許實撥，候行查至日定奪。 凡官吏監生，承祖父母憂，不開何年父故，及有無伯兄，應否承重。或丁養父母憂，不開自幼過房者，俱行查。 凡官吏丁憂，除公罪不坐外，其犯贓罪及係官錢糧，依例勾問。〔註42〕
正德	三年二月	今後凡違限三月者宥之，四五月者罰俸，六七月者逮問，八九月者致仕，十月以上者削籍。〔註43〕
嘉靖	正德十六年七月	詔：「自今親喪不得奪情。著爲令。」〔註44〕
	三年	令各巡撫遇有遷秩或以憂去者，必候代離任，如違，言官劾奏。〔註45〕
	四年五月	詔：京官出差及養病丁憂者，許差人具奏給領勘合。〔註46〕
	八年	凡倉場官，嘉靖八年題准，各處丁憂倉場官，起復到部，查係守支五年之上者，與守支盡絕者，一體定擬陞用，付選三年之上者，對品改選。不及改選者，仍以原籍選用。〔註47〕

〔註39〕《明會典》卷十一，頁5～6，總頁207。
〔註40〕《明憲宗實錄》卷二〇八，頁1下，成化十六年十月庚戌條。
〔註41〕《明會典》卷十一，頁2～3，總頁205-206。
〔註42〕《明會典》卷十一，頁5～6，總頁207。
〔註43〕《明武宗實錄》卷三十五，頁1上，正德三年二月己巳朔條。
〔註44〕《明世宗實錄》卷四，頁6，正德十六年七月癸丑條；《明通鑑》卷四十九，紀四十九，頁1843。
〔註45〕《明神宗實錄》卷四三一，頁4上，萬曆三十五年三月戊寅條。此未見於《會典》。
〔註46〕《明世宗實錄》卷五十一，頁1下，嘉靖四年五月庚申條。
〔註47〕《明會典》卷十一，頁3～5，總頁206-207。

十一年	題准，京官丁憂，不分南北堂屬，各於南北京關領勘合。公差官員聞喪俱赴京復命，事畢關領勘合。在家養病省親丁憂者，不必關領。 南京公差官員丁憂，造冊具本，差人送繳，仍於南京關領勘合。〔註48〕
二十二年	凡太醫院官及醫士。奏准，太醫院除堂官外，合屬官生丁憂等項，先送禮部查明，轉咨本部。 凡匠官丁憂者，奔喪二十七日，赴部送監辦事。〔註49〕
二十六年	凡辦事官未滿，在部丁憂回家。題准，比照省祭事例，服滿不必起送補辦，各令收執原引，候文選司行取勘合到日，本處官司查勘明白送部，免其行查，就令補辦，滿日赴選。〔註50〕
二十六年	凡官吏丁憂服滿定限赴部在京，北直隸四個月，河南、山東六個月，山西、陝西、浙江、江西、湖廣、南直隸八個月，福建、兩廣、貴州、四川十個月，雲南一年。違兩個月之上者參問。嘉靖二十六年題准，起復官，違限一年之上者送問。二年之上，雖有事故亦不准理，仍行原籍查回定奪。〔註51〕
二十七年	嘉靖二七年，題准兩京官出差丁憂，免其來京，準差人齎執公文赴部告領勘合；其館局司所倉庫等官止令給引照回，服滿，原籍官司查勘無礙，給文送部聽用。〔註52〕
二十八年	凡官吏丁憂服滿定限赴部在京，嘉靖二十八年題准，違限三年之上，雖有患病公文，亦不准理，送法司問，完日付選。〔註53〕
二十九年	前令各巡撫遇有遷秩或以憂去者，必候代離任。此年復申腹裏撫臣不拘交代之議。〔註54〕
三十二年	題准南京給由官員往回在途聞喪者，俱照公差丁憂官例。〔註55〕

〔註48〕 同前，總頁 206。

〔註49〕 同前。

〔註50〕 同前。

〔註51〕 《明會典》卷十一，頁 6 至 7，總頁 207-208。

〔註52〕 同前，頁 3 至 5，總頁 206。又見嘉靖二十七年九月吏部尚書聞奉詔陳言七事：
——勘議合謂凡公差丁憂者許其聞訃即還應給勘合不必赴京親領——《明世宗實錄》卷三四○，頁 4 下，嘉靖二十七年九月壬辰條。

〔註53〕 《明會典》卷十一，頁 6 至 7，總頁 207-208。

〔註54〕 《明神宗實錄》卷四三一，頁 4 上，萬曆三十五年三月戊寅條。此未見於《會典》。

〔註55〕 《明會典》卷十一，頁 2～3，總頁 205-206。

	四十二年	題准內外官員爲人後，遇本生父母亡故，自願回籍者，許給假治喪。在京照例具奏，在外呈詳撫按，就任放回。定限二年，餘原籍起送改選。如過三年者參究。〔註56〕
	四十四年	定儀賓守制〔註57〕
隆慶	元年	定衍聖公終制之禮〔註58〕
	二年	復申各巡撫遇有遷秩或以憂去者，必候代離任。若未交代擅自回籍者，並參治。〔註59〕

第二節　守制官員的活動

官員居鄉三年的守制期間，過著怎樣的生活？有無違制的情形？

一、不違禮法的守制生活

按古禮之守制生活，丁憂者在三年喪期間，必需「不御酒肉、不治生業、廢祭祀、謝交游、詩書不事、學問不談、不見齒、不入室、寢苫枕」。〔註60〕

在守制期間，不管在個人生活或參與社會活動時，都有一些禁忌。《禮記》所言甚詳，略舉數點如下：

其一、居喪期間可讀禮書：如〈曲禮〉載：「居喪未葬，讀喪禮。既葬，讀祭禮。喪復常，讀樂章」；〔註61〕〈檀弓〉載：「大功廢業。或日，大功誦可也」。〔註62〕

其二、待人接物方面：如〈檀弓〉載：「高子皋執親之喪，未嘗見齒（言笑之微）」；〔註63〕〈雜記〉載：「疏衰之喪，既葬，人請見之，則見。不請見人。小功，請見人可也」；〔註64〕「三年之喪，言而勿語，對而不問」；〔註65〕

〔註56〕《讀禮通考》卷一百八，頁20，總頁114-523。
〔註57〕《明會要》卷十八，禮十三，頁297。
〔註58〕《讀禮通考》卷一百八，頁19～20，總頁114-522-523；《明會要》卷十八，禮十三，頁297。
〔註59〕《明神宗實錄》卷四三一，頁4上，萬曆三十五年三月戊寅條。此未見於《會典》。
〔註60〕清・杜貴墀《典禮質疑》卷三，頁3（收入臺北，新文豐出版公司，叢書集成續編，第六十八冊，社會科學類〈喪禮〉）總頁81。
〔註61〕《禮記・曲禮》卷四，頁9，總頁74。
〔註62〕《禮記・檀弓》卷七，頁4，總頁126。
〔註63〕同前，頁9，總頁129。
〔註64〕《禮記・雜記》卷四十二，頁15，總頁742。

〈喪服大記〉載：「父母之喪，非喪事不言，既葬與人立，君言王事，不言國事，大夫士言公事，不言家事」；〔註66〕〈喪服四制〉載：「百官備，百物具，不言而事行者。扶而起，言而後事行者。杖而起，身自執事而後行者，面垢而已」。〔註67〕

其三、有條件的准許沐浴：如〈雜記〉載：「凡喪，小功以上，非虞祔練祥無沐浴」；〔註68〕〈曲禮〉載：「頭有瘡則沐，身有傷則浴」。〔註69〕

至於實際遵行的情況，則歷代皆不能盡依禮書，宋朝歐陽修曰：

自孔子在魯，而魯人不能行三年之喪，其弟子疑以為問，則非魯而他國可知也，孔子歿而其後世又可知也。今世之人，知事其親者多矣，或居喪而不哀者有矣。生能事而死能哀，或不知喪禮者，有矣。或知禮而以謂喪主於哀而已，不必合於禮者，有矣。……禮之失久矣，喪禮尤廢也。今之居喪者，惟仕宦婚嫁聽樂不為，此特法令之所禁爾，其衰麻之數，哭泣之節，居處之別，飲食之變，皆莫知夫有禮也。在上位者不以身率其下，在下者無所望於其上，其遂廢矣乎！〔註70〕

司馬光更提到，在五代時期，居喪者食肉，社會上人們就當作一件咄咄怪事。但到宋代，即使士大夫，居喪飲酒吃肉，也「無異平日」，還互相宴請。所以認為：「凡此皆古禮，今之賢孝君子，必有能盡之者。自餘相時量力而行之，可也」。〔註71〕

崔述《五服異同彙考》論唐以後社會上守喪的情形曰：

服者非第服而已也，飲食必有其相稱者焉。（中略）自唐以前，居喪者多能守禮，然於古五服之制，無所增加。由唐以逮宋明代，增其服至數倍於古人，而守禮者反少。（中略）近世之居喪也，惟服而已，

〔註65〕同前，頁6，總頁737。
〔註66〕《禮記·喪服大記》卷四十五，頁9，總頁782。
〔註67〕《禮記·喪服四制》卷六十三，頁13，總頁1033。
〔註68〕《禮記·雜記》卷四十二，頁15，總頁742。
〔註69〕《禮記·曲禮》卷三，頁3，總頁54。
〔註70〕宋·歐陽修《歐陽永叔集》三〈太常博士周君墓表〉，頁96。收入（臺北，臺灣商務印書館），萬有文庫薈要。
〔註71〕宋·司馬光《司馬氏書儀》卷九〈居喪雜儀〉。收入（臺北，新文豐出版公司），叢書集成新編第三十五冊，頁103，總頁42。

期功之喪，幾與無服者同，其飲食如常也，其居處如常也，服雖多
於古人何益焉。惟父母之喪，間有一二能守禮者，然亦殊不多觀。
然則所謂喪者，惟服而已。〔註72〕

可見，對於守制生活該遵守禮制的要求，不能盡依古制大致取「彈性」的遵
守方式。

在明代初年，太祖亦認爲古制太嚴，他說：

且古不近人情而太過者有之，若父母新喪則或五日三日，或六七日飲
食不入口者，方乃是孝。朝抵暮而悲號焉，又三年不語焉，禁令服內
勿生子焉。（中略）若果依式，其孝子之家，爲已死者傷見生者十七
八則孝理頹焉。民人則生理罷焉，王家國事紊焉。〔註73〕

認爲「實非萬古不易之法」。此與司馬光、歐陽修等人意見大體類似，不認爲
應完全遵古禮而行。

天啓年間太常寺少卿劉永澄居喪時，「躄踊痛絕，讀禮竟三年不入內寢」。
而被稱「近世士大夫行三年喪者，永澄一人而已」。〔註74〕

至明末崇禎中劉宗周曾告訴其婿秦嗣瞻說：

古人居喪之禮，事事異於平日，（中略），今即不能盡行古禮，亦須
少存古意。三年之中，無戲飲、無骰飲、無痛飲。家食無兼味、無
盛筵待客（不過五葷三素四果）、厚禮遺人（暫免慶賀）、兼信邪崇
祈禳，無衣絲帛。一意下帷讀書，無妄涉外事交匪人。〔註75〕

明代甚至有「革命」性的舉措，就是「無服內生子之禁」。關於此，明人
敖英論曰：

孝子禁服內生子，考之經傳，未見明訓。蓋自桐門右師譏然明始
也。歷漢唐宋元，此禁尤嚴，我朝（指明朝）則無此禁矣。嘗莊
誦孝慈錄御製序文，其中有曰：「禁服內生子，不近人情」。故大
明律無服內生子之條。嗚呼！此聖明所以緣人情而立法也，類如

〔註72〕 清・崔述《五服異同彙考》卷三，收入（臺北，新文豐出版公司），叢書集成
　　　　新編第三十五冊，總頁97。
〔註73〕 明太祖《御製孝慈錄序》總頁71。
〔註74〕 明・劉宗周《劉子全書》卷十八，頁25（臺北，華文書局股份有限公司印行，
　　　　中華文史叢書之五十七，清道光刊本影印），總頁1299。
〔註75〕 前引書，卷二十五，頁6。總頁2065-2066。

此。〔註76〕

不過，此禁之開，當時知道的人並不多，所以有：

> 近年江東有朝士服內生子，反誣其妻與外人通，其妻自縊死。湖南
> 有老儒服內生子，乃沉之江中，遂絕嗣。〔註77〕

的「悲劇」發生。

由是可見，明代對於守制的生活要求是較有彈性的，至於明代官員守制的生活的實際情況，試論如次：

有嚴格遵守古禮者，即「廬墓」、「讀禮書」等：洪武年間，石州學正梁準母喪廬墓，十四年（1381年）八月被擢為均州知州；〔註78〕永樂朝國子學錄王讓母喪，廬墓三年，後成祖嘉其孝行，令侍上講學；〔註79〕張瀚居喪時「居廬讀禮，絕卻一切外事」；〔註80〕萬曆年間進士劉宗周居母喪服是：

> 卒哭，疏食。期而小祥，食菜果。又期而大祥，食醯醬。泣血未嘗
> 見齒。苫次中讀禮，旁及六經，疑戴記為漢儒所附會，考定之意自
> 此始。〔註81〕

有兼及外事者，如「著書」、「教書」之類：成化年間丘濬丁母憂歸鄉，憂居期間，「得知府蘇靰之助，序刊『張曲江集』、『余武溪集』」；「在鄉建藏書石室，作藏書之所。作『藏書石室記』、『崖州學記』、『廣州府志序』」；「作『萬州遷學記』、『南海縣學記』、『梧州府廟學記』」；〔註82〕嘉靖年間山東布政司王廷相，丁母憂，「著喪禮通纂行之」；〔註83〕前所提劉宗周，居父喪之暇，「進宗人戚屬而講誦之」。〔註84〕

另有居喪順便「協助處理鄉里危機」：楊慎居喪時，「蜀賊藍廷瑞鄢本恕

〔註76〕 明‧敖英《東谷贅言》卷上，頁8。（臺北，新文豐出版公司，叢書集成新編第八十八冊），總頁54。

〔註77〕 同前。

〔註78〕 《國榷》卷十六，頁1134。

〔註79〕 《明宣宗實錄》卷一〇六，頁10下，宣德八年九月庚申條。

〔註80〕 明‧焦竑《澹園集》二十四，乙八〈太宰張恭憶懿公傳〉，頁14。（臺北，新文豐出版公司，叢書集成續編，第一八六冊）。

〔註81〕 明‧劉宗周《劉子全書》卷四十〈年譜〉，頁9，總頁3503。

〔註82〕 《明丘文莊公濬年譜》（臺北，臺灣商務印書館發行，民國74年7月初版），頁18～19。

〔註83〕 《皇明名臣墓銘‧榮祿大夫太子太保兵部尚書兼都察院左都御史掌院事浚川王公墓誌銘》，頁1599。

〔註84〕 明‧劉宗周《劉子全書》卷四十〈年譜上〉，頁11～12，總頁3508-3509。

亂作，新都城中，朝夕戒嚴，一日有賊徒數百，詭稱官兵來助城守門者，將入之，先生止之，使轉詰賊二語詘，洒遁」。〔註85〕

有居喪「逢諸王叛亂之時」：李濬丁父憂家居時，正逢高煦反叛。高煦遣人招濬，濬不從，且變姓名潛走。京師發其事甚悉，宣宗嘉之，遂陞職。〔註86〕

以上之守制生活，雖不完全合於古代禮制，但也並未有何違禮之處。

二、有違禮法的守制生活

另外，有些丁憂官員則被判定為違制而被劾者，將之臚列如下：

表四　明代丁憂官員違制情況表

姓　名	丁憂時官銜	被彈劾罪行	判案時間／結果	附　註
丁　珏	刑科給事中	以守制未服闋，入大祀齋宮，復與慶成宴。	永樂十四年八月，逮至行在法司，論以大不敬罪謫戍邊。	〔註87〕
喻　俊	不詳	行在吏部奏其居親喪不守禮法，因與平人有隙，誣以罪，輒自拘問，擅作威福，有虧孝道，不可用。	宣德二年五月，黜為民。	〔註88〕
劉　安	不詳	憂制居家不安禮分守制	宣德三年二月，降為河南光州學正。	〔註89〕
宋原端	監察御史	其丁憂家居，強葬其父他人塋，奪民良田，收迷失婦，勒其夫貨乃還之，受民賂為囑縣官脫其徭役，事覺下巡按江西監察御史鞠論枉法當絞。	宣德十年正月（正統初）遇赦，罷為民。	〔註90〕
孫　雷	工部主事	初，守制歸，奪人園地，杖人致死。	正統四年三月，命罷為民。	〔註91〕

〔註85〕清・簡紹芳編次，程封改輯《楊文憲公年譜》頁5。（臺北，新文豐出版社，叢書集成續編第二六一冊），總頁255。
〔註86〕《明宣宗實錄》卷二十，頁6上，宣德元年八月丁卯條。
〔註87〕《明太宗實錄》卷一七九，頁2，永樂十四年八月辛巳條。
〔註88〕《明宣宗實錄》卷二十八，頁5下，宣德二年五月丙午條。
〔註89〕前引書，卷三十七，頁6上，宣德三年二月丁丑條。
〔註90〕《明英宗實錄》卷一，頁9下，宣德十年正月癸未條。
〔註91〕前引書，卷五十三，頁9上，正統四年三月丙寅條。

楊　恭	尙寶司司丞	丁憂居家，與人互爭田產。	正統八年六月，法司論贖杖還職，命罷爲民。	〔註92〕
劉　鉞	中書舍人	丁憂于家，鄉人與其家相訐不法事爲所連。	正統十三年正月，巡按史逮鞫之。	〔註93〕
方　輅	南京監察御史	以丁憂居鄉，占其叔田，奪寡嫂棺具，且制中縱子作樂，爲族人所奏，遣官勘治，擬贖杖復職。	成化十八年六月，降陝西肅州衛經歷。	〔註94〕
谷　琰	山西右布政使	初大同總理糧儲郎中張倫，坐虧損糧草下獄，谷琰時爲參政分守其地亦有淊損。	成化二十三年十月，下御史逮問，獄上，命俟還任日停俸一年。	〔註95〕
張　錦	巡撫右副都御史	給事中胡金、監察御史劉翔，按宣府邊儲得糧草淊爛之數劾之	弘治二年十一月，候起復以聞。	〔註96〕
余　金潘　盛李　旻	布政僉事	陝西刷卷監察御史祁司員劾奏其卷宗錯誤。	弘治四年二月，行所在司治之，罰俸有差。	〔註97〕
姜　麟	南京監察御史	姚學禮等奏其不職。	弘治十七年七月，累經彈劾，令致仕。十二月，巡撫四川都御史劉洪復勘劾其不職實跡，命冠帶閒住。	〔註98〕
嚴世蕃	工部侍郎	御史鄒應龍劾其居喪淫縱。	嘉靖四一年五月，坐獄。	〔註99〕
劉汝靖	工部郎中	侵奪官地	正德二年五月，杖三十，黜爲民。	〔註100〕

〔註92〕《明英宗實錄》卷一〇五，頁1下，正統八年六月乙酉條。
〔註93〕 前引書，卷一六二，頁6下，正統十三年正月甲寅條。
〔註94〕《明憲宗實錄》卷二二八，頁7下，成化十八年六月己未條。
〔註95〕《明孝宗實錄》卷四，頁6下，成化二十三年十月庚午條。
〔註96〕 前引書，卷三十二，頁1上，弘治二年十一月乙卯條。
〔註97〕 前引書，卷四十八，頁2，弘治四年二月庚戌條。
〔註98〕 前引書，卷二一四，頁9下，弘治十七年七月己酉條；卷二一九，頁8下～9上，弘治十七年十二月己卯條。
〔註99〕《明世宗實錄》卷五〇九，頁6上～7下，嘉靖四十一年五月壬寅條。
〔註100〕《明武宗實錄》卷二十六，頁9上，正德二年五月壬申條。

吳學	四川道監察御史	服闋稱病，違限八月	正德三年二月，黜爲民，劉瑾敗後起爲河南道監察御史。	〔註101〕
王俸	監察御史	服闋違限	年月不詳，落職，劉瑾敗復爲浙江道監察御史。	〔註102〕
王廷相	兵科給事中	丁憂不赴部領勘合	正德三年二月，直隸亳州判官	〔註103〕
陰盈	中書舍人	守制起復違限	正德三年三月，降爲直隸晉州判官。	〔註104〕
陳伯獻	南京吏科給事中	守制違限	正德三年四月，罷爲民。	〔註105〕
李克嗣	陝西按察司僉事	守制違限	正德三年六月，令致仕。	〔註106〕
方良永	廣東按察司僉事	守制違限三月	正德三年七月，令致仕。	〔註107〕

　　以上的違制者，主要被彈劾的罪行，約有幾類：

　　其一、居鄉時，個人生活不檢點。

　　其二、居鄉時，與人有田產之爭。

　　其三、在原職務有所缺失，雖已離職亦被彈劾。

　　其四、守制服闋，未能準時回任。

　　如表四所列，可知違制被彈劾的案例，早在永樂朝即有。永樂二十年（1422 年）八月，皇太子謂吏部刑部都察院臣曰：

　　　　比年各處閒吏群聚於鄉起滅詞訟，擾攬官府。虐害平民，爲患不小。

　　　　今後吏考滿不給由、丁憂服滿不起、得代不赴京、因事赴京還不著

　　　　役者，悉發保安衛充軍。（見表三）

及宣德四年（1429 年）四月，行在吏部奏：

　　　　吏多有考滿不給由、丁憂服闋及裁替不赴部，或改換文卷仍復恭充，

〔註101〕　前引書，卷三十五，頁 4 上，正德三年二月庚辰條；卷七十三，頁 2 下，正
　　　　　德六年三月戊午條。

〔註102〕　前引書，卷七十四，頁 1 上，正德六年四月庚辰朔條。

〔註103〕　前引書，卷三十五，頁 1 上，正德三年二月己巳朔條。

〔註104〕　前引書，卷三十六，頁 2 上，正德三年三月庚子條。

〔註105〕　前引書，卷三十七，頁 5 下，正德三年四月庚辰條。

〔註106〕　前引書，卷三十九，頁 5 下，正三年六月辛巳條。

〔註107〕　前引書，卷四十，頁 2 上，正德三年七月庚子條。

或詐稱親喪相繼守制，把持官府取索贓賄，起滅詞訟，生事告訐，
顛倒是非，誣害良善，蓋其立心不臧，輕視國法，當嚴禁約，違者
論罪。（見表三）

此現象，反應出有藉「丁憂」等名義，逗留鄉間的官員。並以自身所擁權勢，
爲害百姓之情事。雖永樂朝之裁決爲「發保安衛充軍」，但效果似乎未見改善。
至宣德才又有此議。宣宗乃諭尚書蹇義曰：「朕以語卿以太祖皇帝之言，正謂此
也。其揭榜嚴禁之。」所以，在洪武朝以來，對於守制之極力提倡鼓勵之後，
對於官員們鄉居期間之舉止，毫無管理的辦法，任其藉此發展個人惡勢力。

　　至弘治朝，吏科給事中李源等，以吏治風氣一直敗壞爲由，奏曰：「承平
既久，玩愒漸生，苟不甄別而振作之，則賢否混淆，法度漸弛」。因此建議「乞
敕該部查炤舊例，將兩京諸司見任并丁憂養病官嚴加考察」〔註 108〕弘治十年
（1497 年）二月，吏科以科道官有考察京官之奏請，會同都察院如例考察在
京五品以下官，凡見任并丁憂公差者皆在內。〔註 109〕當時丁憂官員之考察，
主要就是防其退居鄉里之際，挾勢欺人。

第三節　守制官員的服闋與復職

一、服闋復職的法令

　　三年守制期滿服闋，即應回復任職，關於此，朝廷的規定如何？復職的
情況又如何？

　　守喪期限屆滿除服，稱之「服闋」〔註 110〕、「終制」〔註 111〕、「終服」〔註

〔註 108〕《明孝宗實錄》卷一二一，頁 3 下，弘治十年正月己巳條。
〔註 109〕《明孝宗實錄》卷一二二，頁 3 下，弘治十年二月戊寅條。
〔註 110〕「闋」，終了之意。漢·應劭《風俗通義》卷上〈十反第五〉〈汝南范滂孟
博〉，頁 113（臺北，臺灣商務印書館），叢書集成簡編。載：「父字叔矩，
遭母憂，……三年服闋，二兄仕進」；漢·蔡邕《漢中郎集》卷二，頁 16，
〈陳留范史雲銘〉（臺北，新興書局），四部彙要集部。載：「除郎中君、萊
蕪長，未出京師，喪母行服。故事，服闋後，還郎中君。」
〔註 111〕唐·李百藥《北齊書》卷二十一，列傳第十三〈高乾〉（臺北，洪氏出版社），
頁 291。載：「先是信都草創，軍國權興，乾遭喪不得終制」；宋·歐陽修、
宋祁《新唐書》卷一百六十四，列傳第八十九〈崔玄亮〉（臺北，洪氏出版
社），頁 5051。載：「父喪，客高郵，臥苫終制。」
〔註 112〕宋·歐陽修、宋祁《新唐書》卷一四二，列傳第六十七〈崔祐甫〉，頁 4668。

112）、「服除」〔註113〕、「釋服」。〔註114〕宋時服闋有謂之「落起復」。〔註115〕
明萬曆以後，以「起復」稱「服闋者」。〔註116〕

官員守制期限既滿，按《雜記》：

> 三年之喪，祥而從政。期之喪，卒哭而從政。九月之喪，既葬而從
> 政。小功總之喪，既殯而從政。〔註117〕

就是「服闋」，需回職任官。至於期限，西漢文帝遺詔短喪時，令「凡三十六
日而釋服」（按：此是指臣民爲君主服喪之期限）。明代（清亦是）官員守喪
時限，則「二十七月而服闋」。清人毛奇齡《三年服制考》論之曰：

> 周制二十五月而畢喪，衰服除也。今制二十七月而服闋，縞服闋也。
> 衰縞既除，正有餘服，原未嘗于三年月日有所短少。故周制二十五
> 月即服官任事。而今則二十七月，而然後起用。較之《雜記》祥而
> 從政，猶爲遲緩。蓋服官任事不礙喪服。〔註118〕

（一）要求準時回任的法令

官員服闋復職由吏部文選司負責，規定「除京官不考，外官皆考過復
除」。〔註119〕

在法令的定制過程時，前已述洪武二十六年（1393年）有「服滿起復，
若有過期不行，移文催取到部。果無事故在家遷延者，咨送法司問罪。」後
有工部主事王伯貞，以服闋後遲遲回任，被謫戍安慶（見表十一）的案例。
此法令之制定主要是防止官員的流失。

前已言，當時，或藉「省親」、或藉「丁憂」、或藉「養病」等理由違限
的情況相當普遍，因而弘治朝，孝宗初即位，即頒布「丁憂養病者令致仕俱
不許再求進」〔註120〕之令，以防止不肖官員趁機回流。弘治十年（1497年）

　　　載：「及卒，護喪者以聞，帝惻然，召（崔）植，使即喪次終服。」
〔註113〕宋・歐陽修《歐陽永叔集》四〈江鄰幾墓誌銘〉收入（臺北，臺灣商務印
　　　書館），國學基本叢書，萬有文庫薈要，頁78。載：「以母喪去職，服除。」
〔註114〕漢・司馬遷《史記》卷十〈孝文本紀第十〉（臺北，粹文堂），頁434。
〔註115〕清・徐乾學《讀禮通考》卷一一二，頁32，總頁114-589。
〔註116〕同前。
〔註117〕清・毛奇齡《三年服制考》卷七，頁13～14，收入（臺北，新文豐出版公司），
　　　叢書集成續編，第六八冊，社會科學類〈喪禮〉，總頁19。
〔註118〕同前。
〔註119〕《明書》卷六十四，頁1277。
〔註120〕《明孝宗實錄》卷四，頁1下，成化二十三年十月丁卯朔條。

正月，吏科都給事中李源等上疏，論及此事，遂曰「皇上御極之初，首嚴考察之典」。〔註 121〕

正德三年（1508 年）二月，吏部曰：「凡省親丁憂養病，皆託事營私玩法曠職者也。」遂定制「違限三月者宥之，四五月者罰俸，六七月者逮問，八九月者致仕，十月以上者削籍。」吏部查奏違限者凡百四十六員，皆如新例處之。〔註 122〕

而按《明通鑑》所載，此條例係劉瑾所定。〔註 123〕然當時，附劉瑾者雖違制，亦無妨礙。〔註 124〕如光祿寺寺丞趙松，歸省違限，以厚賂劉瑾，踰月，仍擢本寺少卿。〔註 125〕若不願附劉瑾者，即遭劉瑾所銜恨。譴責隨之，如：

方永守制違限三月，應免究照前例。吏部請以補河南信陽州兵備撫民僉事之缺，但劉瑾矯旨吏部贪緣作弊，且謂該職新添官職既議革矣，而方良永乃營謀選補，遂令致仕。（見表四）

但每個官員的家鄉距離京師遠近不一，遠距離者容易觸法，因而有再修法之必要。嘉靖二十六年（1547 年）修改爲：

> 凡官吏丁憂服滿定限赴部在京，北直隸四個月，河南、山東六個月，
> 山西、陝西、浙江、江西、湖廣、南直隸八個月，福建、兩廣、貴
> 州、四川十個月，雲南一年。（見表三）

以此爲基準，「違兩個月之上者參問、違限一年之上者逮問、二年之上，雖有事故亦不准理，仍行原籍查回定奪」；二十八年（1549 年），增修「違限三年之上，雖有患病公文，亦不准理，送法司問，完日付選。」四十二年（1563年）題准內外官員爲人後，定限二年，餘原籍起送改選。如過三年者參究。

（二）復職時的相關法令

若「丁憂」前之任期，僅差數日，即滿九年，是否須於服闋後再補任？按弘治元年（1488 年）七月，吏部奏：

> 湖廣沔陽州判官吳傑歷任八年以上，丁憂去任，今服闋聽選，止少

〔註 121〕前引書，卷一二一，頁 3 下，弘治十年正月戊辰條。
〔註 122〕《明武宗實錄》卷三十五，頁 1 上，正德三年二月己巳朔條。
〔註 123〕《明通鑑》卷四十二，紀四十二，頁 1584～1585。
〔註 124〕《明史》卷一八四，列傳第七十二〈顧清〉，頁 4889。
〔註 125〕《明武宗實錄》卷三十五，頁 1 上，正德三年二月己巳朔條。

> 六日即九年考滿，欲乞免其補任，准九年考滿之數。後此凡丁憂起
> 服官須歷一月以上滿九年者，請復除補任，如不及一月者，准此例
> 免補。〔註126〕

孝宗從之。如此，可使服闋者免於為數天之職而受奔波之苦。

　　而能否如願復職，朝廷方面還需命官查勘，如弘治十二年（1499 年）十
一月，吏部覆奏刑科給事中吳世忠所言，請所用丁憂布政使周瑛。孝宗曰「丁
憂致仕養病者，命巡撫巡按官查勘」。〔註127〕

　　服闋復職者，定黜陟是該依「丁憂」前之職，或「丁憂」後之職？按弘
治二年（1489 年）七月，太子太保吏部尚書王恕等以災異言七事，其中就論
道「凡丁憂復除者，俱以後任定其黜陟」。〔註128〕

　　但若在丁憂前因事被降官，服闋後，該復何職？有一例之處置可見：弘
治十二年四月，吏部言「廣東南雄府知府林符，先任廣西按察使，因公事詿
誤降官，丁憂去任，今已服闋，以詔例應對原品調任，但見無按察使員缺，
請調符為浙江布政司右參議，仍支正二品俸」。從之。〔註129〕

　　若丁憂未滿，又有接喪的情況：弘治三年（1490 年）六月，吏部議覆南
京吏部尚書王興等所奏修省事宜，曰「官吏丁憂有接喪者俱令預申該部起服
之日，查無預申者送閣議」。〔註130〕此按《明會典》所載：

> 凡官吏監生接喪，弘治三年，令，官吏守制未滿，接服，不行申報，
> 及扶同官吏究問。若稱已行申報，中途耽滯者，官員監生不許附選，
> 吏典不許實撥，候行查至日定奪。凡官吏監生，承祖父母憂，不開
> 何年父故，及有無兄，應否承重。或丁養父母憂，不開自幼過房者，
> 俱行查。〔註131〕

可見是為防止官員「詐喪」，而需要嚴加考查。

二、官員服闋復職實況觀察

　　當官員守制期滿回任之時，受到怎麼樣的安排？新接任的職位與原來的

〔註126〕《明孝宗實錄》卷十六，頁 1 下～2 上，弘治元年七月丙寅條。
〔註127〕前引書，卷一五六，頁 2 上，弘治十二年十一月庚申條。
〔註128〕前引書，卷二十八，頁 14 下～15 上，弘治二年七月癸未條。
〔註129〕《明孝宗實錄》卷一四九，頁 1 上，弘治十二年四月庚寅朔條。
〔註130〕《明孝宗實錄》卷三十九，頁 1 下，弘治三年六月甲申條。
〔註131〕《明會典》卷十一，頁 5，總頁 207。

職位間有無銜接？何樣的因素會影響復職的情況？

（一）在政局未穩定之時的復職安排

明朝初期的洪武、永樂朝，政局仍處未穩定之時，官員仍有不足之現象，因此服闋官員復職的安排，通常皆有同於前職，甚至有超陞的機會。

洪武朝（見表十一），如唐鐸、古朴、歐陽性、諸葛伯衡、鄭賜等人回復原職務；開濟則由國子助教，超陞爲刑部尚書；李濕由山東按察司僉事，陞任鳳陽府知府。

建文朝爲期僅四年，守制官員中，除王景於建文朝服闋復職外，其餘均至永樂朝方服闋復職。因逢「靖難」之後，復任的情形（見表十二）頗值得觀察，可分爲三種：其一，復任原品級職務的二人，即李驥與康健；其二，原屬地方行政系統，服闋後調至中央行政系統的有三人：即王景、顧佐、師逵；其三，在建文朝因罪被黜，以丁憂去職，至永樂朝服闋，得復受黜前之同品級職務，此有五人：即王敏、康慶、梁護、李玫和劉觀。

成祖初得位，「人才」需求的情況自然迫切。但是，此時仍不免有所謂「忠」「奸」之情結。當時有臣下以此向成祖進言者，而成祖亦提出了他個人的看法：

一、或謂：「建文所用之人宜屏斥者」。成祖對於此建議，則提出：「今之人才，皇考數十年所作養者，豈建文二、三年間便能成就。」〔註132〕就是說，所有的官員都是太祖作養的人才，能用太祖所培育之人才，亦合於其承繼太祖政權的理念。

二、或謂：「雖仍其官，不宜置之要地」。成祖則說：「致治必資賢才，天生才以爲世用，隨器任使，共理天工，何必致疑」。〔註133〕強調他用人無間新舊，去私存公，惟才是使，推誠用之，委任不疑。

三、吏部尚書蹇義等言：「太祖時未任者，至建文中授以官，後復以罪黜，今有來告復職者，此于例不當復」。成祖則說：「天下人才皆皇考所在造就爲國家之用，朕即位以來，仰遵成憲，凡一才一德悉用之。古稱任官惟賢才，初興之主往往因材于前代，況出皇考所造就，豈得因建文嘗用而遂棄之。自今勿復分別，但隨才擢用」。〔註134〕

〔註132〕同前。

〔註133〕同前。

〔註134〕同前，縮印本頁 19137。

　　永樂之初，務反建文之政，亦盡復建文所罷之官，一來宣示其政權之所承繼；二來表明「用人惟才」的度量；三來強調其無間新舊的誠意。由是，對於成祖的帝位有穩定之效。對於「缺人」的問題，更有所助益。

　　大抵而言，成祖用人任官，「政治立場」還是其考慮的重要因素，這些服闋官員願意回任，也正表明他們對於永樂政權的認同。而就官員而言，因著成祖「用人惟才」的「務實」理念，接納建文遺臣，方使得這些服闋官員得以順利接續其政治生命，不致因丁憂，而斷絕前途。

　　另外，以上所列建文朝守制服闋的官員，還有幾方面的情況：

　　其一、在建文朝皆無何建樹可言。扣除他們守喪的年歲來算，留在建文朝廷的時日不多。加上，多數曾被罪黜。所以，對於建文朝廷實無太深情感。因是對於成祖的忠誠度應無問題。

　　其二、多數皆回復原級職務，能立即進入情況，有助於新朝廷政務的推展。而大部份屬「地方」行政系統，或「監察」體系。這應與成祖奪位之後，地方上的反抗情形仍繼續存在的情況有關。而任之以建文舊臣，既可以安撫忠於建文之民，又可示天下以任人不以私的用心。且與成祖所稱：「朕當守成之日，正安養生息之時」〔註135〕的「安民」為政理想，〔註136〕有相合之處。

　　其三、少數任職於「中央」系統者，如王景，係於建文朝服闋，在吏部尚書張紞的推薦下，任正六品的翰林院侍講。成祖即位，獲陞為從五品的侍講學士。曾以建文君葬禮之禮詢之。王景的專長在「以古文自擅，亦擅筆札」，然「不僅細故，與時多忤」，與成祖相處並不融洽；又如師逵，建文時任陝西按察使，服闋時任兵部侍郎，轉任吏部右侍郎，承成祖之命往湖廣採木，以營建北京。由於務行刻薄，反於永樂七年（1409 年），激成民變；〔註137〕又如劉觀，建文時任嘉興知府，服闋後拜戶部右侍郎，二年改調都察院左副都御史。時左都御史陳瑛殘刻，右副都御史吳中寬和，劉觀委蛇二人間，僅能「務為容悅」而已。〔註138〕如建文舊臣，似又非能助成祖成大事者。

　　至於永樂朝官員服闋（見表十三），得以升職或復任者：原任正四品的鴻

〔註135〕余繼登《典故紀聞》卷六（臺北，大立出版社），頁 105。
〔註136〕朱鴻《明成祖與永樂政治》臺灣師範大學歷史研究所博士論文，民國 75 年 6 月，頁 212～214。
〔註137〕《明太宗實錄》卷九十九，頁 2 下，永樂七年十二月甲寅條。
〔註138〕《明史》卷一五一，列傳第三十九〈劉觀〉，頁 4184；劉觀是否「守制服闋」無法確認。

臚寺卿的楊砥，升爲正三品的禮部左侍郎；原翰林院庶吉士的王直，成祖巡幸北京，太子監國，任輔導。及來北京，與修《太祖實錄》未成，以憂去。後升爲正六品侍讀；原任禮部右侍郎的王彰，改戶部右侍郎，奉命祀西嶽；黃耕，原任吏科都給事中，改禮科都給事中；顧大奇，復北京道監察御史。

（二）兩京時期的復職安排

　　明朝至永樂朝遷都北京，並置南北兩京，然重北輕南，任職於京師者相對於任職南京者，顯得更有份量。因而弘治十一年（1498 年）十一月，吏部尚書屠鏞奏「兩京諸司官起復俱欲留在京」，〔註 139〕可見官員們的意願。但是在明代的中葉，京師極少缺人。因此，凡是離職守制再回京師任職的機會甚微。

　　而南京各部院在正統及天順兩個由英宗統治的朝代，以及成化年間，官員皆相當寥落，遇缺不補的情況甚爲嚴重。〔註 140〕由於缺額甚多，因此凡守制服闋者，原職無缺者，皆讓其在南京任官，聊備一格而已。

1. 復原職或改調者

　　就中央官方面得以復原職、或改調至原品級之他職者：見表五，及圖二，宣德朝，約百分之五十六復原職，約百分之三十一改調；正統朝，約百分之二十三復原職，約百分之七十四改調；景泰朝，約百分之三十復原職，約百分之七十改調；天順朝，約百分之二十五復原職，約百分之六十三改調；成化朝，約百分之四十九復原職，約百分之四十五改調；弘治朝，約百分之三十三復原職，約百分之六十改調；正德朝，約百分之三十三復原職，約百分之五十六改調；嘉靖、隆慶朝，約百分之五十復原職，約百分之四十一改調。可知大部份皆得復守制前職務，或原品級的職務安排。

　　其中，南北京互調的情形：

　　服闋調至南京者，景泰朝開始，有：如光祿寺少卿李素，調至南京光祿寺；〔註 141〕鄭悠，調至南京太僕寺。〔註 142〕

　　成化朝原吏部尚書崔恭，改任南京吏部尚書；〔註 143〕兵部右侍郎萬翼，

〔註 139〕《明孝宗實錄》卷一四三，頁 7 下，弘治十一年十一月庚子條。
〔註 140〕黃開華〈明政制上並設南京部院之特色〉《明史論集》頁 49。言：「成化元年至十八年之南京部院長官，其寥落情形，僅略勝於正統天順兩朝而已。迨至十九年起，南京各部院長官，又復足備。」
〔註 141〕《明英宗實錄》卷二一八，頁 2 上，景泰三年七月乙未條。
〔註 142〕前引書，卷二二九，頁 6 上，景泰四年五月癸酉條。
〔註 143〕《明憲宗實錄》卷九十六，頁 1 下，成化七年閏九月丙午條。

改爲南京禮部左侍郎。〔註144〕禮部右侍郎尹直，改爲南京吏部右侍郎；〔註145〕大理寺左丞虞瑤，改南京大理寺左丞；〔註146〕改通政司右通政潘禮于南京通政司。〔註147〕成化朝有少數南京官員於服闋後得以調至京師：南京刑部右侍郎林鶚于刑部；〔註148〕南京國子監祭酒周洪謨，改國子監祭酒。〔註149〕

　　至於得復原職務者：如宣德朝原任行在都察院左副都御史陳勉。〔註150〕此職係正三品，名額左右副使共兩人，是否都「保留職位」或其他情形，待查。其能回復原職，應是丁憂前在該職務上頗爲稱職所致。陳勉任該職是在仁宗初，由於當時的內閣閣臣楊士奇推薦，從廣東副使擢任。〔註151〕復職時任都察院右都御史的是顧佐。〔註152〕任右副都御史的是賈諒（五年起任）。〔註153〕

　　又如景泰朝國子監祭酒劉鉉母喪服闋，原祭酒缺已爲陳詢所任，吏部言：「兩監無缺，伏乞裁處」。景帝重劉鉉，命與陳詢並任；〔註154〕此安排，算是特殊的待遇。爲何劉鉉能得此？亦是因他原在職時有不錯的表現：按《古穰集》載，其原爲大學士高穀以「學行老成無如劉某者」薦之。在任時，「定程客，示教條，旦暮講解，如恐弗及。有託權貴以求悻得者，斥弗聽。六館之士帖然」。後，養母陳氏足，朝廷欲奪情，但力求終制。〔註155〕至此時服闋復職。

　　又如成化朝原任禮部尙書的張文質。〔註156〕不過，張文質僅是保有禮部尙書職銜，而掌通政司。（這時的禮部尙書是周洪謨）。〔註157〕

　　大體而言，原京師官員一旦離職，即使得復原職，但原職權已被替代，只能擁有虛職。此亦京師任要職者不願守制之因。

〔註144〕前引書，卷二九二，頁9上～10上，成化二十三年七月癸亥條。
〔註145〕《明憲宗實錄》卷一九二，頁1下，成化十五年七月壬戌條。
〔註146〕前引書，卷二二五，頁5上，成化十八年二月癸未條。
〔註147〕前引書，卷二三八，頁4上，成化十九年三月辛亥條。
〔註148〕前引書，卷一二九，頁4上，成化十年六月甲戌條。
〔註149〕《明孝宗實錄》卷四十八，頁6下，弘治四年二月己巳條。
〔註150〕《明宣宗實錄》卷九十六，宣德七年十月己亥條。
〔註151〕《明史》卷一五八，列傳第四十六〈陳勉〉，頁4313。
〔註152〕前引書，卷一十一，表第十二〈七卿年表〉，頁3413。
〔註153〕前引書，卷一五八，列傳第四十六〈陳勉〉，頁4343。
〔註154〕《明英宗實錄》卷二五九，頁3下，景泰六年十月庚寅條；《明史》卷一六三，列傳五一〈劉鉉〉，頁4426。
〔註155〕《古穰集》卷十三，頁20～21。
〔註156〕《明憲宗實錄》卷二四五，頁5下，成化十九年十月癸未條。
〔註157〕《明史》卷一一一，表十二〈宰輔年表〉，頁3431。

　　而復職時，亦需靠點機運：如天順四年（1460 年），英宗召李賢與王翺於武英殿曰：「今兵部、工部缺侍郎，卿可擇人用之。」原李賢推薦副都御史白圭為兵部侍郎。王翺則以原南京戶部侍郎馬諒服制將終，可轉工部。後馬諒至，適戶部亦缺人，在李賢與王翺之同意後，遂任為戶部侍郎。〔註 158〕可知丁憂後之際遇，需賴「時機」（正好有職缺），更賴掌勢者（如李賢、王翺輩）之推薦始得。

　　如成化朝禮部左侍郎俞欽于兵部。先是俞欽以親喪去任，將服闋。會吏部言：「兵部侍郎缺員」。詔命移文取之。〔註 159〕亦有雖京師有缺，但因皇帝對該人不滿意，則調至南京。如成化朝萬翼以母喪守制，至是工部缺右侍郎，吏部計萬翼終喪歲月，奏請用之。憲宗不允，命改南京禮部左侍郎，別選堪為工部者以聞。〔註 160〕

　　或因受掌吏部者厭惡所致：如禮部右侍郎尹直，初蒙李賢所引，復附太學士彭時，因得此位。曾借威燄脅取人財賄。時尹旻方柄吏部，薄之。尹直母喪歸服闋，改南京吏部，凡八年不復調。〔註 161〕

　　至於地方官，得以復原職、或改調至原品級之他職者：見表六，及圖三，宣德朝，約百分之三十二復原職，約百分之五十六改調；正統朝，約百分之三十八復原職，約百分之六十二改調；景泰朝，約百分之十五復原職，約百分之七十九改調；天順朝，約百分之八復原職，約百分之九十二改調；成化朝，約百分之十二復職，約百分之八十二改調；弘治朝，約百分之十一復原職，約百分之八十二改調；弘治朝，約百分之十一復原職，約百分之八十七改調；正德朝，百分之零復原職，約百分之九十三改調；嘉靖、隆慶朝，約百分之二十復原職，約百分之七十三改調。可知大部份皆得復守制前職務，或原品級的職務安排。

　　如是看來，地方官若遵守制，大部份皆能回任。可見守制之不被遵行，應是「風氣」的問題，而法令亦無強制性所致。

〔註 158〕明・李賢〈天順日錄〉《古穰集》卷二十七，頁 3～4。
〔註 159〕《明憲宗實錄》卷二二七，頁 6 下，成化十八年五月癸巳條。
〔註 160〕《明憲宗實錄》卷二二八，頁 7 下，成化十八年六月己未條。
〔註 161〕《國朝獻徵錄》卷十四，頁 19，總頁 459。

2. 受特殊待遇者

先看得以升職者，見表五、表六、圖二、圖三。獲升職的情況甚少：

宣德朝僅都察院監察御史李濬一人獲得「升職」爲左僉都御史。前已言，是褒揚李濬的忠心所賜予的。

天順朝，升任者有任太僕寺少卿的國盛與盧祥，同升順天府尹。〔註162〕雖《實錄》載其爲「改」，但因由正四品的太僕寺少卿，改爲正三品的順天府尹。所以列爲「升」職者。另有同任南京戶部的福建司主事的甯瑛，升貴州司郎中。與雲南司主事的張榮，升四川司員外郎。〔註163〕

成化朝升任的有兩位，皆任職翰林院侍講，一位是李泰，此係憲宗剛即位的天順八年（1464年）三月，以李泰嘗侍憲宗於春宮講書，遂起復並陞任侍講學士。〔註164〕這算是酬庸舊恩的舉動；另一位是徐溥，成化十年（1474年）十月癸卯，升詹事府少詹事兼翰林院侍講學士。〔註165〕又一位記錄爲升職的太僕寺少卿的李綱，升任南京刑部郎中。〔註166〕若就官品言，太僕寺少卿爲正四品，南京刑部郎中則爲正五品。且被放置至南京。何「升」之有？實待商榷。

嘉靖朝得以升職的，僅有：大理寺右寺丞簡霄，升爲左寺丞；〔註167〕大理寺右少卿馬天馭，升爲本寺左少卿；〔註168〕通政使司左通政劉體乾，升爲通政使；〔註169〕翰林院侍讀廖道南，以重錄列聖訓錄成，詔俟服闋陞一級；〔註170〕國子監祭酒王道，升爲南京太常寺卿；〔註171〕國子監司業陸深，升爲祭酒。〔註172〕

弘治朝更有「虛位」以待其服闋的情況，茲臚列如次：

〔註162〕《明英宗實錄》卷三二七，頁8上，天順五年四月乙未條；《明憲宗實錄》卷五十七，頁2下，成化四年八月己亥條。

〔註163〕《明英宗實錄》卷二八一，頁4上，天順元年八月己亥條。

〔註164〕《明憲宗實錄》卷三，頁14上，天順八年三月乙亥條。

〔註165〕前引書，卷一三四，頁5下，成化十年十月癸卯條。

〔註166〕前引書，卷一二二，頁2上，成化九年十一月乙未條。

〔註167〕《明世宗實錄》卷一五四，頁6上，嘉靖十二年九月己未條。

〔註168〕前引書，卷三九二，頁7上，嘉靖三十一年十二月乙亥條。

〔註169〕前引書，卷五三〇，頁1上，嘉靖四十三年二月乙巳條。

〔註170〕前引書，卷一九一，頁1上，嘉靖十五年九月癸丑朔條。

〔註171〕前引書，卷三一二，頁2下，嘉靖二十五年六月壬辰條。

〔註172〕前引書，卷八十八，頁1下，嘉靖七年五月己卯條。

姓　　名	丁憂前職務	奪情時間及職務	服闋時間職務	附　註
謝　遷	大學士	弘治八年二月召入內閣	十月服闋入閣	〔註173〕
李東陽	翰林院侍講	弘治元年閏正月纂修實錄	二年四月陞左春坊左庶子仍兼侍講學士	〔註174〕
章　懋	福建按察司僉事	弘治十五年四月陞國子監祭酒	十六年四月任之	〔註175〕
吳　寬	吏部右侍郎	吏部缺員，虛位以待	吏部左侍郎	〔註176〕

此些人蒙「虛位以待」，雖顯示出這些人的「份量」，以及此朝對於守制的注重。不過，既有職位可「虛位」，是否顯示出弘治朝有「職位空缺」未及時遞補的現象？值得觀察。

再看被降職者，見表五、表六、圖二、圖三。被降職的情況不多：

宣德朝被降職者：以監察御史最多，共三人：張珪，以行在吏部言其前在處州監辦銀課，盜官銀七十兩，律當斬，免死，罰役，遇赦。旋丁憂去，服闋，難復原職；〔註177〕翰林院編修陳景著，父喪服闋，當復職。但以母老，乞為近鄉教官以便養，故命為福州府儒學教授。〔註178〕則係自請降職。

正統朝二位遭降職：一是邵旻，因任工部右侍郎期間侵盜官物，後以母喪去職。服闋後，吏部上言，降為廣西柳州知府；〔註179〕另一位是孫雷，前已言，因丁憂期間有不法情事而於服闋後遭罷為民。

天順朝被降職的官員，有一部份是與曹吉祥、石亨有關。論及此，勢必與政爭有相關連。天順初，因英宗得以復辟，全賴石亨、曹吉祥、徐有貞等人擁立。而李賢為曹石等人引用，擅長「以退為進」方法，不但使石亨對他

〔註173〕《明孝宗實錄》卷一〇五，頁5下，弘治八年十月己巳條。

〔註174〕《明憲宗實錄》卷二八五，頁6下，成化二十二年十二月辛丑條；《明孝宗實錄》卷十，頁3上，弘治元年閏正月戊辰條；卷十一，頁12，弘治元年二月己未條；卷二十五，頁7上，弘治二年四月壬子條。

〔註175〕《明孝宗實錄》卷一八六，頁1上，弘治十五年四月癸卯條；《明通鑑》卷四十，紀四十，頁1509；明・阮鶚《楓山章文懿公年譜》上卷，（國家圖書館藏善本），頁41、45。載：「十四年八月陞南京國子監祭酒。……十六年八月赴任」。時間與前資料有異，今從《實錄》。

〔註176〕《明史》卷一八四，列傳第七十二〈吳寬〉，頁4884。

〔註177〕《明宣宗實錄》卷八，頁4上，宣德元年八月甲申條。

〔註178〕前引書，卷二十八，頁7下，宣德二年五月乙卯條。

〔註179〕《明英宗實錄》卷一一六，頁3上，正統九年五月乙卯條。

漸除防備之心，且獲得英宗的寵任。李賢乃藉閣臣之位，逐步除去曹石之黨羽。〔註180〕至天順四年（1460 年）石亨伏誅；五年（1461 年）曹吉祥伏誅。〔註181〕至此，凡與其交通者皆被遣。由以下諸人守制服闋復職之情況，稍見之其與政爭之關係。

天順五年通政司左通政馮貫守制服闋，調任南京通政司。這人在天順初，以石亨鄉人協事之，進通政司。服闋時，石亨已伏誅，遂失勢，被放於南京通政司，悒悒不樂，逾二年而卒。〔註182〕此人被從京師調職到南京，雖職位未變，故列入「改調」統計，但實質上已被降職。

又劉本道者，六年（1462 年）九月，被革為冠帶閒住，本道直隸江陰縣人，他是天順初，夤緣曹吉祥等冒升侍郎，專督京儲。丁憂去任，至服闋而有是命。〔註183〕

3. 復職程序不符合或不滿所復職務者

秦民悅的事情係復職程序不符合者：弘治十六年（1503）九月，南京兵部尚書秦民悅居母憂，服將闋，預乞致仕。孝宗曰：「卿老成練達，精力未衰，宜勉終禮制，以俟起用不允休致」。這事，吏科給事中吳舜言：「民悅喪服未終，忘哀具奏，名求致仕，志在要君，乞除名以為大臣不守禮者戒」。命下其奏于所司。〔註184〕不過，此報告並未引起任何反應，至弘治十七年（1504 年）三月，南京兵部尚書秦民悅丁憂服闋復乞休致。孝宗不允。〔註185〕後，以南京戶部尚書周經丁繼母憂，秦民悅丁憂服滿，遂補其缺。〔註186〕

成化二十二年（1486 年）九月，調司經局洗馬羅璟為南京禮部員外郎，時羅璟起復。吏部以復任請有旨，羅璟丁憂日久，吏部何不補缺，必待羅璟服滿方奏，羅璟不許復任。以羅璟與侍講尸龍有連。〔註187〕

或有不滿所復職務者：正統朝襄垣王府教授王智，以母喪服闋懼仍舊職。私自挑斷右手無名指筋，奏稱殘疾難勝前任，又於奏本內錯寫字樣被行

〔註180〕陳埠淑《李賢之研究》頁 139～143。
〔註181〕《明史紀事本末》卷三十六，頁 380。
〔註182〕《明英宗實錄》卷三四四，頁 3 下，天順六年九月癸卯條。
〔註183〕前引書，卷三四四，頁 7 下，天順六年九月丁巳條。
〔註184〕《明孝宗實錄》卷二○三，頁 7 上，弘治十六年九月癸未條。
〔註185〕前引書，卷二○九，頁 8 上，弘治十七年三月戊寅條。
〔註186〕《明武宗實錄》卷七，頁 3，弘治十八年十一月乙酉條。
〔註187〕《明憲宗實錄》卷二八二，頁 3 上，成化廿二年九月壬子條。

在吏科咨出，蓋欲故坐過名，意圖改用，似此欺罔，豈宜復用，上命罷黜爲
民。〔註188〕

　　成化朝有不滿意被調至南京，藉口生病，再重新以服闋名義至京，得復
任原職：如翰林院侍讀學士江朝宗。〔註189〕

（三）內閣閣臣、六部尚書的復職

　　內閣閣臣方面，參見表十五。自從正德朝閣臣楊廷和遵守制禮之後，閣
臣中除了萬曆朝的張居正奪情之外，其餘皆遵守制。然其中，有的得以復任
內閣，有的卻無法再入內閣。

　　守制後得以復任內閣的閣臣是翟鑾，係嘉靖六年（1527年）四月，以吏部
侍郎兼翰林學士的身分入閣參預機務。〔註190〕十二年（1533年）十一月，丁
母憂，以守制去任。〔註191〕俟翟鑾服闋，世宗久不召。當時夏言、顧鼎臣居政
府，翟鑾與謀召己。正好世宗將南巡，慮塞上有警，議遣重臣巡視。夏言等藉
此機會推薦翟鑾充行邊使。十八年（1539年）二月改兵部尚書兼右都御史，諸
邊文武將吏咸受節制。且齎帑金五十萬犒邊軍，東西往返三萬餘里。〔註192〕至
十九年（1540年）正月，命還京，詔以原職太子少保禮部尚書兼武英殿大學士
入閣輔政。〔註193〕至是翟鑾順利的回到內閣。

　　守制後即未能再入閣的閣臣是李本，係嘉靖二十八年（1549年）二月，
以少詹事兼學士入閣。〔註194〕四十年（1561年）五月，以母喪去任。〔註195〕

　　見表十五，萬曆朝另有三位閣臣皆遵守制。而其守制服闋之後，復職的
情況：僅一位得以復原職，即王家屏。其解任之初，大學士申時行等請補閣
員，但神宗認爲「輔臣不必添」。俟其服闋時，大學士申時行等奏：原任大學

〔註188〕《明英宗實錄》卷七十一，頁5下，正統五年九月壬子條。

〔註189〕《明憲宗實錄》卷一六四，頁4下，成化十三年三月丙申條；卷一七一，頁
　　　　　2上，成化十三年十月壬寅條。

〔註190〕明・沈朝陽《皇明嘉隆兩朝聞見紀》卷三，頁5，總頁209。全十二卷，明
　　　　　萬曆原刊本，（國家圖書館（原中央圖書館）藏本，臺灣，臺灣學生書局發
　　　　　行，民國58年12月景印初版）；明・支大綸《皇明永陵編年信史》卷二，
　　　　　頁16，總頁212。（明萬曆廿四年刊本，國家圖書館（原中央圖書館）藏本，
　　　　　臺灣，臺灣學生書局，民國19年12月景印出版）。

〔註191〕《明世宗實錄》卷一五六，頁3下～4上，嘉靖十二年十一月癸丑條。

〔註192〕《明史》卷一九三，列傳第八十一〈翟鑾〉，頁5111～5112。

〔註193〕《明世宗實錄》卷二三三，頁4下，嘉靖十九年正月丙午條。

〔註194〕《明史》卷一百十，表第十一〈宰輔年表〉，頁3358。

〔註195〕《明世宗實錄》卷四九六，頁2下，嘉靖四十年五月乙亥條。

士王家屏「今服制已滿，應及時召用」。乃敕吏部「原任大學士王家屏陞禮部尚書兼東閣大學士入閣辦事」。〔註196〕

其餘二位，皆從此退出內閣。一是張四維，守制後卒；〔註197〕二是吳道南。之前，吳道南對於閣臣之職，就顯得「興趣缺缺」，先被召以禮部尚書兼東閣大學士入閣，遲遲始入閣。任閣臣期間，又以科場事引起政爭，上二十八疏乞歸。值此之際，正逢繼母郭氏卒，雖未獲准許，亦自行歸鄉。後守制疏始下，得旨「卿向以目疾懇辭，朕眷留方切，乃以繼母之變遽，爾徑行甚失。朕倚毗之意念，卿方在哀慟，姑准馳驛回籍」。後任史官。〔註198〕

從以上三位內閣閣臣之情況看來，可見守制之後，得以回至權力中心之機會甚微。

在六部尚書方面，見表十六，皆遵守制。而其守制服闋之後，復職的情況：

升職者一位：朱賡，原任禮部尚書，萬曆十七年（1589年）遭繼母喪去官。二十九年（1601年），沈一貫當國，請增置閣臣。神宗素慮大臣植黨，欲用林居及久廢者。詔朱賡以故官兼東閣大學士參預機務，遣行人召之；〔註199〕一位復原職，是任兵部尚書的李化龍，萬曆三十一年（1603年）以母喪去任。三十六年（1608年），因兵部尚書蕭大亨致仕，得以回任兵部尚書。〔註200〕

改部門者一位：李戴，任工部尚書，萬曆二十三年（1595年）以繼母喪去官。二十六年（1598年），因吏部尚書蔡國珍罷，神宗擢用之。〔註201〕

未再復職者一位：趙錦，任兵部尚書，萬曆十三年（1585年）遭繼母喪去官。十九年（1591年）召拜刑部尚書，年已七十六，再辭，不許。次蘇州

〔註196〕《明神宗實錄》卷一七八，頁1上，萬曆十四年九月壬辰條；卷一七八，頁10上，萬曆十四年九月辛丑條；卷二〇六，頁7下，萬曆十六年十二月甲午條。
〔註197〕前引書，卷一三六，頁2上，萬曆十一年四月丁巳條；卷一六七，頁6下，萬曆十三年十月壬午條。
〔註198〕《明神宗實錄》卷五五九，頁1上～2下，萬曆四十五年七月乙丑條；《明史》卷表第十一〈宰輔年表〉，頁3375～3376；《明熹宗實錄》卷三十八，頁22下，天啟三年九月乙巳條。
〔註199〕《明史》卷219，列傳第一百七〈朱賡〉，頁5779～5780。
〔註200〕《明神宗實錄》卷四五二，頁3上，萬曆三十六年十一月庚子條；《明史》卷一十二，表第十三〈七卿年表二〉，頁3485。
〔註201〕《明史》卷二二五，列傳第一一三〈李戴〉，頁5918。

卒。〔註202〕

　　以上四位尚書，一出一進之中，皆超過原守制之期限，可見皆非屬正常服闋復職之情況，算是「特例」。

表五　明宣德至隆慶朝中央官員服闋復職情況表

朝代	復職情況	六部（含南京）尚書 N	尚書 %	侍郎 N	侍郎 %	其餘 N	其餘 %	都察院各職 N	都察院各職 %	翰林院編修 N	翰林院編修 %	六科中書科 N	六科中書科 %	五寺 N	五寺 %	兩司 N	兩司 %	詹事府 N	詹事府 %	國子監 N	國子監 %	總計 N	總計 %
宣德	升	/	/	/	/	/	/	1	6	/	/	/	/	/	/	/	/	/	/	/	/	1	2.7
宣德	復	/	/	/	/	/	/	7	41	3	75	9	64	/	/	1	100	/	/	/	/	20	55.6
宣德	改調	/	/	/	/	/	/	6	35	/	/	5	36	/	/	/	/	/	/	/	/	11	30.6
宣德	降	/	/	/	/	/	/	3	18	1	25	/	/	/	/	/	/	/	/	/	/	4	11.1
正統	升	/	/	1	25	/	/	/	/	/	/	/	/	/	/	/	/	/	/	/	/	1	1.2
正統	復	/	/	2	50	3	21	/	/	10	100	4	36	/	/	/	/	/	/	/	/	19	22.6
正統	改調	/	/	/	/	10	71	45	100	/	/	7	64	/	/	/	/	/	/	/	/	62	73.8
正統	降	/	/	1	25	1	7	/	/	/	/	/	/	/	/	/	/	/	/	/	/	2	2.4
景泰	升	/	/	/	/	/	/	/	/	/	/	/	/	/	/	/	/	/	/	/	/	0	0
景泰	復	/	/	1	100	6	29	3	18	4	100	2	18	/	/	/	/	/	/	/	/	16	29.6
景泰	改調	/	/	/	/	15	71	14	82	/	/	9	82	/	/	/	/	/	/	/	/	38	70.4
景泰	降	/	/	/	/	/	/	/	/	/	/	/	/	/	/	/	/	/	/	/	/	0	0
天順	升	/	/	/	/	/	/	2	20	/	/	/	/	2	29	/	/	/	/	/	/	4	5.97
天順	復	/	/	/	/	/	/	4	18	5	100	3	25	3	43	2	67	/	/	/	/	17	25.37
天順	改調	/	/	/	/	15	80	16	73	/	/	9	75	1	8	1	33	/	/	/	/	42	62.69
天順	降	/	/	1	100	/	/	2	9	/	/	/	/	1	8	/	/	/	/	/	/	4	5.97
成化	升	/	/	/	/	/	/	/	/	2	11	/	/	1	6	/	/	/	/	/	/	3	4.2
成化	復	1	25	1	17	/	/	/	/	15	83	/	/	12	27	6	60	/	/	/	/	35	49.3
成化	改調	3	75	5	87	3	100	6	86	1	6	5	100	5	67	4	40	/	/	/	/	32	45.1
成化	降	/	/	/	/	/	/	1	14	/	/	/	/	/	/	/	/	/	/	/	/	1	1.4
弘治	升	/	/	1	14	2	50	2	2	3	12	/	/	/	/	/	/	1	33	/	/	9	4.4
弘治	復	/	/	2	29	/	/	17	15	21	81	5	31	15	71	5	50	2	67	1	50	68	33.0
弘治	改調	2	67	3	43	2	50	93	81	2	7	11	69	5	24	5	50	/	/	1	50	124	60.2
弘治	降	1	33	1	14	/	/	2	2	/	/	/	/	1	5	/	/	/	/	/	/	5	2.4
正德	升	/	/	/	/	/	/	1	14	1	7	/	/	/	/	/	/	1	25	1	25	4	8.9
正德	復	/	/	1	25	/	/	/	/	5	36	/	/	2	50	1	100	3	75	3	75	15	33.3
正德	改調	3	100	3	75	/	/	6	86	8	57	4	100	1	25	/	/	/	/	/	/	25	55.6
正德	降	/	/	/	/	/	/	/	/	/	/	/	/	1	25	/	/	/	/	/	/	1	2.2

〔註202〕《明神宗實錄》卷二四三，頁5，萬曆十九年十二月乙亥條；《明史》卷二百十，列傳第九十八〈趙錦〉，頁5563。

		N	%	N	%	N	%	N	%	N	%	N	%	N	%	N	%	N	%	N	%
嘉靖隆慶	升	/	/	/	/	/	/	/	/	1	4	/	/	2	11	1	25	/	/	2	29	6	4.96
	復	2	25	2	11	1	25	18	64	12	50	5	83	9	50	3	75	5	100	3	43	60	49.59
	改調	5	63	14	78	3	75	9	32	10	42	1	17	6	33	/	/	/	/	2	29	49	40.5
	降	1	12	2	11	/	/	1	4	1	4	/	/	1	6	/	/	/	/	/	/	6	4.96

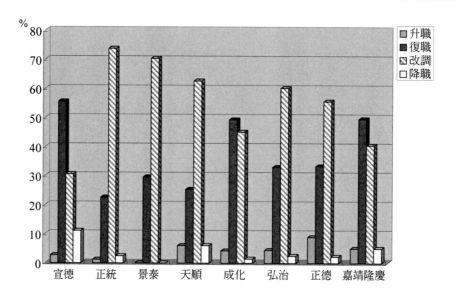

圖二　明宣德至隆慶朝中央官員服闋復職情況百分比圖

表六　明宣德至隆慶朝地方官員服闋復職情況表

職稱		布政司各職		按察司各職		府各職		州各職		縣各職		總　計	
明代	復職情況	N	%	N	%	N	%	N	%	N	%	N	%
宣德	升	1	14	/	/	/	/	1	50	/	/	2	6
	復	2	29	3	16	1	100	1	50	4	80	11	32
	改調	4	57	14	74	/	/	/	/	1	20	19	56
	降	/	/	2	10	/	/	/	/	/	/	2	6
正統	升	/	/	/	/	/	/	/	/	/	/	0	0
	復	/	/	3	13	5	100	/	/	5	100	15	38
	改調	5	100	20	87	/	/	/	/	/	/	25	62
	降	/	/	/	/	/	/	/	/	/	/	0	0
景泰	升	/	/	/	/	2	67	/	/	/	/	2	6
	復	1	7	2	14	/	/	/	/	2	100	5	15
	改調	14	93	12	86	1	33	/	/	/	/	27	79

	降	/	/	/	/	/	/	/	/	/	/	/	0
天順	升	/	/	/	/	/	/	/	/	/	/	0	0
	復	1	5	2	8	1	100	/	/	/	/	4	8
	改調	20	95	23	92	/	/	/	/	1	100	44	92
	降	/	/	/	/	/	/	/	/	/	/	0	0
成化	升	1	5	2	7	1	17	/	/	/	/	4	7
	復	/	/	1	3	3	50	2	100	1	25	7	12
	改調	18	95	26	90	2	33	/	/	3	75	49	82
	降	/	/	/	/	/	/	/	/	/	/	0	0
弘治	升	2	5	/	/	1	20	/	/	/	/	3	2
	復	5	13	9	11	/	/	/	/	/	/	14	11
	改調	32	82	76	89	4	80	/	/	2	100	114	87
正德	升	/	/	1	3	/	/	/	/	2	100	3	7
	復	/	/	/	/	/	/	/	/	/	/	0	0
	改調	14	100	28	97	1	100	/	/	/	/	43	93
嘉靖	升	/	/	/	/	1	25	/	/	/	/	1	7
	復	/	/	1	11	2	50	/	/	/	/	3	20
	改調	2	100	8	89	1	25	/	/	/	/	11	73

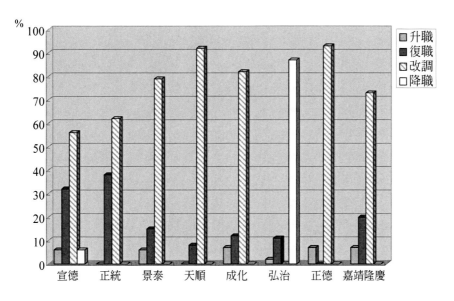

圖三　明宣德至隆慶朝地方官員服闋復職情況百分比圖

第五章　明代官員奉行丁憂之情形

　　官員丁憂守制在太祖確立後，接續諸朝的實行過程中仍有所調整。至於官員奉行的情況，製成統計表如下：表七、八、九、十，（諸表因資料關係，僅至萬曆朝爲止）。

表七　明代京師官員丁憂／奪情數量表

職稱 / 數量		內閣		六部 尚書		六部 侍郎		六部 其餘		詹事府		五寺		國子監欽天監		都察院		翰林院		六科中書科		通政司尚寶司		總計	
		N	%	N	%	N	%	N	%	N	%	N	%	N	%	N	%	N	%	N	%	N	%	N	%
洪武	守	/	/	/	/	/	/	2	100	/	/	1	50	1	100	1	100	/	/	/	/	/	/	5	83
	奪	/	/	/	/	/	/	0	0	/	/	1	50	0	0	0	0	/	/	/	/	/	/	1	17
永樂	守	0	0	0	0	2	100	0	0	/	/	2	100	1	100	2	50	1	100	1	50	/	/	9	45
	奪	3	100	3	100	0	0	2	100	/	/	0	0	0	0	2	50	0	0	1	50	/	/	11	55
洪熙	守	0	0	0	0	/	/	0	0	/	/	1	100	/	/	/	/	/	/	/	/	/	/	1	33
	奪	1	100	1	100	/	/	/	/	/	/	0	0	/	/	/	/	/	/	/	/	/	/	2	67
宣德	守	0	0	/	/	0	0	/	/	/	/	/	/	/	/	17	100	4	100	15	100	1	10	37	90
	奪	2	100	/	/	2	100	/	/	/	/	/	/	/	/	0	0	0	0	0	0	0	0	4	10
正統	守	/	/	/	/	3	25	13	100	/	/	0	0	1	100	45	92	9	90	11	100	4	10	86	83
	奪	/	/	/	/	9	75	0	0	/	/	3	100	0	0	4	8	1	10	0	0	0	0	17	17
景泰	守	1	33	0	0	0	0	23	100	/	/	2	50	3	100	17	71	4	100	14	93	2	67	66	76
	奪	2	67	2	100	6	100	0	0	/	/	2	50	0	0	7	29	0	0	1	7	1	33	21	24
天順	守	/	/	0	0	3	43	10	100	/	/	6	86	2	100	19	68	7	100	12	92	3	60	62	77
	奪	/	/	1	100	4	57	0	0	/	/	1	14	/	/	9	32	0	0	1	8	2	40	18	23
成化	守	0	0	4	80	9	75	1	100	4	80	18	78	1	100	10	63	17	81	5	10	10	83	79	77
	奪	2	100	1	20	3	25	0	0	1	20	5	22	0	0	6	37	4	19	0	0	2	17	24	23
弘治	守	1	100	1	50	6	100	3	100	4	100	16	100	/	/	81	100	26	100	15	100	6	10	159	99
	奪	0	0	1	50	0	0	0	0	0	0	0	0	/	/	0	0	0	0	0	0	0	0	1	1

朝代	項	N	%	N	%	N	%	N	%	N	%	N	%	N	%	N	%	N	%	N	%	N	%	N（總計）	%（總計）
正德	守	1	100	1	100	3	100	0	0	4	100	3	75	2	100	7	78	14	100	3	100	1	100	39	93
正德	奪	0	0	0	0	0	0	0	0	0	0	1	25	0	0	2	22	0	0	0	0	0	0	3	7
嘉靖	守	2	100	12	92	10	100	4	100	4	100	12	100	4	100	23	92	18	100	6	100	0	0	98	94
嘉靖	奪	0	0	1	8	0	0	0	0	0	0	0	0	0	0	2	8	0	0	0	0	3	60	6	6
隆慶	守	/	/	/	/	2	100	/	/	/	/	2	100	/	/	7	100	/	/	/	/	1	100	12	100
隆慶	奪	/	/	/	/	0	0	/	/	/	/	0	0	/	/	0	0	/	/	/	/	0	0	0	0
萬曆	守	3	75	6	100	10	100	/	/	/	/	2	100	1	100	11	92	15	100	5	100	/	/	53	96
萬曆	奪	1	25	0	0	0	0	/	/	/	/	0	0	0	0	1	8	0	0	0	0	/	/	2	4
總計	守	8	42	24	71	48	67	56	97	16	94	65	83	16	100	240	88	115	96	87	97	31	82	706	87
總計	奪	11	58	10	29	24	33	2	3	1	6	13	17	0	0	33	12	5	4	3	7	7	18	109	13

※明代遷都係永樂十九年方完成，洪武、永樂朝的丁憂官員全部列入此表統計；建文朝的資料，與泰昌、天啓、崇禎各朝的資料不全，不列入記錄。

表八　明代南京官員丁憂／奪情數量表

職稱		六　部		詹事府		五　寺		國子監欽天監		都察院		翰林院		六科中書科		通政司尚寶司		總　計	
數量		N	%	N	%	N	%	N	%	N	%	N	%	N	%	N	%	N	%
宣德	守	0	0	/	/	/	/	/	/	/	/	/	/	/	/	/	/	0	0
宣德	奪	2	百	/	/	/	/	/	/	/	/	/	/	/	/	/	/	2	100
正統	守	2	67	/	/	1	50	/	/	/	/	/	/	/	/	/	/	3	60
正統	奪	1	33	/	/	1	50	/	/	/	/	/	/	/	/	/	/	2	40
景泰	守	2	67	/	/	/	/	/	/	/	/	/	/	1	100	/	/	3	75
景泰	奪	1	33	/	/	/	/	/	/	/	/	/	/	0	0	/	/	1	25
天順	守	7	100	/	/	/	/	/	/	/	/	/	/	/	/	/	/	7	100
天順	奪	0	0	/	/	/	/	/	/	/	/	/	/	/	/	/	/	0	0
成化	守	8	100	/	/	8	89	/	/	3	75	2	100	/	/	3	100	24	92
成化	奪	0	0	/	/	1	11	/	/	1	25	0	0	/	/	0	0	2	8
弘治	守	2	100	/	/	6	100	3	100	31	100	/	/	1	100	3	100	46	100
弘治	奪	0	0	/	/	0	0	0	0	0	0	/	/	0	0	0	0	0	0
正德	守	3	100	/	/	1	100	2	100	1	100	1	100	3	100	/	/	11	100
正德	奪	0	0	/	/	0	0	0	0	0	0	0	0	0	0	/	/	0	0
嘉靖	守	5	100	/	/	4	100	4	100	4	100	1	100	/	/	/	/	18	100
嘉靖	奪	0	0	/	/	0	0	0	0	0	0	0	0	/	/	/	/	0	0
隆慶	守	/	/	2	100	/	/	2	100	/	/	7	100	/	/	/	/	11	100
隆慶	奪	/	/	0	0	/	/	0	0	/	/	0	0	/	/	/	/	0	0
萬曆	守	0	0	/	/	/	/	/	/	1	100	/	/	/	/	/	/	1	25
萬曆	奪	3	100	/	/	/	/	/	/	0	0	/	/	/	/	/	/	3	75
總計	守	29	81	2	100	20	91	11	100	40	98	11	100	5	100	6	100	124	93
總計	奪	7	19	0	0	2	9	0	0	1	2	0	0	0	0	0	0	10	7

※明代遷都於永樂十九年始完成，洪熙朝僅七月而亡，因此本表從宣德朝開始統計。

表九　明代地方官員丁憂／奪情數量表

職稱		布政司		按察司		府州縣		總計	
數量		N	%	N	%	N	%	N	%
洪武	守	3	60	1	100	3	60	7	64
	奪	2	40	0	0	2	40	4	36
永樂	守	1	100	1	100	4	67	6	75
	奪	0	0	0	0	2	33	2	25
宣德	守	5	71	20	100	8	67	33	75
	奪	2	29	0	0	4	33	6	15
正統	守	5	29	22	76	10	26	37	44
	奪	12	71	7	24	29	74	48	56
景泰	守	17	85	14	88	4	33	35	73
	奪	3	15	2	12	8	67	13	27
天順	守	20	100	28	90	4	80	52	93
	奪	0	0	3	10	1	20	4	7
成化	守	15	88	28	97	8	73	51	89
	奪	2	12	1	3	3	27	6	11
弘治	守	38	97	86	100	7	70	131	97
	奪	1	3	0	0	3	30	4	3
正德	守	13	100	29	100	3	100	45	100
	奪	0	0	0	0	0	0	0	0
嘉靖	守	3	100	8	89	6	100	17	94
	奪	0	0	1	11	0	0	1	6
萬曆	守	3	100	2	50	2	100	7	78
	奪	0	0	2	50	0	0	22	22
總計	守	123	85	239	94	59	53	421	82
	奪	22	15	16	6	52	47	90	18

＊建文、洪熙、隆慶三朝無資料可列入統計。故略之。

表十　明代官員丁憂／奪情總數量表

職稱		京師		南京		地方		總計	
數量		N	%	N	%	N	%	N	%
洪武	守	5	83	/	/	7	64	12	71
	奪	1	17	/	/	4	36	5	29
永樂	守	9	45	/	/	6	75	15	54
	奪	11	55	/	/	2	25	13	46
洪熙	守	1	33	/	/	/	/	1	33
	奪	2	67	/	/	/	/	2	67
宣德	守	37	90	0	0	33	85	70	85
	奪	4	10	2	100	6	15	12	15
正統	守	86	83	3	60	37	44	126	65
	奪	17	17	2	40	48	56	67	35
景泰	守	65	76	3	75	35	71	103	75
	奪	21	24	1	25	13	29	35	25
天順	守	62	77	7	100	52	93	121	85
	奪	18	23	0	0	0	4	7	15
成化	守	79	77	24	92	51	89	154	82
	奪	24	23	2	8	6	11	32	18
弘治	守	159	93	46	100	131	97	336	99
	奪	1	7	0	0	4	3	5	1
正德	守	37	86	11	100	45	100	93	95
	奪	5	14	0	12	0	0	5	5
嘉靖	守	98	94	18	100	17	94	133	96
	奪	5	6	0	0	1	6	6	4
隆慶	守	12	100	11	100	/	/	23	100
	奪	/	/	0	0	/	/	0	0
萬曆	守	36	66	1	25	7	78	44	65
	奪	19	34	3	75	2	22	24	34
總計	守	686	84	124	93	421	77	1231	85
	奪	128	16	10	7	90	23	228	15

※建文朝無資料可列入統計。故略之。

再依諸表，製成守制與奪情官人數之百分比如下：

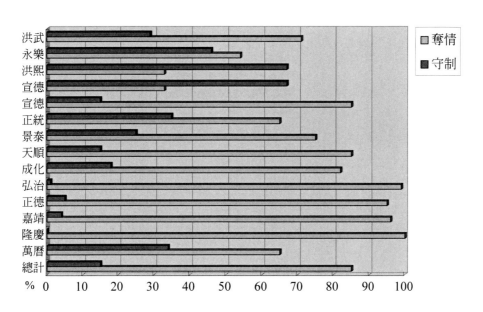

圖四 明代官員丁憂／奪情百分比圖

由上圖觀之，有如下的判斷：

第一、洪武至宣德時期：代表守制的長條圖形顯示出先高中低後高的趨勢，即洪武朝高達百分之七十一，永樂朝降爲百分之五十四，洪熙朝再降爲百分之三十三，宣德朝則又升高爲百分之八十五；相對的，代表奪情的長條圖形顯示出先低中高後低的趨勢，即洪武朝爲百分之二十九，永樂朝增爲百分之四十六，洪熙朝再提高爲百分之六十七，宣德朝降爲百分之十五。

第二、正統至成化時期：代表守制的長條圖形顯示出逐步攀升的趨勢，即正統朝爲百分之六十五，景泰朝升爲百分之七十五，天順朝更升爲百分之八十五，成化朝稍降成百分之八十二。此期的正統朝雖較前期的宣德朝降低，然在這一時期中，整體看來，守制的比例維持在較前一階段高的檔位，意即守制的風氣已經普遍化了；相對的，代表奪情的長條圖形顯示出逐步下滑的趨勢，即正統朝爲百分之三十五，景泰朝降爲百分之二十五，天順朝再降爲百分之十五，成化朝略升爲百分之十八。前篇已言此階段守制風氣已經形成，相對奪情風氣即受到壓抑。

第三、弘治至萬曆時期：此時期除了萬曆朝以外，代表守制的長條圖形一直停留在接近百分之百的高檔，即弘治朝的百分之九十九，正德朝的百分

之九十五，嘉靖朝的百分之九十六，隆慶朝高達百分之百。此時期守制風氣
應屬整個明朝中最興盛的階段；相對的，代表奪情的長條圖呈現極低的態勢，
弘治朝僅餘百分之一，正德朝略升爲百分之五，嘉靖朝又降成百分之四，隆
慶朝則是百分之零。此可稱奪情風氣最低的時期。

　　萬曆朝中守制數降至百分之六十五，創下景泰朝以來的低點，而與正統
朝一般，僅高於永樂朝和洪熙朝。萬曆朝的守制數雖不是明朝中最低的時期，
但因是在守制風氣已普遍化之後，自然不再被視爲「理所當然」，且成了朝廷
中不安的因素。例如萬曆朝張居正的奪情，不僅被吳中行等人彈劾，更成爲
政爭的引爆點。

　　以下討論，即依上述三階段分別敘述之。

第一節　洪武至宣德時期

　　丁憂守制雖源於儒家「孝道」精神，屬傳統道德的範疇。但適度採用一些
手段，如對於遵守孝道者的表揚；遵行守制者得保有原職位；對於守制違制者
的制裁等。如是一來，可使「孝道」的價值性增強，成爲普遍性的社會風氣。

　　在洪武朝廷的多次詔令之下，官員大部份是守制的。按表七至十所示，
中央官守制與奪情者的比例是八十三比十七，地方官是六十四比三十六，總
數的比例則是七十一比二十九。如是高比例的守制者，除了前已述及的原因
外，又可就幾個方面來觀察：

　　其一、洪武朝的官員視丁憂守制爲當然。

　　例如，原國子助教開濟，洪武十四年（1381 年），四輔官安然薦其有治
才，以母憂未終，至十五年（1382 年）七月起，始徵入覲，超擢之，任刑部
尚書。〔註1〕

　　又如，進士王希曾，於洪武二十三年（1390 年）正月，有其母任氏之喪，
以改嫁服止期年，願終三年之制，太祖命禮部議之。尚書李原名奏曰：「不喪
出母，古之制也，希曾之母既已失節，難與定制」。太祖乃詔從其議。〔註2〕

〔註 1〕《明太祖實錄》卷一四六，頁 516，洪武十五年七月乙亥條。「召授刑部尚書」，
　　　　於踰年實授。關於母喪事，《明史》卷一三十八，列傳第二十六〈開濟〉，頁
　　　　3977，未載。今從《實錄》。而此時的尚書係正二品，洪武十三年元月所更定。
　　　　見《明太祖實錄》卷一二九，頁 6 上，洪武十三年一月甲辰條。
〔註 2〕前引書，卷一九九，頁 2 下，洪武二十三年正月庚辰條。

又如，署北平按察司事監察御史陳德文，於洪武二十七年（1394 年）四月，奏言：「嫁母劉氏卒，乞奔喪」。許之。陳德文四歲喪其父，家貧，隨母嫁陳氏，後年長歸宗。至是母卒，時已除奔喪之制，德文獨懇請甚至，上特憐而許之。〔註3〕

以上四例，可以看出，洪武朝丁憂官員自動守制之情況。

其二、丁憂期間，多有特別賞賜。

洪武十一年（1378 年）十二月始，「自後凡官以父母喪去官而家居者，皆有賜焉」；十二年（1379 年）正月、十七年（1384 年）正月又有相關的規定頒布（見表三）。除此一般性的「待遇」之外，如唐鐸、曹銘、王鈍、方素易皆另有特殊的賞賜。

十八年（1385 年）三月，帝謂禮部郎中金雍曰：「養生送死，人子之至情。今內外文武群臣有親沒於官所，路遠不能歸葬者，其令有司以舟車資送還鄉，著爲令」。〔註4〕

其三、服闋官員復任者，皆同於或高於原職務。

如，上元知縣伍洪，服除，以母老不復任；〔註5〕工部主事王伯貞，以服闋後遲遲回任，被謫戍安慶；〔註6〕而復任者，如唐鐸、古朴、歐陽性、諸葛伯衡、鄭賜等人回復原職務；開濟則由國子助教，超陞爲刑部尚書；李渶由山東按察司僉事，陞任鳳陽府知府。（見表十一）

由是，洪武朝的官員大部份是守制的，僅有少數是奪情的。可知，丁憂守制在洪武朝雖是一項極力推動的既定政策，但仍因朝廷的現實需求而有所更易。這也使在整個明朝的施行中，存在有因「皇帝」而異的變數。

建文朝的丁憂官員，（見表十二），大部份都是守制的。此可由李驥的例子，知道建文朝對於官員守制的要求甚嚴：「李驥，建文時，薦起新鄉知縣，招流亡，給以農具，復業者數千人。內艱去，官民相率奏留者數四，不許」。〔註7〕

〔註3〕　前引書，卷二二四，頁 2 下，洪武二十六年正月癸亥條。

〔註4〕　前引書，卷一七二，頁 2 上，洪武十八年三月壬戌朔條。

〔註5〕　《明史》卷二九六，列傳第一八四，孝義一，頁 759。

〔註6〕　《明太宗實錄》卷一七八，頁 1 上～2 上，永樂十四年七月戊戌條，載其丁父憂時任「工部主事」；《明史》卷一六九，列傳第五十七〈王直〉，頁 4538，載「戶部主事」。今據《實錄》。

〔註7〕　《明史》卷二八一，列傳第一六九〈循吏〉，頁 7202。

　　至於在建文時守制的官員，服闋時已易至永樂朝者，大都復職。成祖對於這些官員的任用，以其「政治立場」為考慮的重要因素。服闋官員願意回任，表明他們對於永樂政權的認同。就丁憂官員而言，因著成祖「用人惟才」的「務實」理念，接納建文遺臣，使得服闋官員樂以為用，得以順利接續其政治生命，不致因丁憂，而斷絕其前途。

　　至永樂朝，按表十二、圖四顯示，守制者比洪武朝低了百分之十七，奪情者則高了百分之十七。不過，這是因中央官員守制的比例比洪武朝低了百分之三十八，奪情者高了百分之三十八（見表七）；而地方官員守制的比例反而比洪武朝高了百分之十一，奪情者低了百分之十一（見表八）。可知，中央官員守制的情況有些改變。地方官員守制的風氣則依然延續了洪武朝的政令規定。

　　永樂朝中央官員守制情況的改變，乃與國家情勢有關，即成祖致力於北征，及經營國都北遷之事。因而逢丁憂被奪情起復的，大部份是屬朝廷中「重量級」的官員：即「內閣」閣臣（見表十四）及京師六部尚書（見表十五）。（此詳論於第六章第二節）

　　當然成祖亦提倡「孝道」，此可舉幾個案例為證：石州學正鳳翔梁準母喪廬墓，有烏鵲之祥，事聞，擢均州知州；〔註8〕國子助教王讓，以母喪廬墓三年。成祖嘉其孝行，令侍上講學。〔註9〕

　　至洪熙朝，官員守制的比例較低，應是受到仁宗皇位不穩定的因素影響，此可由閣臣黃淮與尚書夏原吉之丁憂奪情起復中看出。按表十、圖四顯示，中央官員守制者與奪情者的比例為百分之三十三比六十七。地方官員則因資料所限，未列入記錄。

　　宣德朝官員之守制，按表七至十，圖四顯示，守制者與奪情者的比例，京師官員為百分之九十比十；南京官員百分之百奪情；地方官員百分之八十五比百分之十五；總數為百分之八十五比十五。是洪武朝以來，丁憂守制比例最高而奪情比例最低者。如是情況，應是與宣德朝政局已較安定有關。然這少數的奪情官員，卻是品位較高、所佔職位較具「重量級」的，內閣與南北兩京的六部皆百分之百奪情。

　　綜上而論，洪武至宣德時期雖屬丁憂守制的定制與提倡時期，但是就在明太祖制定守制之後，不遵守制的奪情起復現象就已經出現。被奪情起復的

〔註8〕《國榷》卷十六，頁1134。
〔註9〕《明宣宗實錄》卷一〇六，頁10下，宣德八年九月庚申條。

官員，皆由皇帝視個人需要決定，且皆屬「內閣閣臣」與「大部尚書」等重量級官員。不過此時期的奪情起復者，在當時並未引起任何的攻擊或政爭。

表十一　明洪武朝官員丁憂／奪情表

姓名	丁憂年月／職品	守制／奪情起復	復職情況	附註
崔　亮	年月不詳／濟南府知府（正四品）	奪情起復	元年十二月／禮部尚書（正三品）	〔註10〕
章　溢	年月不詳／御史中丞（正二品）	守　制	卒	〔註11〕
唐　鐸	十二年八月／刑部尚書，改太常卿（正三品）	守制服闋（守制期間，特賜食半俸）	十四年十一月／兵部尚書（正二品）	〔註12〕
開　濟	年月不詳／國子學助教（從八品）	守制服闋	十五年七月／刑部尚書（正二品）	〔註13〕
曹　銘	二十六年正月／大理寺右少卿（正四品）	奪情起復賜鈔五十錠	葬畢還任／原職	〔註14〕
古　朴	年月不詳／工部營繕主事（正六品）	守制服闋	年月不詳／兵部主事（正六品）	〔註15〕
陳德文	二十七年四月／署北平按察司事監察御史（正七品）	守　制	不詳	〔註16〕
王伯貞	年月不詳／工部主事（正六品）	守制服闋	年月不詳／以後期至謫戍安慶	〔註17〕
以上所列爲中央政府官員，以下所列爲地方政府官員				

〔註10〕《明太祖實錄》卷三十七，頁19下，洪武元年十二月辛巳條。
〔註11〕《明太祖實錄》卷二十六，頁2下，吳元年十月壬子條；卷四十二，頁4上～6下，洪武二年五月丁巳條。
〔註12〕前引書，卷一二六，頁2下，洪武十二年八月癸未條；卷一四〇，頁3上，洪武十四年十一月丁未條。
〔註13〕《明太祖實錄》卷一四六，頁5下～6上，洪武十五年七月乙亥條。「召授刑部尚書」，於踰年實授。關於母喪事，《明史》卷一三八，列傳第二十六〈開濟〉，頁3977，未載。今從《實錄》。而此時的尚書係正二品，係洪武十三年元月所更定。見《明太祖實錄》卷一二九，頁6上，洪武十三年正月甲辰條。
〔註14〕《明太祖實錄》卷二二四，頁2下，洪武二十六年正月癸亥條。
〔註15〕《明宣宗實錄》卷三十七，頁2下，宣德三年二月己巳條。
〔註16〕《明太祖實錄》卷二三二，頁7下，洪武二十七年四月戊戌條。
〔註17〕《明太宗實錄》卷一七八，頁1上～2上，永樂十四年七月戊戌條，載其丁父憂時任「工部主事」；《明史》卷一六九，列傳第五十七〈王直〉，頁4538，載「戶部主事」。今據《實錄》。

李　湀	年月不詳／山東按察司僉事（正五品）	守制服闋	十年十二月／鳳陽府知府（正四品）	〔註18〕
歐陽性	九年？月／漢中府知府（正四品）	守制服闋	十二年？月／東昌府知府（正四品）	〔註19〕
李　亨	年月不詳／蘇州府知府（正四品）	守制，十一年十一月，賜米五十石、鈔二十錠	不詳	〔註20〕
臧　哲	年月不詳／廣西布政使（正二品）	守制，十一年十二月賜米六十石、鈔二十錠	不詳	〔註21〕
王　鈍	二十四年十一月／浙江左布使（正三品）	奪情起復？賜鈔百錠	年月不詳／原職	〔註22〕
方素易	二十七年十一月／鳳陽府泗州盱眙縣知縣（正六品）	奪情起復賜鈔二百錠衣被各一襲靴襪二對	眷民服闋乞奏復任原職葬畢還任	〔註23〕
伍　洪	年月不詳／上元知縣（正六品）	守制服闋	以母老不復仕	〔註24〕
鄭　賜	年月不詳／湖廣布政司左參議（從三品）	守制服闋	二十八年正月／北平布政使司右參議（從三品）	〔註25〕
諸葛伯衡	年月不詳／陝西布政司右參議（正四品）	守制服闋	年月不詳／廣東布政司右參議（正四品）	〔註26〕

〔註18〕 《明太祖實錄》卷一一六，頁6，洪武十年十二月癸丑條。

〔註19〕 前引書，卷一七○，頁5上，洪武十八年正月庚寅條。

〔註20〕 前引書，卷一二一，頁3上，洪武十一年十一月丙申條。

〔註21〕 前引書，卷一二一，頁4下，洪武十一年十二月戊辰條。臧哲丁憂年月雖不詳，但推算應約在洪武十年左右。洪武九年六月甲午才改行中書省爲承宣布政使司，設布政使一人，爲正二品。見《明太祖實錄》卷一○六，頁5下，洪武九年六月甲午條。

〔註22〕 王鈍有否守制或奪情起復，《明太祖實錄》卷二一四，頁2下，洪武二十四年十一月癸卯條，載「以母喪去官」。而《明史》卷一五一，「三年遷浙江布政使。在浙十年，名與張垺」。可見離任太久，因而斷定其係奪情起復；至於布政使的品秩於洪武十三年元月調整爲正三品。見《明太祖實錄》卷一二九，頁6上，洪武十三年一月甲辰條。

〔註23〕 《明太祖實錄》卷二三五，頁3下，洪武二十七年十月癸亥條。

〔註24〕 《明史》卷二九六，列傳第一八四，孝義一，頁759。

〔註25〕 《明太祖實錄》卷二三六，頁1下，洪武二十八年正月辛丑條，載「北平布政使右參議」；《明太宗實錄》卷八十，頁5，總頁10，縮印本頁1241，載「北京布政使司左參議」。今據《明太祖實錄》。

〔註26〕 前引書，卷二二八，頁4上，洪武二十六年六月丁酉條：諸葛伯衡丁憂年月不詳，而承宣布政使司左右參議係於洪武十四年正月始設，秩正四品。因而據此載之。見《明太祖實錄》卷一三五，頁2上，洪武十四年正月壬寅條。

| 陳　迪 | 年月不詳／山東左參政（從三品） | 任內多惠政，奪情起復 | 年月不詳／雲南右布政使（正三品） | 〔註27〕 |
| 宋　晟 | 年月不詳／守涼州 | 奪情起復 | 年月不詳／鎮涼州 | 〔註28〕 |

表十二　明建文朝官員丁憂／奪情表*

姓　名	丁憂年月／職品	守制／奪情起復	復職情況	附　註
王　景	年月不詳／以知縣召修太祖實錄（正六品）	守制服闋	年月不詳／吏部尚書張紞奏之／翰林院侍講（正六品）永樂初陞學士	〔註29〕
顧　佐	年月不詳／庄浪知縣（正六品）	起復？	年月不詳／監察御史（正七品）	〔註30〕
師　逵	年月不詳／陝西按察使（正三品）	守制，去官三年	永樂初／兵部侍郎轉吏部侍郎（正三品）	〔註31〕
康　健	年月不詳／兵科給事中（正七品）	守制服闋	永樂元年正月／刑部給事中（正七品）	〔註32〕
李　驥	年月不詳／新鄉知縣（正六品）	守制服闋	永樂初／東安知縣（正六品）	〔註33〕
劉　觀	年月不詳／洪武中署左僉都御史，下獄，尋釋出為嘉興知府	守制服闋？	永樂元年／擢雲南按察使，未行，拜戶部右侍郎（正三品）	〔註34〕
王　敏	年月不詳／洪武中為御史，建文中坐事降職為太平縣典史	守制服闋	永樂二年六月／北京道監察御史（正七品）	〔註35〕

〔註27〕《明史》卷一四一，列傳第二十九〈陳迪〉，頁4025。陳迪丁憂年月不詳，其品秩按洪武十三年元月更定者記錄之。見《明太祖實錄》卷一二九，頁6上，洪武十三年正月甲辰條。

〔註28〕《明太宗實錄》卷六十九，頁1，永樂五年七月癸丑條。

〔註29〕《明太宗實錄》卷八十一，頁8下，永樂六年七月癸酉條。

〔註30〕關於顧佐「丁憂」守制的狀況，《明英宗實錄》卷一四五，頁8。正統十一年九月壬辰條，載：「洪武庚辰（即建文二年）進士，初授庄浪知縣。……丁父憂起復，改監察御史。永樂初，……」；《明史》卷列傳第四十六，頁4310～4311，載：「建文二年進士，除莊浪知縣。……永樂初，入為御史。七年，……」未載有丁憂起復之事。因此無法確認。

〔註31〕《明宣宗實錄》卷二十四，頁2，宣德二年正月丙申條。

〔註32〕《明太宗實錄》卷十六，頁3下，永樂元年正月庚子條。

〔註33〕《明史》卷二八一，列傳第一六九，循吏，頁7202。

〔註34〕《明史》卷一五一，列傳第三十九〈劉觀〉，頁4184；劉觀是否「守制服闋」無法確認。

〔註35〕《明太宗實錄》卷三十二，頁1下，永樂二年六月甲戌條。

康 慶	年月不詳／洪武中爲御史，建文中坐事斥爲吏	守制服闋	永樂二年七月／四川道監察御史（正七品）	〔註36〕
梁 護	年月不詳／洪武中爲御史，建文中出遷江縣知縣	守制服闋	永樂二年四月／浙江道監察御史（正七品）	〔註37〕
李 孜	年月不詳／洪武中署福建左參議事，建文時坐罪，降蒲城縣丞	守制服闋	永樂三年十二月／福建布政使左參議（從三品）	〔註38〕

＊本表包含於永樂朝服闋復任者。

表十三　明永樂朝官員丁憂／奪情表 ＊

姓 名	丁憂年月／職品	守制／奪情起復	復職情況	附註
胡 儼	約在元年、二年間／翰林院左庶子？品	奪情起復	約在元年、二月間／原職	〔註39〕
楊 榮	六年五月父喪／右春坊右庶子兼翰林院侍講（正五品）	歸葬父，賜鈔一千貫，奪情起復	六年十一月／原職，命輔皇長孫	〔註40〕
	七年正月母喪／同前	奪情起復	七年正月／原職，命扈從北征	〔註41〕
		九年正月奔喪，賜金幣	九年六月／原職	〔註42〕
胡 廣	年月不詳／文淵閣大學士兼左春坊大學士（正五品）	奪情起復	年月不詳／原職	〔註43〕
吳 中	約在十四年／工部尚書（正二品）	奪情起復	約在十四年／扈從北征十四年八月改刑部扈駕，十一月回京	〔註44〕

〔註36〕 前引書，卷三十三，頁 1 下，永樂二年七月己酉條。
〔註37〕 前引書，卷三十，頁 10 下，永樂二年四月壬辰條。
〔註38〕 《明太宗實錄》卷四十九，頁 1 下～2 上，永樂三年十二月癸酉條。
〔註39〕 《明史》卷一四七，列傳第三十五〈胡儼〉，頁 4128。
〔註40〕 《明太宗實錄》卷八十，頁 4 上，永樂六年五月庚寅條；卷八十四，頁 5 下，永樂六年十月壬寅條；《年譜》卷一，頁 16。
〔註41〕 《明太宗實錄》卷八十七，頁 1 下，永樂七年正月辛亥條；頁 3 上，永樂七年正月癸亥條；《年譜》卷一，頁 18。
〔註42〕 《明太宗實錄》卷一一六，頁 4 上，永樂九年六月壬子條；《年譜》卷一，頁 18。
〔註43〕 《明太宗實錄》卷二百，頁 3 上，永樂十六年五月庚申條；《國榷》卷十六，頁 1152，未載胡廣「丁憂」之事。
〔註44〕 《明史》卷一五一，列傳第三十九〈吳中〉，頁 4183；《明仁宗實錄》卷一下，頁 1 下，永樂二十二年八月戊午條。

趙　羾	十五年十一月／原任禮部尚書，下獄，釋，督建隆慶等州縣	奪情起復	十五年十一月／兵部尚書屯戌邊塞（正二品）	〔註 45〕
蹇　義	十六年三月／吏部尚書（正二品）	奪情起復	十六年三月／原職，輔皇太子監國，後奉命巡撫直隸應天府	〔註 46〕
李　慶	七年閏四月／行在都察院左副都御史（正三品）	奪情起復，前後兩度被起復	七年閏四月／原職	〔註 47〕
胡　濙	十四年？月／戶科（都）給事中（正）七品	奪情起復	十四年？月／原職，後升禮部右侍郎（正三品）	〔註 48〕
尹昌隆	年月不詳／禮部主事（正六品）	奪情起復	不詳／禮部主事（正六品）	〔註 49〕
趙　豫	年月不詳／兵部員外郎（從五品）	起復？	年月不詳／原職	〔註 50〕
黃宗載	年月不詳／監察御史（正七品）	起復？	年月不詳／詹事府丞（正六品）	〔註 51〕
黃　耕	年月不詳／吏科都給事中（正七品）	守制服闋	四年六月／禮科都給事中（正七品）	〔註 52〕
史仲成	五年四月／都察院右僉事（正四品）	守制 賜鈔一百錠	不詳	〔註 53〕
張思恭	年月不詳／北京刑部左侍郎（正三品）	守制	八年九月卒	〔註 54〕

〔註 45〕 《明史》卷一一一〈七卿年表〉，頁 3409；卷一五○，列傳第三十八〈趙羾〉，頁 4159；《明英宗實錄》卷二十，頁 3，正統元年七月戊申條。

〔註 46〕 《明英宗實錄》卷一，頁 10 下，宣德十年正月丁亥條；《明通鑑》卷十七，紀十七，頁 735：義以父喪歸，上及皇太子皆遣官致祭。尋奪情起復。《考異》蹇義丁父喪起復，證之〈本傳〉在是年，而〈七卿表〉不載。證之《實錄》在是年之三月，今增入。

〔註 47〕 《明太宗實錄》卷九十一，頁 2 下，永樂七年閏四月乙未條；《明史》卷一五○，列傳第三十八〈李慶〉，頁 4161。

〔註 48〕 《明英宗實錄》卷三五六，頁 4 下～5 上，天順七年八月丙辰條。

〔註 49〕 《明史》卷一六二，列傳第五十〈尹昌隆〉，頁 4398。

〔註 50〕 《明史》卷二八一，列傳第一六九〈循吏〉，頁 7204。

〔註 51〕 《明史》卷一五八，列傳第四十六〈黃宗載〉，頁 4310。

〔註 52〕 《明太宗實錄》卷五十五，頁 1 上，永樂四年六月庚申條。

〔註 53〕 前引書，卷六十六，頁 2 下，永樂五年四月乙未條。

〔註 54〕 前引書，卷一○八，頁 1，永樂八年九月己巳條。

王　彰	年月不詳／禮部右侍郎（正三品）	守制服闋	年月不詳／戶部右侍郎（正三品）	〔註55〕
王　直	十四年七月／翰林院庶吉士	守制服闋	年月不詳／侍讀（正六品）	〔註56〕
王　讓	年月不詳／國子行授學錄（從九品）	守制服闋	年月不詳／國子助教（從八品）侍上講學	〔註57〕
顧大奇	年月不詳／監察御史（正七品）	守制服闋	七年五月／北京道監察御史（正七品）	〔註58〕
楊　砥	年月不詳父喪／鴻臚寺卿（正四品）	守制服闋	年月不詳／禮部左侍郎（正三品）	〔註59〕
	年月不詳母喪／太僕、苑馬寺卿（正四品）	守制賜鈔千錠，未至家而卒		
以上所列爲中央政府官員，以下所列爲地方政府官員				
莊　敬	年月不詳／泗州知州（從五品）	守制服闋	二年十二月／廣東布政司左參政	〔註60〕
宋　忠	年月不詳／汀州清流縣知縣（正六品）	守制服闋	不詳／刑部員外郎（從五品）　八年二月清流耆老請／汀州府知府（正四品）	〔註61〕
具秉彝	年月不詳／東阿知縣（正六品）	守制？	不詳／原職	〔註62〕
楊　成	年月不詳／山東布政司右參議（從三品）	守制服闋	七年五月／福建布政司右參議（從三品）	〔註63〕
王伯貞	年月不詳／瓊州知州	守制服闋	十四年七月／改肇慶知府，未任，卒	〔註64〕
鄭　辰	年月不詳／山西按察司按察使（正三品）	守制服闋	不詳／軍民詣御史乞留原職	〔註65〕

〔註55〕《明宣宗實錄》卷二十七，頁1，宣德二年四月己未條。
〔註56〕《明英宗實錄》卷三四四，頁5下～6上，天順六年九月甲寅條。
〔註57〕《明宣宗實錄》卷一○六，頁10下，宣德八年九月庚申條。
〔註58〕《明太宗實錄》卷九十二，頁14上，宣德七年五月戊戌條。
〔註59〕前引書，卷一九六，頁2上～3上，永樂十六年正月己巳條。
〔註60〕前引書，卷三十七，頁3上，永樂二年十二月己丑條。
〔註61〕前引書，卷一○二，頁1，永樂八年三月庚午條。
〔註62〕前引書，卷二五九，頁2上，永樂二十一年五月癸卯條。
〔註63〕前引書，卷九十二，頁14上，永樂七年五月戊戌條。
〔註64〕前引書，卷一七八，頁1上～2上，永樂十四年七月戊戌條。
〔註65〕《明史》卷一五七，列傳第四十五〈鄭辰〉，頁4292～4293。

鄭　　珞	年月不詳／守寧波	奪情起復	海寇入犯，民數千詣闕乞留原職	〔註66〕
羅以禮	年月不詳／以郎中知西安府	守制？	年月不詳／紹興	〔註67〕
	年月不詳／紹興	奪情起復	部民乞於朝原職	

＊本表不包含建文朝丁憂，於永樂朝服闋復任者（此參見表十二）

第二節　正統至成化時期

　　正統至成化時期，較之前一時期，對於官員丁憂守制的要求提高許多。至於官員奉行情形，就百分比圖觀察（見圖四），守制風氣已經形成，相對奪情風氣即受到壓抑。

　　但這一時期開始，有一特別的現象，即對於奪情者的反應較為激烈。此可藉《明通鑑》作者夏燮的話來印證：

> 文臣起復，自二楊、蹇、夏開其端，歷永、洪、宣三朝，已成故事，而其時臺諫班中無一人能言其非者。于是正統以後，遂有京官營求奪情，而在外方面以下等官，往往部民耆老詣闕請留，輒聽起復還任。〔註68〕

為何會有如是的差異？言官的彈劾權的運用是重要關鍵。正統以後，言官開始針對奪情現象提出彈劾，朝廷遂有禁令頒布，正統十二年（1447年）「令內外大小官員丁憂者，不許保奏奪情起復」（見表三）。所以，言官的彈劾對於奪情現象的抑制有明顯的貢獻。（此詳論於第六章）

　　至於奪情現象於此時期特別被注意，主要是：

　　其一、奪情者分布的官銜別相當的廣泛（見表十六）；再參照表七至表十，更可比較出，前一階段奪情者主要是內閣閣臣及六部尚書等屬輔臣層級，正統至成化朝則各層級皆有；地方官由部民耆老請求起復還任的情況，雖非正統以後才出現（此詳論於後），但此時更為頻繁。

　　其二、正統之時，北方仍有蒙古之患，遂有「內外諸官聞喪暫令奪情起復，以共濟時艱」的需要。奪情既違禮制，則需矯正。因此言官遂群起而攻

〔註66〕《明史》卷二八一，列傳第一六九〈循吏〉，頁7203。
〔註67〕《明史》卷一六一，列傳第四十九〈羅以禮〉，頁4382。
〔註68〕清・夏燮《明通鑑》卷二十五，紀二十五，頁1032。

之，以示盡言之責。由是，正統朝可說是明代守制風氣轉盛的關鍵期。

其三、守制被忽略，有違禮法。當時翰林院編修劉定之，以京城大水，應詔陳十事，其中即有「群臣遭喪，乞永罷起復以教孝。」然疏入留中。〔註69〕這與朝廷常有鼓勵行孝道的情況甚有差異。

其四、正統朝廷並無缺官之情事，若奪情起復者眾，對於朝廷官員之新陳代謝將有影響。由是正統朝特別著力將丁憂守制中違法的情況加以抑制，並予以制度化，而提出禁令。

正統以後至景帝之時情形稍變，由於「比者朝廷多事，邊報不常，內外官員畏避差遣」，「在鄉者或養病或丁憂，經年託故不起」。〔註70〕明廷為充實各方人才，乃詔「在外承差知印今後俱選有才行者參充，其有丁憂起復及為事重歷者，就於本處候缺補湊，役滿赴部」。〔註71〕有多位奪情者，即是在此「多事之秋」，不許奔喪守制：如戶部尚書金濂、南京兵部右侍郎杜寧等。

更為整頓政風，加強監察陣容，而有「科道官憂居者悉起復」〔註72〕（見表三）之舉，監察御史何琛、原傑的奪情起復，即是這政令頒布的結果。

但其後科道官又針對起復之事大加撻閥，如此「因時制宜」「因人設事」的「多重標準」，難免讓人有「誤觸」法令之可能，也容易引起政爭。

言官對於奪情起復的批評，甚至提出彈劾。如潘榮提出「論停起復、抑奔競數事」〔註73〕的章奏；又如江淵、王文兩位內閣閣臣奪情，言官對這事當然不會放過（此詳論於第七章第一節）。以上二事皆未獲皇帝實際的回應。

雖然如此，但在科道言官一步步的進逼之下，景泰以後奪情起復不再被視為「理所當然」的事，雖屬「重臣」者仍多奪情，但守制觀念已較被接受。此可以彭時為例：

彭時係正統十四年（1449年），以翰林院侍講的身分，蒙學士陳循和高穀之推舉而入閣。〔註74〕入閣時方三十三歲，而在這時，彭時因逢繼母喪乞守

〔註69〕《明史》卷一七六，列傳第六十四〈劉定之〉，頁4691～4692。
〔註70〕《明英宗實錄》卷一九八，頁1上，景泰元年十一月辛丑朔條。
〔註71〕《明英宗實錄》卷一八三，頁3下，正統十四年九月癸未條。
〔註72〕《明史》卷一五七，列傳第四十五〈胡拱辰〉，頁4302。
〔註73〕同前，頁4305。
〔註74〕《明英宗實錄》卷一八一，頁20下，正統十四年八月丙子條。

制，景帝不允，詔令奪情。尋進侍讀。景帝更賜予「金帶及五品服」。〔註75〕
彭時「釋褐踰年參大政」之際遇，《明史》說是「前此未有」的。〔註76〕但彭
時在這景帝正欲重用他時，卻在奪情後五個多月的景泰元年（1450 年）閏正
月，上奏乞歸終制曰：

> 臣竊念時方多事義不得顧私親，遂自感激就職，實欲勉效微勞，於
> 今五月餘矣。（中略）今臣照例守制，依期前來，庶得公義私恩兩盡。
> 臣年力少壯，猶可策勵自進，當鞠躬盡瘁，效犬馬之勞，以圖報于
> 他日。〔註77〕

此要求雖終獲應允，卻忤了皇帝的意念。〔註78〕景泰三年（1452 年）三月，
彭氏服闋，僅復除於翰林院，不預閣事。〔註79〕直到英宗復位後，才蒙英宗
「親擢」〔註80〕於天順元年（1457 年）九月，以四十二歲之齡，再入內閣參
預機務。〔註81〕成化十一年（1475 年）三月，卒於內閣任內。〔註82〕

　　就彭時的情況而言，他的入閣正是土木堡之變發生，英宗被俘景帝繼位
之時，彭時的求去動作，當然令景帝有不願附己之聯想，因而彭時雖終獲有
盡孝之機會，但也難免影響其政治前途。所幸，英宗復位時，彭時又有再獲
提拔之機會。而此舉雖係個人行為，應與當時的社會風氣有關。故景泰朝之
守制數據，高於正統朝（見圖四）。

　　到了成化朝，守制風氣更濃，大臣之奪情者，乃受言官之嚴厲抨擊，如首
輔李賢。彈劾者，乃剛出道的學生羅倫。這是明開國以來，第一宗因內閣首輔
奪情而被彈劾之事件。李賢雖沒有被直接擊倒，但是不久亦卒。可見此事對其
打擊之深。甚至史評亦以「不救羅倫」〔註83〕為其「污點」。至於羅倫之劾的效
應是「從此以後奪情之風稍息」。〔註84〕而《讀禮通考》引陸容之言曰：

〔註75〕《明憲宗實錄》卷一三九，頁 5 下，成化十一年三月辛未條。
〔註76〕《明史》卷一七六，列傳六十四〈彭時〉，頁 4683。
〔註77〕《明英宗實錄》卷一八八，頁 21～22，景泰元年閏正月丁卯條。
〔註78〕《明通鑑》卷二十五，紀二十五，頁 1005。
〔註79〕《明英宗實錄》卷二一五，頁 9～10，景泰三年三月辛酉條；《明憲宗實錄》
　　　　卷一三九，頁 5，成化十一年三月辛未條。
〔註80〕《明史》卷一七六，列傳六十四〈彭時〉，頁 4683。
〔註81〕《明英宗實錄》卷二八二，頁 1 下，天順元年九月甲子條；《殿閣詞林記》卷
　　　　三，頁 25，總頁 452-174。
〔註82〕《明憲宗實錄》卷一三九，頁 5 下，成化十一年三月辛未條。
〔註83〕《明史》卷一七六，列傳六十四〈李賢〉，頁 4677。
〔註84〕王世貞《弇州史料後集》（臺北，國家圖書館（原中央圖書館）藏善本，明萬

> 先是大臣遭父母喪奪情起復者比比皆是，天順中有給事喬毅奏革
> 後，至是始著爲令，皆終三年制。雖間有奪情起復者，實出自朝廷
> 勉留，非復前時之濫，是則羅生一疏之力也。〔註85〕

《明史・羅倫傳》贊曰：「奪情之典不始於李賢，然自羅倫疏傳誦天下，而朝臣
不敢以起復爲故事，於倫理所裨，豈淺鮮哉」。〔註86〕《明通鑑》作者夏燮論曰：

> 故天順間，大學士李賢，以父憂奉詔起復，修撰羅倫劾之，首引宋
> 仁宗欲以故事起復富弼，弼辭曰：「何必遵故事以遂前代之非，但當
> 據禮經以行今日之是。」二語可謂詞嚴而義正矣。弇州謂自有羅一
> 峰《扶植綱常》一疏而奪情之風少息。然則仁、宣郅治之朝，若有
> 能爲此言者，其挽回又當易易也。〔註87〕

可見，論者皆肯定羅倫彈劾李賢奪情行動。認爲對於明朝守制風氣的提倡，
奪情風氣的抑制，有相當的效果。

又如，成化三年九月翰林院修撰王獻以父喪歸鄉守制，其間，有陰厚之
者請于朝，乞起復王獻於內館教書。而王獻不自安，遂乞終制，許之。〔註88〕
此應是受李賢事件所影響。

再就表七至十的統計數據觀察，成化守制風氣有轉盛的情況。特別是六
部尙書與侍郎的守制，有明顯的進展。尙書有吏部尙書崔恭〔註89〕、兵部尙
書余子俊〔註90〕、禮部尙書張文質〔註91〕、刑部尙書張紞。〔註92〕這是洪武
朝以來，六部尙書遵守制之始；侍郎方面，則有吏部右侍郎耿裕〔註93〕、戶
部左侍郎張瓚。〔註94〕此則與「巡撫」重任不再專予侍郎職有關。

總之，自正統以來至此，由新科進士組成的科道言官，形成一股反對「奪
情」的勢力，是堅持儒家道德的「清流」。對於大臣朋比結黨，危害皇權的行

曆刊本），卷三十五，頁1，6；陳埥淑《李賢之研究》，頁199。
〔註85〕《讀禮通考》卷一百九，頁34，頁114-546。
〔註86〕《明史》卷一七九，列傳六十七，頁4673。
〔註87〕《明通鑑》卷二十五，紀二十五，頁1032。
〔註88〕《明憲宗實錄》卷四十六，頁7上，成化三年九月丙子條。
〔註89〕前引書，卷六十七，頁1上，成化五年五月乙酉條。
〔註90〕前引書，卷二一一，頁4下，成化十七年正月丙申條。
〔註91〕前引書，卷二一一，頁5上，成化十七年正月戊戌條。
〔註92〕前引書，卷二八三，頁2上，成化二十二年十月己卯條。
〔註93〕前引書，卷一七二，頁4下，成化十三年十一月癸未條。
〔註94〕前引書，卷一八一，頁11下，成化十四年八月癸丑條。

爲，極其警惕。〔註95〕且官員有藉「互保」謀奪情之事，明顯是相互勾結之
舉動。就思想層面言，言員展現儒學的「孝道」理念，期望藉此導正中國官
場上的弊病。

第三節　弘治至萬曆時期

言官對於奪情者的彈劾，產生了極大的抑制效果，使弘治至隆慶時期，
風氣大改。《明史・選舉》云：「弘、正、嘉、隆間，士大夫廉恥自重，以挂
察典爲終身之玷」。〔註96〕

正德十六年（1521 年）七月，世宗詔：「自今親喪不得奪情。著爲令。」
即是明開國以來，對於丁憂奪情現象，一個絕斷性的詔命。而此亦應是前一
階段對於奪情起復的抑制，所產生的直接結果。

然進一步探討，有幾方面的問題，需要觀察：

第一、守制風氣之趨於興盛，是純屬前面階段以來守制推展的結果？或是
此一時期一些其他因素所促成：如因政治環境不良，使人樂於藉守制而離職？

第二、此期中明代內閣閣臣開始遵守制者，是正德朝的首輔楊廷和。楊
廷和此舉，究竟係個人舉動？或與此時的政治環境有關係？

第三、丁憂相關法令在弘治至隆慶期間，有多項的訂定。爲何有如此需
要？從所制定的法令中，顯示了何樣的訊息？

一、政爭促成守制意願的提高

正德朝官員守制風氣已漸提高。試舉一例，湖廣按察使王恩，以親喪將
解任，楚王與鎮守官奏：「恩盡心爲政，小民聞其將去，如失父母，乞留管事，
勿聽守制」。許之。〔註97〕但仍是守制；〔註98〕且正德朝有多位守制超過二十
七個的期限而致違限被處罰（詳論於後），更可見出官員之從政意願。

正德朝守制的興盛，明顯可以看出是因劉瑾專權而有的「政爭」問題。

〔註95〕 朱子彥、陳生民《朋黨政治研究》（上海，華東師範大學出版社，1992 年 3 月，
　　　　第 1 版），頁 305。
〔註96〕《明史》卷七十一〈選舉〉，頁 1724。
〔註97〕《明武宗實錄》卷六十二，頁 8 下，正德五年四月丙午條。
〔註98〕 前引書，卷一○七，頁 4 下，正德八年十二月己酉條。

其一、以忤劉瑾獲譴適遇丁憂者，劉瑾被誅後，得以復職：

翰林官方面：侍讀顧清，不與劉瑾通，劉瑾銜之。正德四年（1509年）劉瑾摘會典小誤，挫諸翰林，顧清被降編修。又以諸翰林未諳政事，調外任及兩京部屬。顧清得南京兵部員外郎。會父憂，不赴。至劉瑾被誅，還侍讀；〔註99〕檢討許誥，被劉瑾調廣西全州判官，以外艱去。起爲尚寶司丞，引疾歸。〔註100〕

言官方面：吏科都給事中王承裕，以言事觸劉瑾，罰粟輸邊。以父喪去位，服闋，除原官。〔註101〕

其二、雖已離職守制，仍爲政爭所累，至劉瑾被誅後始復職者。如：

翰林院學士張芮，以憂歸，以居近河東運司，鹽商有互訐者，詞連張芮。時劉瑾方欲以事裁抑儒臣，遂坐累，出爲鎮江府同知。至劉瑾誅，始入爲南京尚寶司卿。〔註102〕已丁憂去職的徐穆，因劉瑾專政，論擴充政務名，徐穆仍不能倖免。服除，改南京兵部，未至任，劉瑾敗，復爲侍讀。〔註103〕王雲鳳，任山東按察使，亦以嚴明稱。以母喪去官，劉瑾羅織，罰米千餘石，家遂罄。張綵爲吏部，言於劉瑾，擢雲鳳國子祭酒，遂改南京通政使。〔註104〕

其三、反過來言，若受劉瑾重用之人，劉瑾敗後則遭排斥。逢丁憂守制，服闋後方能復官職，如：邵銳，原與焦黃中、劉仁、周傳奉爲翰林庶吉士，有勸令勿就者，銳不納，後數月，與仁俱授編修。劉瑾敗，言者劾之，有旨調外任，至是丁憂服闋，吏部乃擬授爲直隸寧國府推官。〔註105〕

嘉靖朝時亦有因政爭而守制的例子：

吏部尚書是郭朴，於嘉靖四十二年（1563年），以父喪去，由嚴訥代掌吏部。四十四年（1565年），嚴嚴訥由吏部入閣，世宗謀代者。這時有名董份者，以工部尚書行吏部左侍郎事，方受世宗之眷，而此人「貪狡無行」。徐階慮世宗將以董份替代嚴訥之位，乃急言於帝，起郭朴故官。郭朴固請終制，不許。〔註106〕

〔註99〕《明武宗實錄》卷一百，頁2下，正德八年五月甲戌條；《明史》卷一八四，列傳第七十二〈顧清〉，頁4889。

〔註100〕《明世宗實錄》卷一六三，頁2，嘉靖十三年五月癸未條。

〔註101〕《明世宗實錄》卷二一二，頁4上，嘉靖十七年五月癸巳條。

〔註102〕《明武宗實錄》卷一三二，頁8下，正德十年十二月己卯條。

〔註103〕前引書，卷七十五，頁3上，正德六年五月甲子條。

〔註104〕前引書，卷一四三，頁6上，正德十一年十一月乙巳條。

〔註105〕前引書，卷九十九，頁5下，正德八年四月癸亥條。

〔註106〕《明史》卷二一三，列傳第一百一，頁5642；《明世宗實錄》卷五四六，頁4下，嘉靖四十四年五月庚戌條。以上兩種資料皆載明郭朴係奪情任職；然明·

郭朴此次的奪情，係當時的宰輔徐階安排所致。嘉靖四十五年（1566年）三月，郭朴入閣預機務。當時在閣的還有李春芳、高拱。徐階權重，李春芳事之甚謹，郭朴與高拱，卻事之稍倨。至世宗崩，徐階草遺詔，乃盡反時政之不便者，高拱、郭朴乃不得與聞。其實，這場鬥爭是徐階與高拱二人的事，郭朴因與高拱同鄉，又爲人長者，頗爲高拱不平。由是之故，遂不容於朝。言路多有批評者，如御史龐尚鵬論郭朴「負才使氣、無相臣體」。御史凌儒復言「郭朴居喪奪情赴召爲士論所鄙」，「郭朴有母老病羸，殆且死，不思乞歸終養，傷薄風化」。穆宗雖仍以郭朴乃「先朝舊臣，雅稱愼敬」，不理會言路所言。後，郭朴仍三疏乞歸，離開是非之地。〔註107〕

二、正德朝首輔楊廷和的守制

此時期官員守制的意願，最值得注意的，是正德十年（1515年）三月，內閣首輔楊廷和的守制。〔註108〕史書稱「閣臣之得終父母喪者，自廷和始也」。〔註109〕

楊廷和守制時的職稱爲太子太師吏部尚書華蓋殿大學士，擁有內閣首輔之權位。聞喪後，即依例三度上疏請守制，當然亦皆依例三度蒙慰留：第一度得旨：「朕以卿春宮舊學輔導年深，德望才獻朝野推重，特遵先朝故事，爲國晉卿任用，宜免仰內顧私情，以副倚毘，所辭不允」；〔註110〕第二度得旨：「再覽奏，俱悉卿迫切至情，但內閣任重，方賴老成共圖治理，卿宜以體國爲念，勿再固辭」；〔註111〕第三度終獲「卿累乞守制，情苦詞切，今暫准奔喪，寫敕給驛，遣行人一員護送，葬畢即來供職，以副委任」〔註112〕之旨，得「暫准」回鄉奔喪；歸鄉後，楊廷和更以：

　　　　沈朝陽《皇明嘉隆兩朝聞見紀》卷十一，頁39，總頁1084，則載其「服闋」，此應爲誤。
〔註107〕《明穆宗實錄》卷十二，頁10下〜11上，隆慶元年九月甲戌條；《明史》卷二一三，列傳第一百一，頁5643。
〔註108〕《明武宗實錄》卷一二二，頁2上〜下，正德十年三月丙寅條。
〔註109〕《明史》卷一九○，列傳第七十八〈楊廷和〉，頁5032；《明通鑑》卷四十六，頁1712〜1713。
〔註110〕《明武宗實錄》卷一二二，頁2上〜下，政德手年三月丙寅條。
〔註111〕前引書，卷一二二，頁4上，正德十年三月己巳條。
〔註112〕《明通鑑》卷四十六，紀四十六，頁1712。《考異》：《明史・本紀》，廷和丁憂在是月壬申，證之《實錄》係丙寅。今據《實錄》。而壬申日，始得旨令奔喪。

況人生大倫，君父最重，輔臣舉措，風化所關，親喪不能自盡，何
以爲子，禮義或有少愆，不可以範俗。見今耆舊在位，忠賢滿朝，
聞望謀猷皆出臣右，臣若以庸劣人才，藉故事爲口實，當太平之世，
襲金革之變禮，己且內愧，人其謂何？〔註113〕

爲言，乞終制，但獲「朕以卿輔導元臣，忠勤久著，特差敕吏守取速來供職，
卿宜體朕至意，即日就道，再不必辭」〔註114〕之旨。然楊廷和仍執意守制。

　　楊廷和以「首輔」之高位，而願遵守制之禮，不僅在明代「稀罕」，究中國
歷代以來，也僅有宋代之富弼〔註115〕能相提並論。由是，清人徐乾學論曰：

親死終喪人子之常道也，乃古今來起復不赴而見美於史者何寥寥如
此？蓋由君自短喪，故不責臣之終喪。而其爲大臣者率多貪位之輩，
遂致相習成風。即有賢者，亦靡然從之，而不以爲愧耳。觀富鄭公
力辭不起，後之宰執者遂不敢效尤起復。是知良心固在，一有賢者
爲之倡率，自有所顧憚而不爲矣。彼傅咸、山濤、張九齡、李賢輩，
其人品本不下於鄭張富楊諸公也，乃因奪情一事，遂爲終身之玷。
君子之於大節，可不愼哉？〔註116〕

　　在楊廷和之前，閣臣逢丁憂奪情似較尋常，可見，此非中國官場居高位
者之常舉。楊廷和爲何堅持守制？

　　楊廷和之前閣臣請守制，有景帝景泰時的彭時，雖終獲允准，但因之忤
旨，服闋後不再參預閣務；英宗天順年間的呂原，守制而卒；弘治年間的謝
遷，於居憂時蒙詔命入閣，但於服闋後始入閣。（見表十五）以上三位閣臣，
雖有守制。但就「首輔」而言，楊廷和的確是以「首輔」之尊而堅持守制的
第一人，亦是唯一的一人。

　　就內閣制度的發展階段而言，發現隨著內閣閣權的高漲，閣臣丁憂需守
制的要求亦相對升高。以「閣臣守制之始」的楊廷和爲分界點，之前，閣臣
丁憂奪情起復爲常態，之後，則閣臣丁憂守制爲常態。

〔註113〕《明武宗實錄》卷一二九，頁4下～5上，正德十年九月己亥條。
〔註114〕同前。
〔註115〕元・脫脫《宋史》卷二一一〈表第二・宰輔二〉，頁5480；三一三〈列傳第
　　　　七十二・富弼〉，頁10254；清・徐乾學《讀禮通考》卷一一二，頁6，總頁
　　　　114-576。
〔註116〕清・徐乾學《讀禮通考》卷一一二，頁11～12，總頁114-578~579。

此差異之產生，亦可見出內閣閣臣角色之變化，在閣臣仍屬皇帝的私屬「智囊團」時，閣臣逢丁憂，皆因皇帝之需要，而奪情起復，若堅持請終制，如正統時之彭時，則觸怒上意，從此不再參預閣務。然隨著閣臣地位的提升，至成化朝的李賢，逢丁憂請終制，憲宗以「職任之重」爲由，不允。而翰林院修撰羅倫之劾謂「賢大臣，起復大弗，綱常風化繫焉」，〔註117〕可見此時閣臣地位，已不僅是「私屬」於皇帝。乃是朝廷之大臣，故進退亦應合於禮制。就內閣及閣臣在明朝廷中的地位來看，武宗正德朝時是：

> 內閣之設，政本所關，非徒專典于訓辭，固許參預機務。處禁掖邃嚴之地，爲股肱輔導之臣，比之他官，最爲必要。侍毗既切，遴簡爲難。蓋必如古人所謂學有本原，深明治體，又有師法，可代王言，而後能論思政理，默贊皇猷，潤色文章，仰資渙號。矧今四郊未靖，庶事方殷。臨機賴應變之才，運筆須湧泉之思。〔註118〕

由是看來，正統以前，總是說內閣是「論思之地」，到此已成「政本所關」；正統以前，說內閣是「職司代言，機務所預」，這裏說是「處禁掖邃嚴之地，爲股肱輔導之臣」。並且指明閣臣「比之他官，最爲必要」，則表示其職責，已超出在六部之上了。〔註119〕

楊廷和以如此重要職位之臣，而求去之心如此之切，雖楊廷和（如前引）曰「輔臣舉措風化所關，親喪不能自盡，不可以爲子」，又曰「今耆舊在位，忠賢滿朝」，「臣若以庸劣之才，藉故事爲口實，當太平之世，襲金革之變禮，己且內愧，人其謂何？」爲由，在武宗（如前引）「六發綸音，三降璽書，既差行人，復遣內侍，仍責之守臣，冀卿還朝，用慰朝野之望，顧卿守經據禮，未肯幡然就道，不知先朝輔臣遭羅家疚，其所報答恩遇，亦皆如此否邪？」的恩威並用之下，仍堅持守制，可見楊廷和的決心。

前所言，楊廷和的三次上乞守制疏，言官的進言，以及皇帝的慰留。這些模式，之前諸官吏的奪情模式亦皆如是。所以那些「表面動作」，似與丁憂官吏守制與否，無直接關係。而眞正具有關鍵性的，則在究竟誰是眞正的「堅持」者？而這一次，則是楊廷和「堅持」守制！

楊廷和爲何「堅持」守制？這並非是他第一度守制。之前，曾在弘治十

〔註117〕《明憲宗實錄》卷三十，頁2上，成化二年五月癸酉條。
〔註118〕《明武宗實錄》卷八十二，頁8上～下，正德六年十二月癸巳條。
〔註119〕王其榘《明代內閣制度史》頁175。

五年（1502 年）二月，時任左春坊左中允，以母喪守制。服闋，復除原職。〔註 120〕正德年（1515 年）三月，父喪，則是第二度守制。其時守制的風氣已成。

當時言官吏部給事中范尚疏稱：

> 大學士楊廷和有父喪，例應守制，吏部為之上請，陛下特降旨查輔臣丁憂晉用事例。——方今朝廷，非有金革之急，則未望臣以兵避之義。——我朝惟成化初起復大學士李賢，于時猶使之日在朝廷也。臣恐墨縗非所以首班行，將使之時備顧問也，臣恐戚容非可以承天悟，將欣其調元贊化也，臣恐哀俱總總之後，亦無展布之也，從勉強晉之，陛下亦難為之處矣。——臣待罪言官，不容緘默，故敢冒死陳之，伏望皇上察使臣以禮之道，將廷和放回守制。〔註 121〕

言官對於守制的要求，已累積數朝之久，而此時對廷和當然更是據理力爭了。

此外，從廷和之「從政意願」來觀察。他於正德三年（1508 年）三月入閣後，李東陽致仕，遂任內閣首輔。〔註 122〕而楊廷和在丁憂之前，實已產生無力之感：

> 乾清宮災，廷和請帝避殿，下詔罪己，求直言。因與其僚上疏，勸帝早朝晏罷，躬九廟祭祀，崇兩宮孝養，勤日講。復面奏開言路，達下情，還邊兵，革宮市，罷皇店，出西僧，省工作，減織造，凡十餘條，皆切至。帝不省。〔註 123〕

如是般的不順利，實讓人有「倦勤」之意。

正德十二年（1517 年）二月，武宗皇帝遣行人劉玤往四川趣楊廷和赴京供職，敕曰：

> 卿宏才重德，朝廷倚重，自守制以來，朕六發綸音，三降璽書，既差行人，復遣內侍，仍責之守臣，冀卿還朝，用慰朝野之望，顧卿守經據禮，未肯幡然就道，不知先朝輔臣遭罹家疢，其所以報答恩遇亦皆如此否邪？今再降璽書，遣行人諭意，計行人到日，已屬卿釋服之期，卿宜上體朕眷顧之心，下體爾先人平生教子移忠之志，

〔註 120〕《明孝宗實錄》卷一八四，頁 4 上，弘治十五年二月癸丑條。

〔註 121〕《明武宗實錄》卷一二二，頁 3 上～4 下，正德十年三月己巳條。

〔註 122〕《明史》卷一九○，列傳第七十八，〈楊廷和〉，頁 5031～5032。

〔註 123〕同前，頁 5032。

即日啓程，勿更遲延，重孤倚注，卿宜深體之，毋忽故諭。〔註124〕

於是楊廷和俟服闋，於正德十二年九月回京，〔註125〕武宗皇帝正好北巡，吏部爲之請，於十一月丁亥得旨，壬辰日，命以少師兼太子太師吏部尙書華蓋殿大學士之銜，赴內閣供職。〔註126〕

至此，楊廷和爲父親「守制」之禮既成，而又得順利回歸原任之職務，繼續盡其對君王之忠，自來所謂「忠孝不能兩全」之爲難，楊廷和竟得以兼得。楊廷和以內閣首輔之位去任，服闋後又繼續其首輔之任，爲何能有如是的機運？

楊廷和去任後，由梁儲接任首輔，其間「帝失德彌甚，群小竊權，濁亂朝政，人情惶惶」。而梁儲「懼不克任，以廷和服闋，屢請召之」。等楊廷和還朝，梁儲「遂讓而處其下」。〔註127〕所以，楊廷和之能順利回任，實緣梁儲之因。而「武宗之終卒安社稷者，廷和力也」。〔註128〕

三、守制風氣的興盛

既有政爭因素，加上言官的努力（此詳論於第七章第一節），自弘治以至萬曆，官員守制風氣相當的興盛。

1. 中央官員方面

弘治朝兵部尙書馬文升丁繼母憂，孝宗令奔喪還葬畢，即回任。馬文升請終制，不允。再請終制，曰：「時無兵革而冒奪情之命，恐虧孝理而來物議。」仍不允。〔註129〕武人奪情本被視爲理所當然，而文升一再自請終制，可見守制觀念已有所改變。

弘治元年（1488 年）十月。初太監黃順奏請起復匠官潘俊等供役，吏部王恕執奏謂：「不可以小官而開奪情起復之門」。得旨：「匠官乃手藝之人，且業已許之矣」。吏部執奏如初。得允。〔註130〕

〔註124〕《明武宗實錄》卷一四六，頁 8 上，正德十二年二月甲戌條。

〔註125〕〔考異〕此據《實錄》之原文，云「廷和至京，上已北巡」，則以八月後至也。云「吏部爲請，踰月乃得旨」，則以九月請也。《明通鑑》卷四十七，紀四十七，頁 1756。

〔註126〕《明武宗實錄》卷一五五，頁 3 下，正德十二年十一月丁亥條。

〔註127〕《明史》卷一九○，列傳第七十八〈梁儲〉，頁 5040～5041。

〔註128〕同前，頁 5039。

〔註129〕《明孝宗實錄》卷四十七，頁 8 上，弘治四年正月癸卯條；卷五十一，頁 1 下～2 上，弘治四年五月壬午條。

〔註130〕《明孝宗實錄》卷十九，頁 2 下，弘治元年十月庚子條；《明史》卷一八二，

除了以上二者之外，還有以土官請求守制的個案：

嘉靖十三年（1518 年）十二月，貴州宣慰使萬銓母死請守制終喪如文臣。禮部以土官守制無故事，請下守臣勘處。後獲詔可。〔註131〕

另外，歷朝武臣皆無守制之禮，明制亦是「武官遭父母喪，不許解任奔赴」。〔註132〕故嘉靖二十年（1541 年）十一月，以大紀圜丘請皇祖配位及視牲，命成國公朱希忠代駙馬都尉崔元、鄔景和、輔臣翟鸞輪視，詔加敬慎。其中，鄔景和以母喪辭，世宗曰：「武臣無守制例」，責備鄔景和怠慢，令宣城伯衛錞代之。〔註133〕

然此時期的言官，卻對於「武臣不守制」之情況，提出質疑。嘉靖十六年（1537 年）七月，四川道試御史蘇祐上疏：

> 三年之喪通於上下，高皇帝當干戈倥傯，武臣不許守制，蓋一時權宜之術而未必爲萬世法也。今世士大夫奪情起復即爲公論所不容，何獨於武臣而限之。乞著爲令甲，俾之持服如文臣例，若有緩急在行間，亦當以墨縗從事。〔註134〕

得旨：「奪情起復律有明文，武職無守制例，皆係祖宗成憲，祐尤諳法制，輒欲變更，本宜逮治。姑從輕降一級調外任」。已，乃謫祐灤州判官。〔註135〕又如，原任都察院左副都御史毛伯溫，因安南背叛，而奪情起復之事，亦被浙江道御史何維柏所彈劾。

當然，亦有少數的例外：如「保定總兵申錫，居父喪，哀毀踰節，及母卒，均謂武臣例不得守制，乃力請於朝，得奔喪治事，人皆以爲異數，然燕居衰服三年」。〔註136〕

武官不守制，當時除言官提出異議外，學者間亦有人不以爲然者，如何孟春曰：

> 武官父母喪，不持服，不解任，不知始何世？夫金革軍旅之事無避也者，爲其不以家難避國難也，爲此制者，恐武官臨難得爲推避計

　　　　列傳第七十〈王恕〉，頁 4835。

〔註131〕《明世宗實錄》卷一七○，頁 4 上，嘉靖十三年十二月乙卯條。

〔註132〕《讀禮通考》卷一百八，頁 25，總頁 114-525。

〔註133〕《明世宗實錄》卷二五五，頁 4 下，嘉靖二十年十一月壬寅條。

〔註134〕《明世宗實錄》卷二○二，頁 4 下，嘉靖十六年七月乙巳條。

〔註135〕同前。

〔註136〕《讀禮通考》引《許讚集》所載。卷一百八，頁 25，總頁 114-525。

耳。天下無無父母之人，父母之喪，無貴賤一也，而文武可異道乎？
今武官時當太平之際，身列藩衛之間，有父母喪，而不少異於平日，
豈謂眞不得已哉？然則今日之事，當視其人，若典軍旅方在行陣，
遇喪奏聞，留之終事，方聽返喪次。其在府司衛所，可得盡喪禮者，
當聽終制。軍事干涉不得已而出視事，事畢復返喪次，可代者，佐
貳代之，一切勿與，庶幾亦盡人子之禮。〔註137〕

又如伍袁萃曰：

武弁不丁憂，唯本朝令甲爲然。前代未之聞也。國初寇亂未靖，兵
革未息，故特爲推委避難者設耳，非常制也。愚謂如遇極邊衝塞，
羽襲旁午，將領不妨墨衰即戎。事寧仍許終制，斯可耳。不然天下
豈有無父之人哉？抑三年之愛獨文職有之哉？恐非聖主所以教孝意
也！〔註138〕

隨著守制觀念的普遍，逐漸有武人守制的觀念。

2. 地方官員方面

　　巡撫守制亦是反應此時期守制風氣興盛的標的之一，因爲前面數朝的巡
撫普遍是不遵守制的。然弘治朝以後的巡撫，遇丁憂時，大部分是守制的，
茲將弘治朝巡撫守制情形臚列於下：

弘治朝巡撫守制情況表

姓　名	守制前／守制後	附　註
張　錦	都察院右副都御史，巡撫宣府／巡撫保守諸府，兼督紫荊諸關	〔註139〕
張禎叔	督察院右僉都御史，巡撫寧夏／謝病不起	〔註140〕
鄧廷瓚	都察院右副都御史，巡撫貴州／巡撫貴州	〔註141〕
梁　璟	都察院右副都御史，巡撫湖廣／巡撫四川	〔註142〕
何　鑑	巡撫蘇松等處都察院右副都御史／巡撫山東	〔註143〕

〔註137〕《讀禮通考》卷一百八，頁25，總頁114-525。
〔註138〕同前，總頁114-525～526。
〔註139〕《明孝宗實錄》卷一七七，頁9下，弘治十四年閏七月乙條。
〔註140〕《明武宗實錄》卷一一四，頁2上，正德九年七月壬戌朔條。
〔註141〕《明孝宗實錄》卷六十四，頁1上，弘治五年六月庚子朔。
〔註142〕前引書，卷一八九，頁3上，弘治十五年七月乙酉條。
〔註143〕前引書，卷一二八，頁5上，弘治十年八月己卯條。

服闋後，除張禎叔外，皆仍任巡撫職。

總之，守制因著明太祖重視、言官彈劾、及政爭三因素的推進，得以逐步發展，終至「百官皆守制，惟欽天監官計奔喪三月不守制」。〔註144〕

就數據來看，如圖四、表七至表十所示：弘治朝除了六部、布政司、州各有一人奪情，其餘皆守制。總計守制者高達百分之九十九。

正德朝，除了光祿寺一人奪情、都察院三人奪情，其餘皆守制。總計守制者高達百分之九十七。少數因「盜起」「地方多事」而奪情起復者，僅屬特例。（見表十四）

嘉靖朝官員守制的情況，除了兵部尚書有二人、都察院有二人、按察司有一人奪情外。其餘皆守制。總計僅百分之四奪情，守制者則高達百分之九十六。隆慶朝官員守制的情況，如表八至十一所示，是百分之百守制。可知此時期各朝守制的情況相當的嚴格。

至於萬曆朝，就數量言，奪情者甚少，可以說是仍延續前一階段之守制風氣。因此當首輔張居正違例奪情時，遂引起朝臣極大的反感。其後到了天啓、崇禎二朝，雖然奪情之事再度發生，但因時局不同，且以武臣為限。可見守制觀念已然固定於明人之心了。

〔註144〕《明書》卷六十四，頁1278。

第六章　丁憂制度的權宜措施

第一節　歷代奪情概況

　　官員之丁憂守制理應服闋後再等待政府安排出處。但有些朝廷大臣，因居要職，事務甚繁，朝廷令其不必去職，穿素服上朝辦事，但不參加朝廷的吉禮活動，謂之「奪情」；或有些官吏丁憂離職，服制未滿，卻因于公務急需而召出任職，即是「起復」。兩種情況統稱「奪情起復」。〔註1〕

　　不過，歷代以來，並不是如此整齊，特別是明清兩代，明萬曆後至清朝，「起復」專指「服闋者」，服未滿而起用者則謂「奪情」。

　　針對以上兩種解釋之差異，可知：

　　其一、就未守服制、或守制未滿者，稱為「奪情」、「起復」、「奪情起復」。

　　奪情之「奪」字始見於《禮》記：「曾子問君子曰『不奪人之親，亦不可奪親也』」；〔註2〕後有「奪服」〔註3〕、「奪情」〔註4〕、「奪禮」〔註5〕之稱，

〔註1〕唐・李延壽《北史》卷七十二，列傳第六十〈李德林〉，頁2505。載：「丁母憂，裁百日，奪情起復。」

〔註2〕清・杜貴墀《典禮質疑》卷三，頁20，總頁89。

〔註3〕宋・范曄《後漢書》卷三十七，列傳第二十七〈桓焉傳〉，頁1257。載：「焉為太傅，以母憂自乞，憂自乞聽以大夫行喪。踰年，詔使者賜牛酒，奪服」；清・徐乾學《讀禮通考》卷一百九，頁總頁114-541。

〔註4〕唐・魏徵等《隋書》卷七十二，列傳第三十七〈薛濬〉，頁1664；清・徐乾學《讀禮通考》卷一百九，頁27，總頁114-542。載：「濬丁母艱——尋起令視事，屢陳誠款請終喪制，優詔不許。弟謨為晉王府兵曹參軍事，俱被奪情」。

〔註5〕梁・蕭統編，唐・李善注《文選》卷三十九，頁26（臺北，華正書局），總

大抵源於此。

「起復」：唐高宗時，尚書左丞崔善上奏，提及當時「丁憂之士，例從起復」；宋趙昇《朝野類要》曰：「已解官持服，而朝廷特任擢用者，名曰起復」。〔註6〕王闢之《澠水燕談錄》曰：

> 自唐末用兵，文臣給舍以上，武臣刺史以上，喪父母者，急於國事，以義斷哀，往往以墨縗從事，既報哀，則莅事如故，號曰起復。〔註7〕

將「奪情」「起復」混用，甚至合稱為「奪情起復」者。按宋朝「奪情之制」，明令：

> 文臣諫舍以上，牧伯刺史以上，皆卒哭後恩制起復；其在切要者，不候卒哭。內職遭喪，但給假而已，願終喪者亦聽。惟京朝、幕職、州縣官皆解官行服，亦有特追出者。〔註8〕

顧炎武《日知錄集釋》引沈氏泊云：「按起復者，喪制未終，勉其任用，所謂奪情起復者也」。〔註9〕

明萬曆以後的另有用法，《讀禮通考》引〈起復辨〉亦曰：

> 後人不考義例，遂以服闋補官為起復。《明會典》百官終喪赴部謁選用起復字。吏部稽勳司有起復科，與奪情義相反，踵訛襲謬已非一日，不可不辨。〔註10〕（此詳論後）

至於丁憂不守制而被奪情起復的情形究竟始於何時？明人高承曰：

> 《禮》曾子問云：「子夏問曰：『三年之喪，金革之事，無避也者非與？』孔子曰：『吾聞老聃曰，昔者魯伯公伯禽有為為之也。』〈注〉云：「魯徐戎作難，喪卒哭而征之，急王事也。」故《春秋》亦紀晉襄公墨縗之事。漢唐以來，遂有起復之禮，蓋自伯禽始也。〔註11〕

頁556。載：「任彥昇啓蕭太傅，固辭奪禮。」清・杜貴墀《典禮質疑》卷三，頁20，總頁89。

〔註6〕 按清・杜貴墀《典禮質疑》卷三，頁20，總頁89；清・趙翼《陔餘叢考》卷二十七，頁17，總頁299。皆引宋・趙昇《朝野類要》曰：「已解官持服，朝廷特擢用者，名起復。即奪情也。」然查考宋・趙昇《朝野類要》卷三，頁5（臺北，臺灣商務印書館），景印文淵閣四庫全書第八五四冊，總頁854-122。未見「即奪情也」四字。今從之。

〔註7〕 宋・王闢之《澠水燕談錄》卷四〈忠孝〉，頁26。

〔註8〕 元・脫脫《宋史》卷一二五〈禮二十八，志第七十八〉，頁2924。

〔註9〕 明・顧炎武撰，清・黃汝成集釋《日知錄集釋》卷十五，頁373。

〔註10〕 清・徐乾學《讀禮通考》卷一一二，頁32，總頁114-589。

〔註11〕 明・高承《事物紀原》卷九，頁346。

顧頎則說：「晉襄公始壞喪制爲起復。」〔註12〕明人周順昌亦曰：

> 按《禮》「君子不奪人之喪」二句，蓋兩警之也。兩警之則必有奪人
> 之人，亦必有爲人奪之人。無乃殷周之末，已如今世風俗乎？〔註13〕

清毛奇齡《三年服制考》則曰：

> 周初立制，惟恐以衰絰之故，重廢王事。故夏商以前，臣有大喪，
> 則君三年不呼其門。而周用權禮，即卒哭而已。〔註14〕

以上各種推論，大約可見，有丁憂守制的同時，就有了奪情起復的現象。

　　奪情起復原是指武臣的「金革無辟」。此可溯至「曾子問子夏，問曰：『三
年之喪，卒哭，金革之事無辟也者。』即子夏以親喪卒哭之後，國有金革戰
伐之事無敢辭辟，爲是禮。」《喪大記》載：「既卒哭弁絰帶，金革之事無辟
也。」注曰：「此權禮也，弁絰帶者變喪服，而弔服輕可以即事也。」疏云：
「值國家有事，孝子不得遵恒禮，故從權事」。〔註15〕此後，歷代武官皆是不
守丁憂之制的。

　　所以，宋時有「文臣起復必先授武官，蓋用墨衰從戎之義，示不得已也」。「富
鄭公（弼）以宰相丁憂起復，初授冠軍大將軍，餘官多授雲麾將軍」。〔註16〕

　　元文宗時的監察御史陳思謙亦言：「內外官非文武全才、出處繫天下安
危、能拯金革之難者，勿許奪情起復」。〔註17〕可見，武人不守丁憂之制是「理
所當然」的。

　　明制仍是「武官遭父母喪不許解任奔赴」。嘉靖年間四川道御史蘇祐請准
武臣守制而被謫。〔註18〕直至清朝始准武官守制。〔註19〕

　　不過，歷代奪情起復的現象並不專限於武人，例如宋朝有「京朝官丁父
母憂者，多因陳乞，與免持服」〔註20〕的情形。（此詳論於後）

〔註12〕　明・羅頎《物原・禮原第二》（臺北，臺灣商務印書館），叢書集成簡編，頁4。

〔註13〕　明・顏元《習齋記餘》卷十（臺北，臺灣商務印書館），叢書集成簡編，頁
　　　　　164。

〔註14〕　清・毛奇齡《三年服制考》卷七，頁13～14，收入（臺北，新文豐出版公司），
　　　　　叢書集成續編，第六十八冊，社會科學類〈喪禮〉，總頁19。

〔註15〕　清・徐乾學《讀禮通考》卷一百五，頁28，總頁114-480。

〔註16〕　宋・徐度《卻掃編》卷上，（臺灣，臺灣商務印書館），叢書集成簡編，頁58。

〔註17〕　明・宋濂等《元史》卷三十六〈本紀第三十六・文宗五〉，頁805；卷一八四
　　　　　〈列傳第七一・陳思謙〉，頁4239。

〔註18〕　《明世宗實錄》卷二〇二，頁1上，嘉靖十六年七月己卯條。

〔註19〕　清・徐乾學《讀禮通考》卷一百八，頁21，總頁114-525。

〔註20〕　元・脫脫《宋史》卷一二五，禮二十八，頁2922。

　　其二、「起復」之原意，並非指「奪情」

　　按清人杜貴墀《典禮質疑》之說，認為是「沿唐人之誤」。〔註21〕即是同意明萬曆以後至清朝的用法。且歷來革職降官及致仕後重新被起用者，亦謂「起復」。〔註22〕

　　杜氏申論曰：在漢時，「起」「復」二字原不連用，是指官吏去官後起家復為某官；〔註23〕至於以憂歸為行服，強起之為「釋服」〔註24〕、「奪服」，不云「起復」。「起復」連用，則自《晉書》〔註25〕、《魏書》〔註26〕、《北齊書》〔註27〕等書始，然其中「復」等於「舊職」，非以「起復」為一事。至《齊書》〔註28〕、《舊唐書》，〔註29〕「並不論仍居舊職與否，但云起復」。此後，「幾成歇後語」，「世沿唐人之誤，不知有奪情之起復，而起復非即奪情」。〔註30〕唐時另有用「起服」〔註31〕者。

　　「起復」、「奪情起復」既有以上的混淆可能，明清時期又有以「在京守制」〔註32〕、「在任守制」〔註33〕稱奪情的用法。本文中則依明人用法。

〔註21〕　清・杜貴墀《典禮質疑》卷三，頁22，總頁90。

〔註22〕　元・脫脫《宋史》卷三七七，列傳第一三六〈向子諲〉，頁11640～11641。載：「初（張）邦昌為平章軍國事，子諲乞致仕避之，坐言者降三官，起復知潭州。」

〔註23〕　漢・班固《漢書》卷七十六，列傳第四六〈王尊〉，頁3228～3229。載：「坐殘賊免，起家，復為護羌將軍。」

〔註24〕　宋・范曄《後漢書》卷十九，列傳第九〈耿恭〉，頁723。載：「恭母先卒，追行喪制，有詔：使五官中郎齎牛酒釋服。（注：奪情不令追服）」

〔註25〕　唐・房玄齡《晉書》卷七十，列傳第四十〈卞壺〉，頁1867。載：「遭繼母憂，既葬，起復舊職。」

〔註26〕　北齊・魏收《魏書》卷三十一，列傳第十九〈于忠〉，頁741。載：「父憂去職，未幾，尋起復本官。」

〔註27〕　唐・李百藥《北齊書》卷十三，列傳第五〈清河王岳〉，頁174。載：「遭母憂去職，尋起本復本任。」

〔註28〕　唐・李百藥《北齊書》卷四十一，列傳第三十三〈皮景和〉，頁528。載：「（皮景和）少子宿達……，開皇中，通書舍人。丁母憂，起復。」

〔註29〕　後晉・劉昫《舊唐書》卷一百，列傳第五十〈解琬〉，頁3112。載：「（解琬）丁憂離職，起復舊官，──抗疏固辭。」

〔註30〕　清・杜貴墀《典禮質疑》卷三，頁21，總頁90。

〔註31〕　唐・王方慶《魏鄭公諫錄》卷一，「諫武官起服」條，收入（臺北，臺灣商務印書館），叢書集成簡編，據畿輔叢書本排印，頁3。

〔註32〕　《讀禮通考》卷一百八，頁10～11，總頁114-518。載：「監生……有聞父母之喪，託故在京守制」；《皇明經世文編》卷四十五〈鄒忠憲公奏疏〉卷一，頁4～5，總頁27-520～521。載：「以居正而在京守制」。

丁憂守制既是孝道的表現，若不能按禮守制，豈不就違反了孝道？

其實，傳統「奪情」者並不認爲這是違背孝道的？《禮記・祭統》中說：「忠臣以事其君，孝子以事其親，其本一也」。〔註34〕「忠孝合一」的觀念，即是守喪制的權宜之處；另外，《孝經・開宗明義章第一》載：「立身行道，揚名於後世，以顯父母，孝之終也」。〔註35〕又《廣揚名章第十四》提供了答案：「子曰：君子之事親孝，故忠可移於君；事兄悌，故順可移於長；居家理，故治可移於官。是以行成於內，而名立於後世矣」。〔註36〕若依著中國的傳統，當然就是落實到政治活動上，由「身體髮膚，受之父母，不敢毀傷」的「孝之始」，推擴到「立身行道，揚名於後世，以顯父母」的「孝之終」；由「事親」之始，推擴到「事君」之中，與「立身」之終。〔註37〕如此的觀念，亦是歷代「奪情」者的重要依據。

而歷代奪情狀況，略述於下：

西漢時，前已述，「丁父母憂持三年喪者鮮矣。」及至東漢，光武帝以「建武之初，新承大亂，凡諸國政，多趨簡易」，〔註38〕乃於建武七年（31 年）頒「薄葬」之詔：

> 世以厚葬爲德，薄終爲鄙，至于富者奢僭，貧者單財，法令不能禁，
> 禮義不能止，倉卒乃知其咎。其布告天下，令知忠臣、孝子、慈兄、
> 悌弟薄葬送終之義。（見表一）

如此則繼承了西漢文帝的「短喪」精神，由是「公卿、二千石、刺史不得行三年喪」，「內外眾職並廢喪禮」。（見表一）

東漢安帝鄧太后當時，及桓帝之時，有二度准許官員守制，除此之外，其餘時間皆不准許，故「奪情」之事屢見。有人謂「在（東漢）政府的提倡

〔註33〕 清・陸隴其《陸稼書先生文集》卷之二〈論奪情疏〉，頁 38。收入（臺北，新文豐出版公司），叢書集成新編第七十六冊，總頁 414。載：「在人守制非所以教孝」。

〔註34〕《禮記・祭統》卷四十九，頁 1，總頁 830。

〔註35〕《孝經・開宗明義章第一》卷一，頁 3，總頁 11。

〔註36〕《禮記・祭統》卷四十九，頁 1，總頁 830。

〔註37〕 曾昭旭〈骨肉相親・志業相承——孝道觀念的發展〉《中國文化新論，天道與人道》（臺北，聯經出版公司，民國 71 年 11 月初版，民國 78 年第 6 次印行），頁 232。

〔註38〕 宋・范曄《後漢書》卷四十六，〈陳忠傳第三十六〉，頁 1561。

之下，三年之喪漸漸通行，大臣丁憂，原則上都准其終喪三年，只在局勢特殊的時候，不得不引用儒家喪禮中「理」的原則，要大臣以義斷恩，墨絰從事」〔註39〕的論點，似與東漢丁憂實行之現況有相當大的差異。〔註40〕

三國時期，曹魏與蜀漢以「天下尚未安定，未得遵古」為由，皆不守「三年之喪」，此大抵繼承漢之「短喪」精神。君王既如是，大臣丁憂自然是「不了了之」了。至於孫權的吳國，大臣逢丁憂是可以歸鄉守制的，但是需要先「交待」才能離職，否則則是「死刑」的重罰。〔註41〕（見表一）

西晉時期，晉武帝雖有守「三年喪」之意，並對大臣作相關事宜的規定。但「于時東西交爭，金革方始，群臣遭喪者，卒哭之後，皆令視事」。〔註42〕所以，「奪情起復」之事，仍為「常事」。

南朝朝臣俱因「時天下喪亂，皆不能終三年之喪，唯梁之孔奐及吳國張種，在寇亂中守持法度，並以孝聞」。〔註43〕

隋代文帝開皇初定典禮，規定：

> 凶服不入公門。期喪已下不解官者，在外曹緣紗帽。若重喪被起者，皁絹下裙帽。若入宮殿及須朝見者，冠服依百官例。齊衰心喪已上，雖有奪情，並終喪不弔不賀不預宴。期喪未練，大功未葬，不弔不賀，並終喪不預宴。小功已下，期滿依例。居五服之喪，受冊及之職，儀衛依常式，唯鼓樂從而不作。若以戎事，不用此制。（見表一）

此即是對於被「奪情起復」之朝臣的相關規定，亦算是一種權宜之計。

就數量上言（見表二），隋朝官員逢丁憂，大部分是奪情起復；唐朝官員逢丁憂（見表二、圖一），百分之六十三守制。奪情起復者，佔百分之三十七。

唐朝的武官不需守喪，《讀禮通考》引《唐會要》云：

> （唐）太宗時武官丁艱憂，屢有起復者。魏徵諫曰：「國家草創之，武官不格喪制。天下今既安定，不可仍奪其情，必有金革之事，自有

〔註39〕王明珂〈慎終追遠——歷代的喪禮〉，頁330。
〔註40〕東漢官員守制、奪情的詳細數據，參見拙撰〈概說先秦至五代的「丁憂」守制〉，頁263～264。
〔註41〕前引書，頁265～266。
〔註42〕唐・令狐德棻《周書》卷十八，〈王述傳第十〉，頁293。
〔註43〕唐・李延壽《南史》卷二十七，〈孔奐傳第十七〉，頁728。

墨衰之経。」帝曰：「朕思之，然爲武事未息，故不可即止。〔註44〕

至於文官遵守制的情形：高祖時，尚書左丞相崔善曾奏稱：「欲求忠臣，必于孝子，比爲時多金革，頗遵墨縗之義，丁憂之士，例從起復，無識之輩，不復戚容，如不糾劾，恐傷風俗」。〔註45〕遂有武德二年（619 年）九月「令文官遭父母喪者聽去職」（見表一）的詔令。可見當時奪情情況之嚴重；《唐書・崔善爲傳》亦曰：

> 初，天下既定，群臣居喪者皆奪服，（崔）善爲建言其敝。武德二年
> 始許終喪，然猶時以權迫不能免。如房玄齡、褚遂良者多矣。〔註46〕

至武則天長安三年，仍有「三年之喪，自非從軍更籍者，不得輒奏請起復。」之詔，可見奪情之風仍盛；至德宗時，甚至有起復奪情者參與朝會時的「服飾」規定：「令周親已下喪者禁慘服，朝會須服本色綾袍金玉帶。」直至天寶十三年（754 年），詔：「左降官遭父母喪者，聽歸」；代宗廣德二年（764 年）敕：「三年之喪，謂之達禮。自非金革，不可從權。其文官自今以後，並許終制，不切不得輒有奏聞。」（見表一）唐宣宗於大中五年（852 年）八月，宰臣奏議中見出：

> 伏以通喪三年，臣庶一致，金革無避，軍旅從權。近日諸使及諸道
> 多奏請與人吏職掌官並進奏官等起復，因循既久，訛弊轉深，非惟
> 大啓倖門，實亦頗紊朝典。臣等商量，自今以後，除特敕及翰林並
> 軍職外，其諸司使人吏職掌官，並諸道奏，並不在更請起復授官限。
> 其間或要藉驅使官任，准舊例舉追署職，令句當公事，待服闋日，
> 即依前奏官。」從之。（見表一）

可見，整個唐朝奪情的情況一直都相當的嚴重。

奪情之外，守制違法的情況亦是很多，所以《唐律》中訂有關於「冒喪」「詐喪」之詳細的罰則：

> 居父母喪，冒哀求仕。謂父母喪禫制未除，及在心喪内者，並免所
> 居之一官，並不合計闇，父母死言餘喪。諸父母死應解官，詐言餘
> 喪不解者，徒二年半。若詐言父母死以求假，及有所避者，徒三年。

〔註44〕清・徐乾學《讀禮通考》，卷一百八，頁 11，頁 114～523。
〔註45〕李淑珍《東周喪葬禮制初探》國立臺灣師範大學歷史研究所碩士論文，頁 108～109。
〔註46〕清・徐乾學《讀禮通考》，卷一百十，頁 10，總頁 114-551。

若先死，詐稱始死，減三等。（見表一）

又《疏議》曰：

> 父母之喪解官居服，而有心貪榮，詐言餘喪不解者，徒二年半。爲
> 其已經發哀，故輕於聞喪，不舉之罪。（見表一）

至於宋朝，官員丁憂奪情者，佔有百分之四十一。（見表二、圖一）丁憂
起復在宋太祖和宋太宗時是被視爲「理所當然」的。不過在太宗五年頒佈「在
官丁父母憂者，並放離任」（見表一）之詔，按李燾《長編》載：「其後亦頗
有特追出者」。〔註47〕可見遵行之狀況。

又從哲宗元祐四年（1089 年）范祖禹〈論大使持服狀〉所諫，雖看出任
使臣與武臣者逢丁憂守制之意願，卻更反映出時人「不遵守制」之實況：

> 臣竊以小使臣不解官行服，以損孝治之風，朝廷恤小官非俸祿無
> 以養，不得已而未之改耳，自大使以上官既升朝祿亦足養，而邊
> 緣任使亦不解官，其乞行服者又須奏候朝旨，帥臣因而奏留朝廷，
> 重違其。循例奪服爲狄詠，是狄青之子，帥臣爲之奏請，特許解
> 官。當今緣邊無異內地，帥臣遭喪者無不解官，自餘將領寄任輕
> 於帥臣，非有金革之事，而無故奪其喪服，全無義理。若言藉才，
> 則方今五武臣常患員多，豈至無人可使？若恤其貧，則在內地者
> 均是人也，何獨於緣邊恤之？若以解官爲優恩，必待如狄青之子，
> 然後許之。則父母之喪，無貴賤一也。古者，庶人有喪，三年不
> 從征沒，豈可仕至升朝以上，而不使執親之喪。愚欲乞今後大使
> 臣以上丁憂者，雖係緣邊任使並解官行服。如遇有邊事，即許本
> 路奏留，繫自朝廷任揮庶使武臣皆知禮法有益風教，而緩急藉才
> 亦不失金革。〔註48〕

且雖有准許小使臣服喪之文，亦有不願服者。按《讀禮通考》引周煇《清波
別志》載：

> 今小使臣固有許持服之文，然類貪祿不去，若謂食貧出不得已。然
> 大使臣豈俱富厚者，雖平日談仁義，識禮法，高自標置以儒者自處，
> 亦不能稍異流輩，或謂除見隸軍籍，當金革從事，餘盍更置俾從風

〔註47〕 同前，頁 12，總頁 114-552。
〔註48〕 前引書，卷一百八，頁 23～24，總頁 114-524～525。

化之厚其可乎」。〔註49〕

　　時人對於奪情的意見，可從王栐《燕翼詒謀錄》所載見出：

　　　　不幸丁憂解官多流落不能歸。咸平二年三月甲戌詔「川陝廣南福建
　　　　路官，丁憂不得離任」。聖主端居九重，而思慮至此。則從宦遠方者，
　　　　不至於畏憚而不敢往。祖宗仁厚之澤大抵如此。其後，以川陝距京
　　　　師不甚遠，至景德二年三月，復聽川陝官丁憂，唯長吏奏哉。〔註50〕

關於如是的觀點，徐乾學頗不以爲然的說：

　　　　丁憂解任自是正禮，從宦遠方者即無斧資寧得不奔喪。宋初之不許
　　　　解任，此乃陋制，反稱爲祖宗之仁政。則許奔喪者，皆苟政矣。栐
　　　　之持論如此，何其陋也。〔註51〕

　　其實，宋朝的官員的奪情，更在朝廷政令上有所依據，《宋史·禮志》載
「奪情之制」：

　　　　凡奪情之制，文臣諫舍以上，牧伯刺史以上，皆卒哭後恩制起復；
　　　　其在切要者，不候卒哭。內職遭喪，但給假而已，願終喪者亦聽。
　　　　惟京朝、幕職、州縣官皆解官行服，亦有特追出者。〔註52〕

可知，「奪情起復」是爲朝廷之「恩制」。

　　凡官員丁憂守制期間，因公而除服者，謂之公除。仁宗天聖五年（1027年），
從太常禮院之奏：「自來宗廟祀祭，皆宰職行事。每遇宰執因私喪持服，因遵總
麻以上喪，不得鄉廟之禮，只得改差，遂多致妨闕。嗣后凡有慘服既葬公除、
及聞哀假滿者，許吉服赴祭」；仁宗景祐二年（1035 年），禮儀使奏請：「自后
有私喪公除者，聽赴廟祭，免致廢闕」；仁宗慶曆七年（1047 年），詔：「准宗
室及文武官有遭喪被起及卒官赴朝參者，遇大朝會，聽不入；若緣郊廟大禮，
惟不入宗廟，其郊壇、景靈宮得權從吉服陪位，或差攝行事」。（見表一）

　　既然如此，那麼守制反非易事了。例如，仁宗慶曆二年（1042 年）歐陽
修於因龍圖待制楊察請終喪制，而論之簡後，楊察終得守制。〔註53〕

　　至徽宗宣和二年（1120 年）七月，始有「罷文臣起復」之詔。（見表一）

〔註49〕　同前。
〔註50〕　同前，卷一百十，頁 13～14，總頁 114-553。
〔註51〕　同前。
〔註52〕　元·脫脫《宋史》卷一二五〈志〉第七十八〈禮〉二十八，頁 2924。
〔註53〕　同前，卷二九五，〈列傳第五十四·楊察〉，頁 9856。

可見北宋官員奪情起復之普遍。

之後，遼、金朝官員丁憂，遼百分之百起復、金百分之七十七起復（見表二），此應與遼金的「漢化」程度較少有關。

元朝因行「二元政治」，丁憂制度以漢官為限，蒙古、色目人不許遵守此制。後，雖終於於順帝元統二年（1334 年）六月，有「蒙古、色目人行父母喪」之詔（見表一）。至於遵行之狀況，則以當時任監察御史的烏古孫良楨之疏，清楚的見出：

> 以國俗父死則妻其從母，兄弟死則收其妻，父母死無憂制，遂言：「綱常皆出於天而不可變，議法之吏，乃言國人不拘此例，諸國人各從本俗。是漢、南人當守綱常，國人、諸國人不必守綱常也。名曰優之，實則陷之，外若尊之，內實侮之，推其本心所以待國人者，不若漢、南人之厚也。請下禮官有司及右科進士在朝者會議，自天子至於庶人，皆從禮制，以成列聖未遑之典，明萬世不易之道」。〔註54〕

又，至正十五年（1355 年）正月，大斡耳朵儒學教授鄭建言：「蒙古乃國家本族，宜教之以禮。而猶循本俗，不行三年之喪，又收繼庶母、叔嬸、兄嫂，恐貽笑後世，必宜改革，繩以禮法。」不報。〔註55〕由是可見，奪情起復在元朝時的普遍性。

不管如何，這源於「古制」的道德價值觀仍深入人心的。因此歷代皆有要求守制與反對奪情的言論，甚至衍成政爭行動，後並反應至政策的制定：如漢時雖行「短喪」，「亦有請從古制者」，只是「請之而不許」；〔註56〕唐朝始有不准起復之禁令，即武則天時有「三年之喪，自非從軍更籍者，不得輒奏請起復」。代宗時有「自非金革，不可從權」（見表一）的詔令；唐朝昭宗時宰相韋貽範母喪，被詔還位時，兵部侍郎韓偓就拒絕為其草制。〔註57〕

宋朝則徽宗時有「罷文臣起復」的詔令（見表一）；言論方面，有仁宗時知諫院的歐陽修〔註58〕、徽宗時的左正、任伯雨等人的反對奪情之論。

〔註54〕 明・宋濂等撰《元史》卷一八七，〈列傳第七十四・烏古孫良傳〉，頁 4288。
〔註55〕 同前，卷四十四，〈本紀第四十四・順帝七〉，頁 921。
〔註56〕 拙撰〈兩漢至五代的丁憂守制〉《簡牘學報》第十五期，頁 260～265。
〔註57〕 《新唐書》卷一八二〈列傳一百七・韋貽範〉，頁 5378；卷一八三〈列傳一百八・韓偓〉，頁 5388。
〔註58〕 宋・歐陽修《歐陽永叔集》十二，頁 3。

甚至在理宗時，淳祐四年（1144 年）史嵩之遭父喪，起復爲右丞相兼樞密使。這事在當時有許多反對者，而反對最力的是學校方面，太學生黃愷伯、金九萬、孫翼鳳等百四十四人，武學生翁日善等六十七人，京學生劉時舉、王元野、黃道等九十四人，宗學生與寰等三十四人，建昌軍學教授盧鉞，皆上書論史嵩之不當起復。〔註59〕其疏曰：

> 嵩之心術回邪，蹤跡詭秘，曩者，開督府以和議，墮將士心以厚貲，竊宰相位，羅天下之小人爲私黨，奪天下之利權歸私室，蓄謀積慮險不可測。在朝廷一日則貽一日之禍，一歲則貽一歲之憂，萬口一辭，唯恐其去之不速。今嵩之不天徘徊，牽引彌逢貴戚買囑貂璫，轉移上心衷私，御筆必得起復之禮，然後從容就道。初不見其憂戚之容，大臣佐天子以孝治，天下孝不行於大臣，是率天下而爲無父之國矣。以法繩之，雖置之鈇鉞猶不足以謝天下，況復置之具瞻之位乎！〔註60〕

時任將作監的徐杰則疏曰：

> 且大臣讀聖賢之書，畏天命，畏人言。家庭之變，哀戚終事，禮制有常。臣竊料其何至於忽送死之大事，輕出以犯清議哉！（中略）自聞大臣有起復之命，雖未知其避就若何，凡有父母之心者莫不失聲涕零，是果何爲而然？人心天理，誰實無之，興言及此，非可使聞於鄰國也。陛下烏得而不悔悟，大臣烏得而不堅忍？臣懇懇納忠，何敢詆訐，特爲陛下愛惜民彝，爲大臣愛惜名節而已。〔註61〕

此疏一出，朝野傳誦；劉鎮亦上封事。〔註62〕

另一位竭力阻止史嵩之起復的是任起居郎兼直學士院、中書舍人的程公許；〔註63〕任右正言的鄭寀，言：「丞相史嵩之比父憂去，遽欲起之，意甚厚也。奈何謗議未息，事關名教，有尼其行。」帝答曰：「卿言雖切事理，進退大臣豈易事也！」〔註64〕

侍御史劉漢弼密奏：

〔註59〕元・脫脫《宋史》卷四一四，〈列傳第一七三・史嵩之〉，頁 12425～12426。
〔註60〕清・徐乾學《讀禮通考》卷一一二，頁 17，總頁 114-581。
〔註61〕元・脫脫《宋史》卷四二四，〈列傳第一八三・徐元杰〉，頁 12661～12662。
〔註62〕同前，卷四一四，〈列傳第一七三・史嵩之〉，頁 12426。
〔註63〕同前，卷四一五，〈列傳第一七四・程公許〉，頁 12457。
〔註64〕同前，卷四十二，〈列傳第一七九・鄭寀〉，頁 12570。

自古未有一日無宰相之朝，今虛相位已三月，尚可狐疑而不斷乎？願奮發英斷，拔去陰邪，庶可轉危為安；否則是非不可兩立，邪正不並進，陛下雖欲收召善類，不可得矣。臣聞富弼之起復，止於五請，蔣芾之起復，止於三請，今嵩之既六請矣，願聽其終喪，早定相位。〔註65〕

理宗遂命范鍾與杜範並相。由是，史嵩之起復之事遂罷。後又傳其從子史璟卿暴卒，為史嵩之所下毒，於是史嵩之為公論所不容，居閒十有三年。〔註66〕

就史嵩之起復之事而言，《宋史》論曰：「（史）彌遠之罪既著，故當時不樂（史）嵩之之繼也，因喪起復，群起攻之，然固將才也」。〔註67〕可見，非為守丁憂之禮制與否之爭，而是純政爭而已。

元朝隨著「漢化」的加深，亦有對於「奪情起復」現象的批評，以及守制的進一步要求：

仁宗延祐四年（1317 年）十月，有監察御史言：「官吏丁憂起復，人情驚惑，請禁止以絕僥倖。惟朝廷耆舊特旨起復者，不在禁例。」制曰：「可」。（見表一）

文宗至順三年（1332 年）六月，監察御史陳思謙，以時有官居喪者，往往奪情起復，言：「內外官非文武全才、出處繫天下安危、能拯金革之難者，勿許奪情起復。」制可，遂著於令。（見表一）關於此疏，何喬新《史論》論及此疏及漢朝以至於元之奪情起復曰：

自漢以來，有奪情起復之制，於是張九齡起復而為相矣，馬光祖起復而興兵矣，張茂昭起復而尚主矣。士大夫玩常習故，不以為非。其懇辭不起，如富弼、劉珙者，蓋不多見焉。況至有元，典禮蕩然，親存無省覲之期，親沒無丁憂之制，而忘哀作樂、食稻衣錦者接踵於時宜乎。陳思謙此言，以警有位者。〔註68〕

明朝反奪情言論甚多，詳論於第貳章。

關於武臣不守制，歷代亦有反對者。唐太宗時即有：

〔註65〕同前，卷四百六，〈列傳第一六五·劉漢弼〉，頁 12776。
〔註66〕同前，卷四一四，頁 12427。
〔註67〕同前，卷四一四，頁 12439。
〔註68〕清·徐乾學《讀禮通考》卷一百十，頁 15，總頁 114-554。

時武官丁艱憂，屢有起復者。魏徵諫曰：「國家草創之初，武官不格
喪制。天下今既安定，不可仍奪其情，必有金革之事，自有墨縗之
經」。〔註69〕

至宋朝，則有武臣乞遵守制，仁宗時田況開「帥臣終喪之始」。〔註70〕

綜前所論，丁憂奪情在中國歷朝的情況，可作出幾個結論：

其一、丁憂奪情起復的出現，幾乎等同於守制出現的時候，歷朝幾乎未
曾斷絕。

其二、就官員奪情起復的數量來看（見表二、圖一），自兩晉南北朝至元
朝時期，奪情者的總數，以遼百分之百最高，其次依序為隋百分之九十二、
金百分之七十七、元百分之六十六、宋百分之四十一、唐和兩晉南北朝佔百
分之三十七。而接續要探討的明朝，則比前面各朝代都低，僅有百分之十六。

其三、奪情起復原是在「忠」與「孝」之間的權衡：如武臣有「金革奪
情」之需要；而文臣中居重要職務者，經常會因皇帝及國家的需要而加以奪
情。及至唐朝武則天長安三年始有「自非從軍更籍者，不得輒奏請起復」之
詔令。然奪情起復之情況依然存在，宋朝甚至有因奪情起復產生的政爭，即
宋理宗時的史嵩之。而遼、金、元各朝屬異族，雖因逐步「漢化」而漸探守
制，大抵以奪情為常。

第二節　明代奪情情況

如前所述，丁憂奪情的現象在中國歷朝推行守制的過程中始終存在。如
何喬新嘗曰：「自漢以來，有奪情起復之制」，及至「有元，典禮蕩然，親存
無省觀之期，親沒無丁憂之制」。明繼元代風氣，儘管明太祖用心於守制的建
立，但奪情風氣的改變仍是至正統朝以後才有明顯的抑制奪情的政令出現（見
表三）。

至於奪情起復的原因，歷朝也約略相同：不外是出於皇帝的主動奪情；
或身任要職不便去職；或任軍職不可疏失兵機；或出於地方人士之請求留任
好官等。以下就明朝的奪情情況討論之。

〔註69〕唐・王方慶《魏鄭公諫錄》卷一（臺北，臺灣商務印書館），叢書集成簡編，
　　　　據畿輔叢書本排印，頁3。「諫武官起服」條。

〔註70〕元・脫脫《宋史》卷二九二〈列傳第五十一・田況〉，頁9782。

一、「密勿論私，不可無人」——內閣閣臣

明代奪情起復的官員中，內閣閣臣奪情者佔閣臣總丁憂人數的百分之五十八，屬所有官職中奪情比例最高者。見表十四，成化朝以前，閣臣皆奪情。弘治朝以後，僅張居正奪情而已。

（一）備顧問時期

明代的奪情風氣始於何時？前已述，顧炎武謂：當明太祖於洪武二十三年「除期服奔喪之制」時，已開了「不奔喪守制」之惡習；明人王世貞則謂：「文皇（即明成祖）急於事寄中外臣僚，始有奪情不丁憂者。或有於制中起用者」。由是而造成「漸以奪情爲能，而不奪情爲不稱」〔註71〕之情況。黃佐亦曰：「惟永樂中始有制中起復之事」。〔註72〕意即，明成祖之現實需要造成了官員奪情之風氣。就數據言（見圖二），永樂朝奪情的比例甚高。

內閣是因明成祖奪位之後，爲帝國統治及個人需要「輔佐」而設。「密勿論思，不可無人」，〔註73〕是太祖廢中書省後，設四輔官時之語，但內閣設立實由於同一理由。當時的閣臣是解縉、胡廣、楊榮、楊士奇、黃淮、金幼孜、胡儼等七人。閣臣之官品雖不高，但旦夕侍成祖左右備顧問、參與「密勿謀畫」。〔註74〕成祖曾謂：

> 朕即位以來，爾七人朝夕相與共事，鮮離左右，朕嘉爾等恭愼不懈。
> 然恒情保初易，保終難，朕故常於存於心，爾等亦遺謹終於始，庶
> 幾君臣保全之美。〔註75〕

可見君臣關係之密切。此期間，胡儼曾逢父喪，被成祖奪情起復。〔註76〕

永樂七年（1409年）成祖北巡北征，並有國都遷移的計畫。〔註77〕遷都必須有相當時日的營建規劃，在此期間自不免要巡狩北京。依明太祖規定，若君主有事於外，不在京師，必以太子監國，欲使太子於國政有所歷練。〔註78〕在

〔註71〕 明・徐學聚《國朝典彙》卷四十七，頁12，總頁912。

〔註72〕 明・黃佐《翰林記》卷五〈起復〉，頁54。

〔註73〕 《明史》卷一三七，〈安然〉，頁1728。

〔註74〕 《明太宗實錄》卷三十四，頁3下，永樂二年九月庚申條。

〔註75〕 同前。

〔註76〕 《明史》卷一四七，列傳第三十五〈胡儼〉，頁4128。

〔註77〕 張奕善〈明成祖政治權力中心北移的研究〉《國立臺灣大學歷史學系學報》第十、十一期合刊，頁245。

〔註78〕 朱鴻〈明永樂朝皇太子首度監國之研究（永樂七年二月至八年十一月）〉《國立臺灣師範大學歷史學報》第十二期，頁3，總頁87。

此期間，更需要閣臣的協助。楊榮兩度的丁憂就是在成祖北遷計劃之始，分別以「輔皇長孫」，以及「扈從北征」等職責予以奪情。楊榮「明敏果斷」且「善承君意」〔註79〕是永樂朝的閣臣中，最得成祖寵任。直到成祖崩，都未曾離開成祖的左右。

至於胡廣，則是「一時制命典冊多出其手，車駕巡幸征伐並命從行」。禮部郎中周訥建請封禪，上不聽事，獨廣之言與上意合。〔註80〕所以他生前一直都是服事在成祖身邊的，這亦是他被成祖奪情的原因。

永樂朝的「內閣」僅能算是皇帝私屬內廷的「智囊團」，「閣臣」也僅是皇帝的私人「祕書」，其進退只需向皇帝交待，與整個朝廷的行政體係無直接之關係。所以逢丁憂守制與否，自然也僅是「私人」的問題了。

至洪熙朝，閣臣黃淮，曾於仁宗爲皇太子監國時，與楊士奇同任皇太子的輔導。〔註81〕當時仁宗的皇太子地位相當不穩定，〔註82〕成祖南歸時，皇太子遣使迎接稍遲，加以奏事失敬，成祖怒逐逮黃淮、楊溥等按問，並下獄。〔註83〕至仁宗即位，才被釋放，遷通政使，兼武英殿大學士，仍領內閣事。因有師生關係，故後丁母憂，被仁宗奪情起復。升少保、戶部尚書、大學士如故。〔註84〕

宣宗時「求治」心切，對於大臣之需求亦高，特別是需要可以親信的官員。內閣閣臣地位因此而提高。明定「俱掌內制，不預所升職務」，〔註85〕並將官階從正五品提高到正三品，加強了他們的品級地位，享受了領取本職和兼職雙薪的待遇。不過，他們的工作仍是作皇帝侍從之臣，是皇帝的「代言」人，是「不預所升職務」的。指明他們並不到所升的六部衙門去任職的。而自此至明亡，殿閣大學士所兼六部職務，都是不到任的榮銜，可以領取所升職務的薪俸，但不能去理事。〔註86〕

〔註79〕見拙撰《三楊與明初之政治》，中國文化大學史學研究所碩士論文，民國71年7月，頁111，39，40。

〔註80〕《明太宗實錄》卷二百，頁3上，永樂十六年五月庚午條：《國榷》卷十六，頁1152，未載胡廣「丁憂」之事。

〔註81〕《明太宗實錄》卷八十八，頁4下，永樂七年二月戊寅條。

〔註82〕見拙撰〈楊士奇與明永樂朝之內閣〉《實踐學報》第二十期，頁17，總頁121。

〔註83〕明・鄧球《皇明泳化類編》〈人物〉卷五十，頁2，總頁3-528。

〔註84〕《明英宗實錄》卷一七九，頁2下，正統十四年六月辛亥條。

〔註85〕《明仁宗實錄》卷一下，頁2上，永樂二十二年八月乙未條。

〔註86〕王其榘《明代內閣制度史》（北京，中華書局出版，1989年1月），頁53～54。

宣德期間，「閣臣」的職務：

其一、扈從巡邊：宣德三年（1428 年）八月二十八日，宣宗將巡邊，命「閣臣」楊士奇、楊榮、楊溥，及少師蹇義，少保夏原吉扈從。留金幼孜、陳山、張瑛於「內閣」。九月十五日班師。〔註87〕

其二、備詢顧問：宣德三年十月初七，對顧命大臣的職位進行調整，以：「今少師蹇義、少傅楊士奇、少保夏原吉、太子少傅楊榮，皆先帝簡畀以遺朕者，而年皆富。令兼有司之務，非所以禮之。」於是，安排其「可輟所務，朝夕在朕左右，相與討論至理，共寧邦家」。〔註88〕如此一來，這些「輔臣」仍是「顧問」的角色而已。〔註89〕

宣德朝的「閣臣」角色若此，被奪情起復者，仍係以其與宣宗的私人關係而決定，如居職「閣臣」的金幼孜、楊溥。〔註90〕甚至於已卸「閣臣」職，被調任爲南京禮部尚書的張瑛（此論於後），亦是奪情起復。

（二）內閣首輔時期

正統以後，閣臣的守制情形有了改變，（見表十四）彭時、謝遷、翟鑾、李本、張四維、王家屏、吳道南等，甚至首輔楊廷和堅持守制（此已論於前）；但仍有景泰朝的江淵、王文，成化朝的李賢、劉吉，萬曆朝的張居正被奪情起復。

相較於丁憂尚書方面，（見表十五）被奪情起復的有景泰朝的戶部尚書金濂、工部尚書石璞；天順朝的戶部尚書年富；成化朝先後任工部兵部尚書的白圭。成化朝以後，被奪情起復者主要是兵部尚書。餘皆守制。

如是比較來看，一可印證前面所言，即正統以後的守制風氣已提升；二可觀察出皇帝所倚重之重心所在，此從成化朝李賢，與萬曆朝張居正皆以「內閣首輔」之高位而奪情起復可知，亦可見出其權力消長之情況。

內閣角色自正統朝以後，原爲備顧問之內閣閣臣逐漸替代了六部尚書，而掌權力之實。即明人何良俊所說：自三楊以後，閣臣「雖無宰相之名，而

〔註87〕《明宣宗實錄》卷四十六，頁9上，卷四十七頁5下，宣德三年八月～九月條。

〔註88〕前引書，卷四十七，頁8下至9上，宣德三年十月乙酉條。

〔註89〕王其榘《明代內閣制度史》（北京，中華書局出版，1989年1月），頁65～66。

〔註90〕宣宗時，楊溥並不在內閣，至英宗時方入閣。按《內閣行實》三卷，頁7，總頁191。載：「宣宗時以母喪去任，詔奪情起復，居宥密以便咨訪，不與機務」；但由於其工作與其他閣臣頗有重疊，本文爲敘述方便，故將之置於內閣部分討論。

有宰相之實矣」。〔註91〕

　　閣權之高漲，主要是因為英宗以九歲幼齡即位，宣宗遺詔，舉凡國家大事，皆請太皇太后。然太皇太后不願壞祖宗家法，朝政委諸號稱「三楊」的「閣臣」楊士奇、楊榮和楊溥，有事皆遣中使詣閣諮議，然後裁決，由是創下票擬制度，此後援為成例。票擬制度既成，則「內閣」地位、職權乃大大的提升。〔註92〕意即，不再僅是顧問和代言的工作，而是正式的參與評議朝政之權了。〔註93〕而除票擬之外，在用人行政方面，內閣亦有攘奪吏部權力的情勢，所以有「政歸內閣」之勢。〔註94〕

　　就「內閣首輔」之地位形成而論，閣臣最早被稱為「輔相元老」的是在正統七年（1442 年）八月，英宗稱楊士奇、楊溥二人；〔註95〕至於「首輔」的出現，則肇始於英宗復辟後徐有貞入閣，植基於李賢秉政。〔註96〕

　　其過程：景泰八年（1457 年）正月，「奪門之變」發生，英宗復位，改元天順。這時內閣閣臣有了一次的大變動，即舊閣臣五人陳循、王文、高穀、蕭鎡、商輅全部遭革職，新任閣臣是徐有貞、許彬、薛瑄和李賢。〔註97〕

　　這次的變動，全由擁立英宗復位有功之臣曹吉祥、石亨等的建議。〔註98〕其中，徐有貞因參予決策奪門有功，最受寵任，為內閣領袖，一日數召對，一時威權震赫，百僚畏忌。〔註99〕然徐有貞在閣僅六月，權高招忌，遭石亨、曹吉祥讒言，於天順元年（1457 年）六月間，與李賢並逮下獄。〔註100〕七月九日，升任吏部右侍郎的李賢為尚書兼翰林學士，掌文淵閣事。並調離石亨

〔註91〕　何良俊〈四友齋叢說摘鈔二〉，頁 18。（收入沈節甫《紀錄彙編》卷一七四，臺北，民智出版社，民國 54 年 10 月臺一版），總頁 1745。

〔註92〕　拙撰《三楊與明初之政治》頁 89。

〔註93〕　王其榘《明代內閣制度史》，頁 83。

〔註94〕　清・張廷玉《明史》卷一五七，列傳四五〈郭璡〉，頁 1902；蘇同炳〈明代相權問題研究〉《明史偶筆》，頁 17；拙撰《三楊與明初之政治》頁 89 ～90。

〔註95〕　《明英宗實錄》卷九十五，頁 7 下，正統七年八月癸卯條。

〔註96〕　張・張萱《西園聞見錄》卷二十六，頁 40。

〔註97〕　天順元年正月二十二日，命斬王文於市，杖責陳循五十後，戍遼東鐵嶺衛，同時將蕭鎡、商輅削職為民；唯一較受到禮遇的是高穀，於二月六日以老病致仕。《明史》卷一百九，表第十〈宰輔年表〉，頁 3330～3331。

〔註98〕　《明史紀事本末》卷三十六，頁 378。

〔註99〕　明・袁袞《皇明獻實》卷二十三（臺北，文海出版社印行，沈雲龍主編，明人文集叢刊第一期），頁 474。

〔註100〕　《明史紀事本末》卷三十六，頁 379。

交往密切的許彬。〔註 101〕九月三日，命「太常寺少卿兼翰林院侍讀彭時入內閣參預機務」。〔註 102〕此時起至天順六年（1462 年）止，閣臣皆李賢、彭時與呂原三人。〔註 103〕其中，李賢最受重用。提升爲「吏部尚書掌文淵閣事」，而且「顧問無虛日」。終天順朝，李賢任「首輔」。〔註 104〕但李賢不自專，遇事多與彭時、呂原共同協議。由是，曹、石輩就不容易操縱朝政了。〔註 105〕

此時期的內閣地位，可從一件事見出：李賢「時勸帝延見大臣，有所薦，必先與吏、兵二部論定之。及入對，帝訪文臣，請問王翱；武臣，請問馬昂。兩人左右，故言無不行。而人不病其專。惟群小與爲難」。〔註 106〕這表示當時的閣臣已不只是皇帝代言的侍臣與顧問，並且與吏、兵二部尚書有了密切的關係，應是內閣制又前進了一步的反映。〔註 107〕天順八年（1464 年）英宗去世，憲宗即位，改元成化。二年（1466 年）三月，首輔李賢以父卒，乞歸守制，憲宗以「方今用人之際」及「朕賴卿輔導，卿勿以私恩廢公義，宜抑情遵命，以成大孝」爲由，令其「馳驛奔喪，葬畢速來」，「不允終制」；再乞終制，憲宗仍下「卿當深念職任之重，移孝爲忠，不必固請終制」之詔。〔註 108〕此舉，爲新登第甫二月的新科翰林院修撰羅倫所彈劾。後羅倫被黜爲福建市舶司副提舉。〔註 109〕（此詳論於後）

至萬曆朝張居正任內閣首輔之時，內閣所擁有之權力更高。萬曆五年（1577 年）九月二十五日，張居正初聞父喪，次輔呂調陽、張四維上疏，其中載「楊溥、金幼孜、李賢奪情起復故事」。〔註 110〕

神宗一聽到內閣輔臣呂調陽和張四維的報告後，立刻頒賜親筆信安慰。張居正對於神宗慰留，經三次上疏後，請在官守制，以素服角帶入閣辦事，日侍講讀，辭免俸薪，并請明春乞假歸葬。許之。〔註 111〕起復，遂正式奪情。

〔註 101〕《明英宗實錄》卷二八〇，頁 5 上，天順元年七月庚午條。
〔註 102〕前引書，卷二八二，頁 1 下，天順元年九月甲子條。
〔註 103〕《明史》卷一百九，表十〈宰輔年表〉，頁 3333～3334。
〔註 104〕前引書，卷一七六，列傳六十四〈李賢〉，頁 4675。
〔註 105〕王其榘《明代內閣制度史》頁 108～109。
〔註 106〕《明史》卷一七六，列傳六十四〈李賢〉，頁 4676。
〔註 107〕王其榘《明代內閣制度史》頁 110。
〔註 108〕《明憲宗實錄》卷二十七，頁 3～4，成化二年三月己酉條。
〔註 109〕前引書，卷三十，頁 2 上～3 下，成化二年五月癸酉條。
〔註 110〕《明神宗實錄》卷六十七，頁 7，萬曆五年九月己卯條。
〔註 111〕《明神宗實錄》卷六十八，頁 1 上，萬曆五年十月丙戌條；頁 1 下～2 上，

後至萬曆十年（1582年）六月，卒於首輔任內。〔註112〕其間，則因對於反對其奪情的勢力處理失當，成為一生政績中最為時人及後人所議之處。（此詳論於第七章第三節）

　　李賢、張居正以首輔之尊竟以奪情遭劾，可以見出守制觀念之趨於強烈；再者，整個內閣制度已不再是如初設時是群體的顧問團，且首輔與其他閣臣間權勢的落差，此從是否獲得奪情起復一事即可見出。（見表十四、十五）

表十四　明代內閣閣臣丁憂／奪情表

姓　名	丁憂年月	閣臣數／排名	守制／奪情起復	復職情況
楊　榮	永樂六年五月父喪	共五位／排第三	奪情起復	永樂六年十月復原職
	永樂六年十二月母喪		奪情起復	永樂七年正月復原職，扈從
胡　廣	永樂？年		奪情起復	原職
黃　淮	仁宗即位	共七位／排第七	奪情起復	原職
金幼孜	宣德元年正月	共六位／排第四	奪情起復	原職
楊　溥	宣德四年八月	共六位／排第六	奪情起復	原職
彭　時	正統十四年	共七位／排第四	景泰元年正月請終制	景泰三年三月復翰林院不預閣事 天順元年再入閣
江　淵	景泰三年九月	共七位／排第三	奪情起復	景泰四年四月復原職
王　文	景泰四年五月	共六位／排第三	奪情起復	景泰四年九月復原職
呂　原	天順六年八月	共三位／排第三	請終制不許	天順六年十一月卒於家
李　賢	成化二年三月	共四位／排首位	奪情起復	成化二年五月復原職，十二月卒
劉　吉	成化十八年正月	共三位／排第三	奪情起復	成化十八年七月復原職
楊廷和	正德十年三月	共四位／排首位	守制	正德十二年十一月，服除復原職，十三年復居首位
翟　鑾	嘉靖十二年十一月	共四位／排第三	守制	嘉靖十九年正月復原職
李　本	嘉靖四十年五月	共四位／排第三	守制	未再起
張居正	萬曆五年九月	共三位／排首位	奪情起復	原職
張四維	萬曆十一年四月	共四位／排首位	守制	
王家屏	萬曆十四年九月	共四位／排第四	守制	萬曆十六年十二月服闋
吳道南	萬曆四十五年七月	共二位／排第二	守制	未再入閣

（本表採自《明史》卷一百九至一百十〈宰輔年表〉）

萬曆五年十月辛卯條；《明通鑑》卷六十六，紀六十六，頁2598～2600。
〔註112〕《明神宗實錄》卷一二五，頁6上，萬曆十年六月丙午條。

二、六部及其它文職官

明太祖廢除中書省之後，六部即成為國家的權力中心。按舊例「故事，執政遇喪皆起復」，身任朝廷重要職權者，是可奪情起復的（見表十五），永樂朝至天順朝的尚書皆是奪情起復的。成化朝以後才以守制為主。（本節討論不含兵部）

明太祖雖極度重視守制，（見表三）洪武朝仍有奪情發生。明人黃佐解釋道：

> 國初隆重儒臣惟以孝德，故學士宋濂、待制王褘，皆當守丁憂，未嘗奪情起復。其起復者，扣算年月以補行之。蓋又以詔臣子之移孝為忠也。〔註113〕

如洪武元年（1368年）十二月起復原濟南府知府崔亮，為禮部尚書。以明太祖在承元之後，許多禮儀要重新更定，而原任的禮部尚書錢用壬告老，故起復崔亮；洪武二十六年（1393年）起復大理寺右少卿曹銘，改都察院右僉都御史。〔註114〕前已言，「冒喪」之情況嚴重，使得朝廷「缺人」的困境更為加重，該年朝廷才頒佈對於丁憂官員更嚴格的確認方式（見表三）。而曹銘卻在此時被奪情起復，可見是朝廷「缺官」的結果。

永樂朝，尚書職位被奪情起復的有吳中、趙羾、蹇義。此時，內閣之職權雖已漸尊崇，然猶不足與六部相比。〔註115〕且因國都遷移的實際需要，六部的尚書一職，經常不只一人擔任：如吳中在永樂五年（1407年）正月任工部尚書時，同時任工部尚書的是宋禮。吳中於永樂七年始至十四年（1409～1416年）改刑部尚書職，其中所擔任的職務皆是「扈駕」從北征。在此期間，遭逢母喪，獲奪情起復；〔註116〕而趙羾在永樂五年（1407年）六月任禮部尚書職時，同時任禮部尚書的還有鄭賜，六年（1408年）六月鄭賜卒，改劉觀任，十二月劉觀改任刑部尚書，則改由呂震任。趙羾在七年（1409年）開始「扈駕」，並兼署行在刑部尚書職，直到九年（1411年）九月下獄止。〔註117〕後獲釋，督建隆

〔註113〕明‧黃佐《翰林記》卷五〈起復〉，頁54。（臺北，臺灣商務印書館印行），叢書集成簡編。

〔註114〕《明太祖實錄》卷二二六，頁4上，洪武二十六年三月癸酉條。

〔註115〕明‧雷禮《國朝列卿記》卷三十二，頁1，總頁2028。

〔註116〕《明史》卷一五一，列傳第三十九〈吳中〉，頁4183；《明仁宗實錄》卷一下，頁1下，永樂二十二年八月戊午朔條。

〔註117〕《明史》卷一四一，頁3406～3407。

慶、保安、永寧諸州縣，撫綏新集，民安其業。十五年（1417 年）遭逢母喪，奪情起復，任兵部尚書職，專務屯戍邊塞。使「帝北征，轉餉有方」。〔註 118〕而這時擔任兵部尚書的另一位是方賓，則專務「扈駕」之責。〔註 119〕

蹇義則擔任吏部尚書職務（此時吏部尚書僅蹇義一人），爲六卿之長，且兼太子詹事。自永樂七年至十九年（1409～1421 年）正式遷都爲止，成祖曾三度巡狩北京，命太子監國南京，蹇義則受命輔佐太子居守，坐鎮南方。蹇義熟悉典故，通達治體，軍國大事皆倚重其辦理。更重要的是，當時皇太子地位非常危險，而蹇義「誠篤敬慎」的個性，又能揣摩成祖心意，扮演著成祖與太子間的橋樑角色。因此皇太子視其「不可須臾或離」，所以當蹇義奔母喪還時，皇太子竟曰：「吾一飯亦不忘卿」。〔註 120〕

以上三位尚書，丁憂時間，正逢國都北遷過程中最緊鑼密鼓的時機，因而成祖自是有奪情起復的理由與需要了。

永樂朝另有以禮部主事職，被奪情起復的尹昌隆，他是在皇太子冊立之時，被擢爲左春坊左中允，隨事匡諫，皇太子甚重之。解縉被黜，改爲禮部主事。時禮部尚書呂震方用事，性刻忮，有密謀深計，尹昌隆勇於白事，得罪於震，震誣以「假託宮僚，陰欲樹結，潛蓄無君心」，逮之下獄。尋遇赦復官。逢父憂，奪情起復。〔註 121〕

洪熙朝因仁宗對於近臣的倚重甚深，尚書多被奪情。如（見圖四）夏原吉以罪釋，並復戶部尚書官。夏原吉言：「臣在繫時喪母，未克成服，又未賓，乞賜歸葬且終憂制，臣事陛下之日未艾也。」仁宗曰：「卿老成人，今國有大喪，正望相與共濟艱難，安得遽去。卿云有喪服，我無服乎？」遂留贊輔，賜原吉米十石、鈔一萬貫、胡椒一百斤，令遣家屬護母喪歸葬，仍命兵部給驛舟，有司治葬事。〔註 122〕

〔註 118〕前引書，卷一一一〈七卿年表〉，頁 3409；卷一五○，列傳第三十八〈趙羾〉，頁 4159；《明英宗實錄》卷二十，頁 3 下，正統元年七月丁酉條。

〔註 119〕《明史》卷一四一，頁 3409。

〔註 120〕《明英宗實錄》卷一，頁 10 下，宣德十年正月丁亥條；《明通鑑》卷十七，紀十七，頁 735。載：「義以父喪歸，上及皇太子皆遣官致祭。尋奪情起復。《考異》蹇義丁父喪起復，證之〈本傳〉在是年，而〈七卿表〉不載。證之《實錄》在是年之三月，今增入。

〔註 121〕《明史》卷一六二，列傳第五十〈尹昌隆〉，頁 4398。

〔註 122〕《明仁宗實錄》卷一下，頁 1，永樂二十二年八月戊午朔條。

　　到了宣德朝，中央官員奪情起復的情況減少。此應與其政局已較安定有關：

　　其一、平定了漢王高煦的叛亂：仁宗爲皇太子時，漢王高煦就覬覦皇太子位。成祖崩時，漢王密遣數十人潛伺京師，期中央有變。仁宗即位，對之倍加歲祿，賜齎萬計。仁宗崩，太子（即宣宗）自南京北上奔喪，漢王陰謀以伏兵劫於中途，未果。宣宗立，待之更渥，凡有所請，多曲徇其意，雖然如此，宣德元年（1426年）八月，漢王仍是反叛了。時皇太后召楊榮等定計，楊榮力主親征，宣宗從之，終於平了爲患多年的高煦之禍。〔註123〕

　　其二、北虜的威脅的解除：明宣宗親自出兵北巡以解決北虜的威脅，先後於宣德元年（1426年）八月、五年（1430年）十月、九年（1434年）七月，三度親自率將巡邊。〔註124〕大抵而言，明仁、宣宗時，周邊的形勢較爲安定。當時，明朝政府對北方蒙古族等少數族的政策是「脫擾塞下，驅之而已」，並戒邊將「毋貪邊功」。

　　其三、地震頻仍：除了前面兩個顯示政局安定的理由之外。另一個促使奪情減少的是因「地震的頻仍」：洪熙元年（1425年）四月，以南京屢地震，命皇太子（宣宗）往居守。十月，南京地震；宣德元年（1426年）七月，京師地震；四年（1429年）正月，兩京地震；六年（1431年）正月，大雨雷電。〔註125〕此種「災異」使當時的人警於天心，特別去避免做出違反禮制的行爲。

　　雖是如此，但內閣與六部等重要官員仍有被奪情者。如內閣官吏：金幼孜和楊溥；與南北兩京的六部官員：尙書甄庸、張瑛與右侍郎白勉、吾紳等。

　　宣德朝的國都以北京爲主，名稱上雖沿用仁宗於洪熙元年（1425年）三月所加的「行在」，〔註126〕然宣德朝根本沒有任何遷回南京的準備。朝廷中的官職雖是南北各備，北重南輕的情況卻相當明顯。〔註127〕

　　當時六部丁憂官員的人事安排：甄庸原係南京工部尙書，親喪去職。以「南京工部事繁，而堂上缺官」之理由，被起復；〔註128〕張瑛係南京禮部尙書，父喪，亦起復。而張瑛的政績是「歷兩京無所建白，文章政事皆非所

〔註123〕清·谷應泰《明史紀事本末》卷二十七〈高煦之叛〉，頁284～290。

〔註124〕《明史》卷九〈宣宗本紀〉，頁119，121，122，125。

〔註125〕《明史》卷九〈宣宗本紀〉，頁115，116，117，120。

〔註126〕《明仁宗實錄》卷八下，頁7下，洪熙元年三月戊戌條。

〔註127〕黃開華〈明政制上並設南京部院之特色〉《明史論集》（臺北，誠明出版社），頁49。

〔註128〕《明宣宗實錄》卷三十，頁8下，宣德二年八月癸未條。

長」；〔註129〕白勉係行在刑部右侍郎，親喪去職。被起復，改任南京刑部右侍郎；〔註130〕吾紳係行在禮部右侍郎，親喪去職，被起復，改任南京刑部右侍郎。〔註131〕

可見，尚書、侍郎之職，遇丁憂去職，後予以奪情起復。不過復職之處，皆爲南京的單位。由是看來，似有以奪情起復爲「重視」該官員之意，而以調至南京「閒缺」之任，既免佔北京重要職缺，予人丁憂不守制的口實。又可佔閒缺，領實餉。對於朝廷與丁憂官員兩造，皆無損失。

景泰朝奪情的六部官員（見表十五，兵部除外）有：戶部尚書金濂、工部尚書石璞；禮部右侍郎儲懋、戶部右侍郎張睿、禮部左侍郎薛琦、吏部左侍郎項文曜。其中，除石璞以治「河決沙灣」、張睿以「提調京儲」爲由外，其餘似皆依例奪情起復。

天順朝奪情的六部官員（見表十五，兵部除外）有：戶部尚書年富、吏部左項文耀、右侍郎尹旻、戶部右侍郎薛遠。皆係依例奪情起復。

成化朝奪情的六部官員（見表十五，兵部除外）：工部尚書白圭、戶部左侍郎原傑、禮部左侍郎萬祺。其中白圭係「提督荊襄軍務」、原傑則「巡視江西」爲由，萬祺則是依例奪情起復的。成化朝以後，六部官員除了負擔軍務者外，皆遵守制。

另有一些較特殊的奪情起復情況：

如憲宗剛即位時，爲修《英宗實錄》而起復翰林院方面的官員：翰林院修撰劉吉、陳鑑、劉俊，〔註132〕編修劉健，檢討邢讓、張頤。（見表十六）

又若職司祭典者，往往不奪情，如：成化八年（1472年）正月太常寺少卿孫廣安以母憂去任，詔起復之，監察御史楊守隨等奏：

> 臣愚以爲，朝廷成憲，每祭祀齋戒之日，文武官僚不得吊喪問疾，及有刑喪者不得與祭，所以嚴重其事。夫以吊喪且不可，則居喪者可知。陪祀且不可，則掌祀者可知。（孫）廣安進身異術固不足責，

〔註129〕《明英宗實錄》卷二十三，頁3下，正統元年十月丙寅條。
〔註130〕《明宣宗實錄》卷一〇九，頁9下，宣德九年三月辛丑條；卷一一二，頁3下，宣德九年八月丁巳條。
〔註131〕前引書，卷一〇九，頁9下，宣德九年三月辛丑條；卷一一〇，頁12下，宣德九年五月庚子條。
〔註132〕《明憲宗實錄》卷八，頁5上，天順八年八月戊戌條。

獨祀常所係，臣等不得不言，邇者起復鴻臚寺丞，孫輒可視事如故。
〔註133〕

意即，鴻臚寺可，太常寺則不可。詔廣安終制不奪情，成化十年（1474 年）四月，再復原職。〔註134〕

又如，太常寺事掌禮部左侍郎萬祺，先是以憂去官，憲宗命奪情起復。吏科都給事中徐英等奏：

> 臣惟國家成憲，每大祭祀時享，輒諭諸司不得以刑喪奏。凡有刑喪者亦不得陪祀供事，所以嚴其典也。夫以陪祀且不可掌祀可乎？小官且不可，大臣可乎？〔註135〕

監察御史李釗等亦以為言。由於「科道交章論列」，憲宗：「詔（萬）祺將別用之」。乃改為工部左侍郎。〔註136〕

然同樣任職太常寺的寺卿趙玉芝，卻於成化十九年（1483 年）十二月，因奉命註玉皇經，未上，會丁母憂。吏部言當守制。憲宗曰：「（趙）玉芝所辦之事未竣，其起復之，後不為例」。〔註137〕

又，太常寺少卿顧倫，成化二十二年（1486 年）七月，由太監覃昌傳奉奉聖旨：「太常寺少卿顧倫母喪免丁憂令照舊辦事」；〔註138〕另一位太常寺寺丞蕭崇玉，亦在同時，同樣由太監覃昌傳奉聖旨：「太常寺寺丞蕭崇玉奔喪事畢仍來辦事」。〔註139〕

由是可知，「職務」雖是因素，但是因「人為」所造成的差異更是明顯。

表十五　明代京師六部尚書丁憂／奪情表＊

姓　名	丁憂年月職稱	守制／奪情起復	復職情況
唐　鐸	洪武十二年八月／刑部尚書改太常卿	守制服闋	洪武十四年十一月兵部尚書改諫議大夫
吳中＊	永樂十四年八月工部尚書，扈從北征	奪情起復	刑部尚書

〔註133〕前引書，卷一百，頁 10 上～下，成化八年正月庚申條。
〔註134〕前引書，卷一二七，頁 2 下，成化十年四月甲子條。
〔註135〕前引書，卷一三六，頁 2 下，成化十年十二月戊子條；卷一四六，頁 3 下，成化十一年十月壬寅條。
〔註136〕同前。
〔註137〕前引書，卷二四七，頁 4 下，成化十九年十二月戊寅條。
〔註138〕前引書，卷二八〇，頁 6 下，成化二十二年七月丙寅條。
〔註139〕前引書，卷二八〇，頁 4 上，成化二十二年七月辛酉條。

趙 羾	永樂十五年十一月／原任禮部尚書下獄，釋，督建隆慶等州縣	奪情起復	兵部尚書屯戍邊塞
謇 義	永樂十六年三月／吏部尚書	奪情起復	原職
金 濂	正統十四年十一月（景帝即位）／戶部尚書	奪情起復	原職
石 璞	景泰五年四月／工部尚書	奪情起復	原職
年 富	天順六年三月／戶部尚書	奪情起復	天順六年六月復任原職
白 圭	成化二年十二月父喪／工部尚書	奪情起復	原職
	成化九年八月／兵部尚書	奪情起復	成化九年十二月原職
崔 恭	成化五年五月／吏部尚書	守 制	成化七年閏九月／南京吏部尚書
張文質	成化十七年正月／禮部尚書	守 制	成化十九年十月／通政司
余子俊	成化十七年正月／兵部尚書	守 制	成化二十三年正月召，七月任戶部尚書
張 鎣	成化二十二年十月／刑部尚書	守 制	南京兵部尚書
馬文升	弘治四年正月／兵部尚書	奪情起復	弘治四年六月／兵部尚書
劉 機	正德三年二月／禮部尚書	守 制	正德五年八月／吏部尚書
劉 春	正德十年八月／禮部尚書	守 制	
梁 材	嘉靖十年九月／戶部尚書	守 制	嘉靖十三年九月原職
蔣 瑤	嘉靖十一年？月／工部尚書	守 制	嘉靖十七年九月以原職管南京工部事
許 讚	嘉靖十三年八月／戶部尚書	守 制	嘉靖十五年四月命，閏十二月任吏部尚書
張 潤	嘉靖二十年三月／工部尚書	守 制	召爲戶部，不赴，卒
劉 春	正德十年八月／禮部尚書	守 制	
翁萬達	嘉靖二十八年十月／兵部尚書	奪情起復？	嘉靖二十九年九月召。三十一年十月召，未赴卒
楊 博	嘉靖三十五年正月／兵部尚書	奪情起復	嘉靖三十七年三月復任原職，視師宣、大
楊守禮	不詳／兵部尚書	守 制	卒
張 經	不詳／兵部尚書	守 制	南京戶部尚書
歐陽必進	嘉靖三十三年九月／工部尚書	守 制	嘉靖三十五年十二月／刑部尚書
郭 朴	嘉靖四十二年二月／吏部尚書	守 制	嘉靖四十四年四月／吏部尚書
王家屏	不詳／兵部尚書	守 制	禮部尚書
趙 錦	萬曆十三年十一月／兵部尚書	守 制	萬曆十九年五月召刑部尚書，未赴卒

朱 賡	萬曆十七年七月／禮部尚書	守 制	萬曆二十九年十一月召禮部尚書兼東閣大學士入內閣
李 戴	萬曆二十三年五月／工部尚書	守 制	萬曆二十六年六月／吏部尚書
吳道南	萬曆三十八年八月／禮部右侍郎，署部事	守 制	萬曆四十一年九月召，四十三年五月禮部尚書兼東閣大學士入內閣
李化龍	萬曆三十一年／兵部尚書	守 制	萬曆三十六年十一月／兵部尚書
沈一貫	不詳／吏部侍郎	守 制	禮部尚書
李騰芳	天啓年月不詳／禮部尚書	奪情起復	後被削奪
崔呈秀	天啓六年／尚書	奪情起復	
董漢儒	天啓三年七月／兵部尚書	守 制	服闋不召
李長庚	天啓三年？月／戶部尚書，未任，憂去	守 制	崇禎元年？月／工部尚書
	崇禎元年五月／工部尚書	守 制	崇禎五年八月召，十二月任／吏部尚書
楊嗣昌	不詳／兵部右侍郎	奪情起復	崇禎九年十月／兵部尚書
余 煌	不詳	守 制	魯王紹興／兵部尚書

（本表資料來源《明史》卷一一一至一一二〈七卿年表〉）

　　＊本表所列官員係指明朝朝廷所在之六部，至於遷都北京前之「北京」與遷都北京後之「南京」之六部，則另表再錄。

　　＊吳中詳細丁憂年月不詳，以《明史》卷一五一，列傳第三十九〈吳中〉頁 4183，載：「（永樂）五年改工部尚書，從北征，艱歸，起復，改刑部」。又《明史》卷一一一，〈七卿年表〉，頁 3409，「吳中於永樂十四年八月改刑部」。因而據此推斷之。

三、監察、巡撫、軍務

（一）永樂朝

　　永樂時有任行在都察院左副都御史的李慶者，他「兩遭親喪，並起復」。他自元年（1403 年），被成祖召爲刑部侍郎，「性剛果，有幹局，馭下甚嚴」，因此「帝以爲才，數命治他事，不得時至部」。五年，遂改任行在都察院左都御史。於犯禁之「靖難」勳貴武臣，亦不寬貸，堪稱「清介有質，列卿之良

也」。〔註140〕

有以戶科給事中職，被奪情起復的胡熒，他在永樂朝戶科（都）給事中任內，是負責查訪惠帝的行蹤。並間以民隱聞。甚至當皇太子監國南京，漢王飛語謗太子之際，乃被命至南京查之。如是爲成祖從事「密探」之職，自然逢母喪乞歸，成祖不許，更擢爲禮部（左）侍郎。〔註141〕

有以兵部員外郎之職，而被起復的趙豫。〔註142〕以「金革無辟」之原則，他的奪情起復，應是「理所當然」。

（二）宣德朝

明中葉時因地方不靖，奪情起復甚爲普遍，（見表六），主要是侍郎、寺卿、都察院僉都御史等兼任巡撫、協助軍務、邊事或有邊功者。「巡撫」係以文臣負擔地方巡察、鎮守之職者。此制始於宣德五年（1430 年）九月間。時有北虜侵犯等事，因軍事上的需要，以及地方上常有水旱蟲災等，時常派遣文臣如都察院之都御史，或以尚書、侍郎及寺卿等官，派往地方負責鎮守、巡撫。〔註143〕其中，趙新、曹弘、周忱、于謙、吳政等人，皆是於此時被派遣爲巡撫的。當初的督撫派遣是這樣的：

> 先是上（宣宗）謂行在戶部臣曰：「各處稅糧多有逋慢，督運之人，少能盡心。姦民滑胥，爲弊滋甚。百姓徒費，廩未充，宜得重臣往蒞之。」於是命大臣薦舉，遂舉新等以聞，悉陞其官，分命總督。賜敕諭曰：「今命爾往，總督稅糧，務區畫得宜，使人不勞困，輸不後期。尤須撫恤人民，扶植良善。遇有訴訟，重則付布政司、按察司及巡按監察御史究治。輕則量情責罰，或付郡縣治之。若有包攬侵欺及盜賣者，審問明白，解送京師。敢有沮撓糧事者，皆具實奏聞。但有便民事理，亦宜具奏，爾須公正廉潔，勤謹詳明，夙夜無懈，毋恭毋刻，庶副朕委任之重，欽哉。〔註144〕

〔註140〕《明太宗實錄》九十一，頁 2 下，永樂七年閏四月乙未條；《明史》卷一五〇，列傳第三十八〈李慶〉，頁 4161、4171。

〔註141〕《明史》卷一六九，列傳第五十七〈胡熒〉，頁 4535，載禮部左侍郎；《明英宗實錄》卷三五六，頁 5 上，天順七年八月丙申條。載爲禮部右侍郎。

〔註142〕《明史》卷二八一，列傳第一六九〈循吏〉，頁 7204。

〔註143〕張哲郎〈明代巡撫之創立與稱呼之演變〉《國立政治大學歷史學報》第七期，頁 10〜11，總頁 48-49。

〔註144〕《明宣宗實錄》卷七十，頁 3 下，宣德五年九月丙午條。

於此可見，其職務之重要。彼等直到正統年間，仍擔任巡撫之任。而正統時，北方軍事緊張，尤其是北方邊地巡撫之軍事權，也因實際之需要而增加了。除了這幾位，其餘任巡撫者，亦皆以「巡撫事重」之理由，未能遵守制。

又有以文臣而擔負軍務者，此始於洪熙朝，因武臣疏於文墨，乃選任文臣於各總兵官處，整理機密，名爲「參贊」，此現象於正統時更爲明顯。〔註145〕例如羅亨信、沈固皆因職務的關係不得遵守制。就沈固而言，他以戶部侍郎整理邊儲。其職務是「勘得山西布政司遞年運到折糧銀布等貨，令軍民人等領出糴糧動以萬計，責限秋收還官，俱經固手」。且沈固在邊年久，人情事體無不深知，若許守制，恐錢糧稽考不明。因此，雖聞母喪，僅令其馳驛奔喪，定限仍來照舊整理。〔註146〕

另外，又有因協助軍、邊務而有功者，亦得以獲得奪情。如侯璡，禮部右侍郎參贊雲南軍務，奪情起復，調兵部。曾在正統初從尚書柴車等出鐵門關禦阿台有功；楊寧，督戰有功，超拜刑部右侍郎。遭母憂，奪情。（見表十六）

（三）正統朝

正統朝正處北虜爲患，地方不靖的時局下，這些巡撫、參贊等人，雖爲文臣，但卻仍享有不用守制之特權。所以，正統朝中央官員之奪情起復者，與正統朝以前之奪情起復者有明顯的不同：即此階段以文臣職之侍郎、都御史等兼任地方巡撫，或贊理軍務者最多。品級約在三品、四品間。與前階段奪情者皆屬皇帝輔臣者不同；但也有相似處，即被奪情起復者似屬「榮譽」，有「酬庸」有功者之性質。

（四）景泰朝

景泰朝的情形：歷來大理寺官員因常兼「參贊」軍務，被奪情起復的比例相當高，此朝大理寺少卿曹璉及寺丞朱紱亦因此而被奪情起復。

另被奪情起復的有都察院左都御史蕭維禎；副都御史軒輗、年富、寇深；僉都御史蕭啓；監察御史何琛、原傑。（見表十六）實際而言，都察院奪情起復的比例不高（見表七），正如蕭維禎所說：「臣職總風憲，苟虧孝道，何以振肅紀綱，表率庶僚。」〔註147〕因此，被奪情起復者是因其所擔負之職責：

〔註145〕 張哲郎，前引文，頁 14，總頁 52。
〔註146〕《明英宗實錄》卷一三一，頁 5 上～下，正統十年七月丁亥條。
〔註147〕《明英宗實錄》卷二三五，頁 8 上，景泰四年十一月己卯條。

如軒輗「總督」南京糧儲、年富「提督」大同軍務、寇深「提督」遼東軍務、蕭啓「鎮守」居庸關等等，「邊境事重」「繁要關隘」遂不可離職守制。

　　而這些被奪情起復者，個人的意願及想法如何？以鎮守居庸關右僉都御史蕭啓而言，聞父喪，被以「居庸繁要關隘」爲由而奪情，後因「邊事方寧」，乞終喪，不獲允。後又以疾辭，景帝曰：「爲臣不思盡忠，但得重職即求退」，仍不允。〔註148〕可見奪情者，有的眞是「求去不能」。

（五）天順朝

　　天順朝的奪情情形，（見表十六）幾乎都依照前面數朝的慣例，大理寺、都察院的右副都御史、右僉都御史。而天順朝的巡撫由都察院右副都御史、右僉都御史兼任。而巡撫依前面數朝的慣例，是不守制的。以上，皆由皇帝主動予以奪情。

　　而在奪情者中，天順三年（1459 年）的都察院右副都御史林聰（見表十六），曾在都給事中任內，上奏「凡在朝群臣非職典機務重務，與國家所倚畀，不可一日不在左右者，有父母喪悉聽終制不必奪情」。〔註149〕但這時自己卻接受了奪情起復了。理由雖如上所述的「慣例」，更是因「捕江淮鹽盜有功」〔註150〕的「酬庸」。因此遭受批評：

> 蓋林聰先一年疏也，其持論可謂正矣！至天順三年，則林聰已爲右
> 副都御史，以憂歸里，奉旨行取來京。林亦有疏請終喪，然一辭不
> 允，即赴任矣。然當時倘有以前疏質之者，林何詞致辨？豈以中丞
> 典機要，可視父母爲路人耶？林莊敏一代名臣，非後生所敢擅議，
> 此事亦完璧之瑕云！〔註151〕

　　天順五年（1461 年）正月以大理寺少卿李茂卒，英宗召李賢曰：「大理寺是審獄官，法司囚徒皆從此平允，至爲緊要。」李賢使吏部尚書王翺議，以舊卿李賓最宜，但賓憂制未終。乃奪情起用之。〔註152〕

（六）成化朝

〔註148〕《明英宗實錄》卷二一二，頁 5 下，景泰三年正月甲寅條。
〔註149〕《明英宗實錄》卷二四六，頁 3 下，景泰五年十月庚寅條。
〔註150〕《明憲宗實錄》卷二三一，頁 5 下，成化十八年閏八月庚寅條。
〔註151〕明·沈德符《萬曆野獲編（附索隱）》補遺卷三，頁 887。（臺北，新興書局，
　　　　民國 61 年 11 月版），總頁 4065。
〔註152〕明·李賢〈天順日錄〉《古穰集》卷二十七，頁 5；《明英宗實錄》卷三〇一，
　　　　頁 6 上，天順三年三月癸卯條。

成化朝的奪情情形，（見表十六）都察院方面，以左右副都御史兼巡撫：如王恕、韓雍、陳濂、張瓚、程宗、鄭寧；另原任南京大理寺卿，起復爲都察院右副都御史馬文升。「巡撫」奪情起復是沿襲而來的，此期亦然。另在都察院，不以「巡撫」職責而奪情的，只有監察御史楊謐，起復任山東道監察御史。

（七）嘉靖朝

嘉靖朝的翁萬達和楊博，雖先以守制去官，後以兵事之急才奪情的：

翁萬達是嘉靖二十八年（1549 年）十月以憂去，朝廷另擇吏部左侍郎丁汝夔爲兵部尚書。隔年秋天，大同失事，俺答進犯都城，督撫郭宗皋、陳耀被逮，兵部尚書丁汝夔得罪，召翁萬達奪情起復。翁萬達家於嶺南，距京師八千里，倍道行四十日抵近京。當時，情勢緊急，世宗遂問嚴嵩。嚴嵩本不悅翁萬達，趁機曰：「寇患在肘腋，諸臣觀望，非君召不俟駕之義」。世宗乃任王邦瑞爲兵部尚書。過數日，翁萬達至，具疏自明。世宗責其欺慢，然念其守制中，姑奪職聽別用。當時的大將軍仇鸞，與翁萬達有宿怨，讒言構於世宗，翁萬達被降爲兵部右侍郎兼右僉都御史，經略紫荊諸關。至嘉靖三十年（1551 年）二月，自陳乞終制，世宗又疑其避事，免歸。瀕行疏謝，復摘譌字爲不敬，斥爲民。〔註153〕楊博在嘉靖朝二度丁憂，一度在右副都御史任內，以母憂歸。期間，遭仇鸞所譖，幸世宗不聽，服闋，仇鸞已誅，召拜兵部右侍郎。二度在兵部尚書任內，當時，嚴嵩父子招權利，諸司爲所撓，楊博一切格不行，遂致嚴嵩所恨，丁憂去，以許綸繼任兵部尚書。後許綸被罷，世宗以楊博「忠勤」，奪情起復之。楊博未終喪，疏辭。而世宗以大同右衛圍急，改楊博總督宣、大、山西軍務。楊博遂墨縗馳出關。〔註154〕

其時都察院被奪情的有二位，一是李鐸改任大同巡撫，以母喪辭職。世宗詔「地方有事，令速赴任」。李鐸懇乞終制，不獲允。〔註155〕

〔註153〕《明世宗實錄》卷三六二，頁 3 上，嘉靖二十九年閏六月丙子條；明·沈朝陽《皇明嘉隆兩朝聞見紀》卷八，頁 17，總頁 727，全十二卷，（明萬曆原刊本，國家圖書館藏本，臺灣，臺灣學生書局發生，民國 58 年 12 月景印初版）；《明史》卷一九八，列傳第八十六〈翁萬達〉，頁 5251。

〔註154〕《明世宗實錄》卷四三一，頁 1 下，嘉靖三十五年正月乙亥條；明·沈朝陽《皇明嘉隆兩朝聞見紀》卷九，頁 47，總頁 886；卷十，頁 12，總頁 929；《明史》卷一八六，列傳第七十四〈許進〉，頁 4929；卷二一四，列傳第一百二〈楊博〉，頁 5657。

〔註155〕《明世宗實錄》卷四十二，頁 5 下，嘉靖三年八月丙午條。

另一位是原任都察院左副都御史的毛伯溫，以服未闋辭右都御史新命，然得旨曰：「卿才望素著，今安南背叛將以征討之事付卿」。〔註156〕然此事引致浙江道御史何維柏上書論曰：

> 朝廷舉措，大臣出處，天下觀望所係，不可不慎也。頃皇上以安南之役起毛伯溫於衰絰之中，而伯溫亦感激被命不敢再辭者，蓋不忍負陛下知遇之隆也。今幸賴聖明感格，安南悔過，征討罷役，六省生靈既各遂安居之願，獨伯溫一人未遂孝思之情，臣願陛下保溫之節，廣錫類之孝，責令陳情乞終禮制，使天下知得陛下善以禮導其臣，大臣以禮其身，無為後世機（？議）誚。（中略）如使伯溫今日果於自奪而不亟請，大臣不以為非，小臣不以為言，使異日國史書之曰：「大臣起復自陛下始」，豈不深可惜哉。〔註157〕

疏入。世宗曰：「毛伯溫朝廷因征討起復，已有旨令蒞任治事，維柏何輒來奏擾，且不究」。〔註158〕

另有，浙江布政使司經歷吳成器，聞父喪當去，總督胡宗憲稱其敢死善戰，撫士卒有恩，請改紹興府通判職，奪情起復之，使仍舊練兵；〔註159〕蘇州兵備副使劉濤，以邊警從服中奪情起用；〔註160〕時東南倭患，朝議練鄉兵禦賊。譚綸在海道副使任內，募浙東良家子教之，且「練士兵足稱智勇」，加右參政，以憂守制回籍，兵部尚書楊博請奪情起復，領浙兵，討平饒平賊林朝曦。改官福建，乞終制去。又以倭亂，再奪情起復譚綸，擢為右僉都御史，巡撫福建，破賊，加右副都御史；〔註161〕整救太倉兵備參政任環，與總兵俞大猷擊敗倭于馬蹟山，賊盡死。既而任環親喪，例當回籍。巡按御史周如斗以倭寇未平請留之，詔奪情任事如故。〔註162〕以上，除吳成器外，餘三人皆

〔註156〕《明世宗實錄》卷一九六，頁6上，嘉靖十六年正月癸卯條；卷二〇〇，頁1下，嘉靖十六年五月丁亥條。

〔註157〕《明世宗實錄》卷二〇一，頁6上，嘉靖十六年六月乙亥條。

〔註158〕同前註。

〔註159〕《明世宗實錄》卷四四〇，頁2上，嘉靖三十五年十月癸巳條。

〔註160〕《明世宗實錄》卷三九三，頁16上，嘉靖三十二年正月癸卯條。

〔註161〕《明世宗實錄》卷五〇二，頁3下～4上，嘉靖四十年十月庚午條；卷五一七，頁3上，嘉靖四十二年正月壬寅條；《明神宗實錄》卷六十一，頁1上，萬曆五年四月庚申條；《明史》卷二十二，列傳第一一〇〈譚綸〉，頁5833～5843。

〔註162〕《明世宗實錄》卷四二五，頁1上，嘉靖三十四年八月甲子條；明‧沈朝陽《皇明嘉隆兩朝聞見紀》卷九，頁38～39，總頁868-869。《明史》卷二百五，列傳第九十三〈任環〉，頁5418。

於事平後，再回鄉守制。

可見，嘉靖朝奪情者，皆因朝廷需要或賊亂、寇亂之因素所致。而被奪情者皆有「拒絕」之意，只是，君命難違。而更無奈的是，一旦被奪情之後，反易成爲政敵攻擊之處。

嘉靖朝以後，邊事情勢趨於緊張，「金革無辟」的情況更頻繁了。（見表十五）明代的當然奪情者兵部尚書者：如永樂朝的趙羾、成化朝的白圭、弘治朝的馬文升、嘉靖朝的翁萬達、楊博、崇禎朝的盧象昇。其中，趙羾原任禮部尚書，奪情起復改任兵部尚書。楊嗣昌原任兵部右侍郎，奪情起復升任兵部尚書。

前已言，隨著守制觀念的普遍，逐漸有武人守制的觀念。成化朝以後有多位兵部尚書如余子俊（見表十五）等人皆遵守制。甚至奪情起復的，如前已言的馬文升，即有「時無兵革而冒奪情的之命，恐虧孝理而來物議」的「無奈」。

（八）天啟、崇禎年間

天啓、崇禎年間，局勢更是緊迫，負擔軍務而奪情之事屢有出現：

如下表所列，除崔呈秀、朱重蒙之外，皆是如此。

姓　名	丁憂年月／職銜／理由	附　註
王象乾	天啓三年十一月／督臣	〔註163〕
崔呈秀	天啓六年十月／尚書加太子太保兼左都御史	〔註164〕
袁崇煥	天啓三年／兵部僉事	〔註165〕
朱重蒙	天啓七年三月／延綏巡撫	〔註166〕
朱家民	不詳／擢安普監軍副使，加右參政	〔註167〕
楊嗣昌	崇禎？年／兵部右侍郎兼右僉都御史，總督宣、大、山西軍務	〔註168〕
盧象昇	崇禎十年五月／兵部尚書	〔註169〕
陳新甲	崇禎九年五月／總督／十一年六月／兵部右侍郎兼右僉都御史	〔註170〕

〔註163〕《明熹宗實錄》卷四十一，頁18下～19上，天啓三年十一月戊寅條。
〔註164〕《明史》卷三百六，列傳第一九四〈閹黨〉，頁7849。
〔註165〕《明史》卷二五九，列傳第一四七〈袁崇煥〉，頁6707～6708；《明熹宗實錄》卷七十二，頁21上，天啓六年六月壬辰條。
〔註166〕《明熹宗實錄》卷八十二，頁10上，天啓七年三月丙子條。
〔註167〕《明史》卷二四九，列傳第一三七，頁6458。
〔註168〕《明史》卷一一二，表十三〈七卿年表二〉，頁3499～3500；卷二五二，列傳第一四〇，頁6509～6510；《明會要》卷十八，禮十三，頁304～305。
〔註169〕《明史》卷二六一，列傳第一四九〈盧象昇〉，頁6762～6563。
〔註170〕《明史》卷二五七，列傳第一四五〈陳新甲〉，頁6636。

天啓朝的袁崇煥丁父憂請求守制，得旨：「崇煥身在疆場，本朝原有起復故事，如何堅求守制，顯是避難推諉，姑不究，還是遵旨行！」袁崇煥知守制不可，於是再上給假疏，仍不許。袁崇煥自此乃上「遵旨回任疏」云：

> 竊惟臣控皇上以不可已之情，而皇上臨臣以莫可逃之分，一而再，
> 再而臣辭之窮而心已苦矣，更敢有說以冒天威。惟是臣負不測之罪，
> 惟樹不朽之勳，始足以贖之。……若夫奪情起復何例可援，柬事平，
> 仍當放臣回里終制。〔註171〕

崇禎朝，正值明廷危亡之際，因軍務之需，奪情起復之事時有所聞。如楊嗣昌者，原拜兵部右侍郎兼右僉都御史，總督宣、大、山西軍務。以父憂去，復遭繼母喪。後以兵部尚書張鳳鳴卒，思宗顧廷臣無可任者，即會奪情起復楊嗣昌。楊嗣昌曾三疏辭，皆不許。後又入閣。〔註172〕這事，為何楷等人所彈劾，何楷卻因此遭貶二秩，為南京國子監丞。〔註173〕

楊嗣昌入閣後，推薦曾與其共事，亦遭丁憂之陳新甲，奪情任為兵部右侍郎兼右僉都御史。〔註174〕

又有盧象昇，曾上十疏，乞奔喪。令其席喪候代。進兵部尚書。以陳新甲在遠，未即至。三賜盧象昇尚方劍，督天下援兵。〔註175〕

另有，何騰蛟者，任兵部員外郎，出為懷來兵備僉事，調口北道。才精敏，所在見稱。遭母憂，巡撫劉永祚薦其賢，乞奪情任事。何騰蛟不奇，固辭歸。服除，起淮徐兵備僉事，討平土寇，部內宴然。〔註176〕

綜上所論，可知奪情起復在這個階段中，仍非屬「正常」之舉。

四、地方耆民保奏之官員

明代地方官員之奪情起復，按表十所統計，洪武朝為百分之三十六，永樂朝百分之二十五，宣德朝百分之十五，正統朝百分之五十六，景泰朝百分之二十七，

〔註171〕 張柏楨《袁崇煥傳》頁12～14，總頁583-584。（臺北，新文豐出版社印行），
　　　　叢書集成續編，第二六一冊。

〔註172〕 《明史》卷一一二，表十三〈七卿年表二〉，頁3499～3500；卷二二五，列
　　　　傳第一四〇，頁6509～6510；《明會要》卷八，禮十三，頁304～305。

〔註173〕 《明史》卷二七六，列傳第一六四〈何楷〉，頁7077。

〔註174〕 《明史》卷二五七，列傳第一四五〈陳新甲〉，頁6636。

〔註175〕 《明史》卷二六一，列傳第一四九〈盧象昇〉，頁6762～6763。

〔註176〕 《明史》卷二八〇，列傳第一六八〈何騰蛟〉，頁7171。

天順朝百分之七，成化朝百分之十一，弘治朝百分之三，正德朝百分之零，嘉靖朝百分之六，萬曆朝百分之二十二。萬曆朝以後因資料不詳不予以記錄。

（一）洪武朝

洪武朝即有地方官奪情起復的情況：

洪武二十七年（1394 年）十一月，鳳陽府泗州盱眙縣耆民劉本等詣闕言：「知縣方素易在職三年，民受其惠。今以母喪當去官，乞留復任。」從之。復遣使齎敕敕勞，賜「鈔二百錠，衣被各一襲，靴襪二對」，且蒙賜宴于禮部。方素易請歸葬母，而後復任，詔許之。〔註177〕

先是洪武十八年（1385 年）七月，有一州縣官善政，當罷任而舉留者。太祖賜手敕獎勵復職，加賜衣幣。侍臣曰：「縣令撫民，職所當然，陛下加以厚恩待之至矣。」太祖曰：

> 縣郡之治自守令始，朕向在民間，常見縣官由儒者，多迂而廢事，由吏者，多奸而弄法，蠹政虐民，靡所不至，遂致君德不宣，政事日壞。加以凶荒，弱者不能聊生，強者去而為盜，此守令不得其人之故也。今縣官能為吾拊循百姓，達吾愛養斯民之意，得其歡心，豈不深可嘉。尚且為政以得民心為本，以得民心則其去也，民豈得不愛而留之。不才者，民疾之如仇讎，惟恐其去之不速，豈肯留也。即此可以知其人之賢否矣，使守令皆能撫民，天下何憂不治？賞而勸之，非濫恩也。〔註178〕

由於太祖早年在民間流浪，深深瞭解「貪官污吏」的害民，致使「君德不宣，政事日壞」。因而遇有「優秀」的地方官，如何能不獎勵「慰留」，方素易之奪情，即由此故。

（二）永樂朝

永樂朝，亦因地方的「迫切」需要，而奪情起復的：鄭珞守寧波，以艱去。會海寇入犯，民數千詣闕乞留，詔奪情復任；〔註179〕羅以禮由郎中知西安府，遭喪，補紹興。再以喪去。代者不稱職，部民追思，乞以禮於朝，詔起復視事。〔註180〕

〔註177〕《明太祖實錄》卷二三五，頁 3 下，洪武二十七年十一月癸亥條。
〔註178〕《皇明寶訓》洪武五卷，頁 25，總頁 0387-0389，縮印本頁 19057。
〔註179〕《明史》卷二八一，列傳第一六九〈循吏〉，頁 7204。
〔註180〕《明史》卷一六一，列傳第四十九〈羅以禮〉，頁 4382。

（三）宣德朝

　　宣德朝奪情起復者：如蘇州府知府況鍾，即是因「民二千五十人言『（況）鍾公正勤能，姦弊盡革，民賴以安，乞奪情起復』。乃命曰『民之所欲與之，其令鍾復任，不必赴闕』」。〔註181〕

　　陝西鳳翔府知府韓福兩度丁憂皆被奪情起復，第一次，「以父喪去任，鳳翔屬縣官吏人民一千二百七十餘人，言福廉能公正，爲政不苛，勸課農桑，勉勵學校，篤勤不懈，官吏知所勸懲，人民有所依賴。今以憂去官，民皆失望，乞留復任」。後來「以母憂去，其屬官吏生員耆民九百八十餘乞留之」。〔註182〕

　　四川茂州知州陳敏，親喪去官，本州長官并各寨羌民一百七十餘人奏言「茂州僻處邊方萬山之中，與松潘疊溪生番接鄰，累歲皆被其害。自知州陳敏到任，撫恤人民，制馭生番，然後各得安業」。因求起復。〔註183〕

　　咸寧縣知縣孫浩，親喪去官，陝西司言其「撫字不怠，廉公有爲，吏威其威，民懷其惠，比丁艱去官，乞起復以便民」。〔註184〕

（四）正統朝

　　正統朝地方官奪情起復的比例甚高，此應是「上（英宗）以方岳之職，豈可久虛」〔註185〕的認知所致。以前已引「在外方面以下等官，往往部門耆老詣闕請留，輒聽起復還任」的「奏保」方式。就職別來看：

　　一、布政司、按察司：奪情的比例爲百分之七十二，按察司則僅百分之二十四（見表九）；理由有：「英宗即位之際」、「因人之奏保」、「熟練政體」、「以民務爲急」、「邊徼重務」等（見表十六）。

　　二、府、州、縣：奪情者爲百分之七十四。以人數言，有二十九人，守制者僅十人（見表九）；皆由當地官民集結百人、或千人、甚至萬人不等，向所屬官衙「告保」，以其「公勤廉明」、或「爲政寬平」、或「愛民如子」、「知民疾苦」等理由，乞請奪情（見表十六）。

　　如此一來，奪情起復已被濫用了。遂有正統十二年（1447年）的「不許

〔註181〕《明宣宗實錄》卷七十九，頁1上，宣德六年五月甲子朔條。
〔註182〕《明宣宗實錄》卷七十九，頁8下，宣德六年五月己卯條；卷九十九，頁1下，宣德八年二月庚寅條。
〔註183〕《明宣宗實錄》卷一○六，頁10上，宣德八年九月丙辰條。
〔註184〕《明宣宗實錄》卷三，頁5上，洪熙元年七月辛未條。
〔註185〕《明英宗實錄》卷七，頁7上，宣德十年七月乙酉條。

保奏奪情起復」的禁令。

（五）景泰朝

景泰朝以後，地方官奪情起復的情況明顯的減少。特別是由地方耆民保奏的情形，僅於天順三年（1459 年）陝西按察使項忠，有「部門赴闕乞留」；七年（1463 年）六月，順天府尹王福，「屬民穆以讓等奏保」（見表十六）；弘治朝，賓州知州吳孟俅，「八寨峒夷及南丹賓州二衛所旗軍相率陳狀，乞令吳孟俅復知本州。總督兩廣都御史秦紘以聞」（見表十六）。此應為前項禁令之果效！

表十六　明洪熙朝至嘉靖朝奪情官員表

姓　　名	丁憂年月／職衘／理由	附註
洪熙朝		
黃　淮	仁宗即位／通政使兼武英殿大學士（正三品）／原職	〔註186〕
夏原吉	永樂年間／戶部尚書（正二品）／洪熙朝，原職。賜米十石、鈔一萬貫、胡椒一百斤	〔註187〕
宣德朝		
金幼孜	元年正月／禮部尚書兼大學士（正二品）／元年正月／原職，修兩朝實錄，充總裁官	〔註188〕
楊　溥	四年八月／太常寺卿兼學士（正三品）／四年八月／原職	〔註189〕
甄　庸	元年／南京工部尚書（正二品）／二年八月／南京工部尚書	〔註190〕
張　瑛	九年九月／南京禮部尚書（正二品）／正統元年／原職	〔註191〕
白　勉	九年三月／行在刑部右侍郎（正三品）／九年八月／南京刑部右侍郎	〔註192〕
吾　紳	九年三月／行在禮部右侍郎（正三品）／九年五月／南京刑部右侍郎	〔註193〕

〔註186〕黃淮丁憂奪情事，不載於《明史·宰輔年表》，亦不載於《明仁宗實錄》。而載於《明英宗實錄》卷一七九，頁 2，正統十四年六月辛亥條；亦載於《明史》卷一四七，列傳第三十五〈黃淮〉，頁 4123。因而詳細丁憂年月不詳。

〔註187〕《明仁宗實錄》卷一，頁 1，永樂二十二年八月戊午條。

〔註188〕《明宣宗實錄》卷八十五，頁 5 下～6 下，宣德六年十二月丁未條。

〔註189〕《明史》卷九，本紀第九〈宣宗〉，頁 120。

〔註190〕《明宣宗實錄》卷三十，頁 8 下，宣德二年八月癸未條。

〔註191〕前引書，卷一一二，頁 9 下，宣德九年八月丙子條。

〔註192〕前引書，卷一〇九，頁 9 下，宣德九年三月辛丑條；卷一一二，頁 3 下，宣德九年八月丁巳條。

〔註193〕前引書，卷一〇九，頁 9 下，宣德九年三月辛丑條；卷一一〇，頁 12 下，宣德九年五月庚子條。

況　鍾	六年五月／蘇州府知府（正四品）／六年五月／原職	〔註194〕
韓　福	六年五月／陝西鳳翔府知府（正四品）／六年五月／原職	〔註195〕
	八年二月／原職	
陳　敏	不詳／四川茂州知州（從五品）／八年九月／原職	〔註196〕
孫　浩	永樂年間／咸寧縣知縣（正六品）／洪熙元年七月宣宗即位／原職	〔註197〕

正統朝

王　瀹	元年八月／行在戶部右侍郎巡撫浙江（正三品）	〔註198〕
趙　新	二年正月／行在吏部右侍郎巡撫江西	〔註199〕
曹　弘	二年十月／行在刑部右侍郎巡撫兩淮山東	〔註200〕
周　忱	四年三月／行在工部右侍郎巡撫直隸	〔註201〕
	不詳／行在工部右侍郎巡撫直隸	
侯　璡	十年？月／禮部右侍郎，參贊雲南軍務／十年五月／原職尋調兵部。曾在正統初從尚書柴車等出鐵門關禦阿台有功	〔註202〕
沈　固	十年七月／戶政侍郎整理邊儲／奔喪畢回任原職	〔註203〕
于　謙	十二年七月／大理寺少卿巡撫河南山西（正四品）／十二年十一月／兵部右侍郎正三品	〔註204〕
	十三年六月／兵部右侍郎／奔喪畢回任原職	〔註205〕
王　佑	不詳／工部右侍郎／十三年三月／原職／十三年十月／致仕	〔註206〕
楊　寧	不詳／刑部右侍郎／以督戰有功情	〔註207〕

〔註194〕前引書，卷七十九，頁1上，宣德六年五月甲子朔條。
〔註195〕前引書，卷七十九，頁8上，宣德六年五月己卯條；卷九十九，頁1下，宣德八年二月庚寅條。
〔註196〕前引書，卷一○六，頁10上，宣德八年九月丙辰條。
〔註197〕前引書，卷三，頁5上，洪熙元年七月戊辰朔條。
〔註198〕《明英宗實錄》卷二十一，頁6上，正統元年八月乙卯條。
〔註199〕前引書，卷二十七，頁4下，正統二年二月辛未條。
〔註200〕前引書，卷三十五，頁2上，正統二年十月辛酉條。
〔註201〕前引書，卷五十三，頁7下，正統四年三月庚申條。
〔註202〕《明英宗實錄》卷一二九，頁5上，正統十年五月己丑條。載：侯璡丁載爲「禮部右侍郎」。今從《實錄》；《明史》卷一七二，列傳第六十〈侯璡〉頁4581。
〔註203〕前引書，卷一三一，頁5上，正統十年七月丁亥條。
〔註204〕前引書，卷一五六，頁1下，正統十二年七月癸巳條；卷一六○，頁1上，正統十二年十一月庚寅條。
〔註205〕前引書，卷一六七，頁6下，正統十三年六月丁丑條。
〔註206〕前引書，卷一六四，頁8下，正統十三年三月己酉條；卷一七一，頁3下，正統十三年十月庚申條。
〔註207〕《明史》卷一七二，列傳第六十〈楊寧〉，頁4582。

吳　政	十四年十月／南京工部右侍郎／吏部以造軍器事請奪情	〔註208〕
張　惠	不詳／光祿寺少卿（正四品）／三年五月／原職／以廚役數百人奏保	〔註209〕
高　寅	不詳／光祿寺卿（正四品）／十二年正月／原職／以戶部左侍郎奈亨等奏乞奪情	〔註210〕
陳　勉	十四年三月／南京大理寺卿（正三品）／十四年九月／原職	〔註211〕
李　濬	英宗即位（宣德十年二月）／都察院僉都御史（正四品）／原職巡撫遼東	〔註212〕
羅亨信	不詳／監察御史（正七品）／原職，督理大同、宣府軍衛屯種	〔註213〕
	二年／都察院右僉都御使巡撫陝西（正四品）／原職	
彭　勛	不詳／御史／吏部考功郎中	〔註214〕
許　彬	十三年八月／翰林院修撰（從六品）／原職	〔註215〕
劉中敷	不詳／山東左布政使（從二品）／原職，尋進戶部尚書	〔註216〕
李　敷	不詳／四川布政司右布政使／四年正月／原職 以母喪去任，重慶等府奏稱李敷處事公平，爲吏民所懷乞奪情復任	〔註217〕
郭　堅	不詳／陝西左布政使／七年四月／原職 屬民訴於鎮守都督鄭銘等，言「其廉能有惠政」而起復視事	〔註218〕
孫日良	五年十月／廣西右布政使／原職，總督廣西兵備聞父喪，適命總督廣西諸郡預備倉糧水利之政。以民務方急，命奔喪畢，即赴任理事。	〔註219〕
	不詳／廣西右布政使／陞都察院右副都御史（正三品）	
吳　潤	十年正月／江西右布政使／江西左布政使 以所屬府縣官奏其公廉惠民，奪情視事	〔註220〕

〔註208〕《明英宗實錄》卷一八四，頁15上，正統十四年十月壬戌條。

〔註209〕前引書，卷四十二，頁3下，正統三年五月乙未條。

〔註210〕前引書，卷一四九，頁5上，正統十二年正月壬午條。

〔註211〕前引書，卷一七六，頁1下，正統十四年三月壬午條；卷一八三，頁12下，正統十四年九月甲午條。

〔註212〕前引書，卷二，頁7上，宣德十年二月辛亥條；卷一四五，頁1上，正統十一年九月丙寅朔條。

〔註213〕前引書，卷四十六，頁5下，正統三年九月乙亥條。卷二八五，頁7下，天順元年十二月戊午條。

〔註214〕《明史》卷一六一，列傳第四十九〈彭勛〉，頁4384。

〔註215〕《明英宗實錄》卷一六九，頁4上，正統十三年八月乙巳條。

〔註216〕《明史》卷一五七，列傳第四十五〈劉中敷〉，頁4295。

〔註217〕《明英宗實錄》卷五十，頁4下，正統四年正月辛丑條。

〔註218〕前引書，卷九十一，頁5上，正統七年四月庚戌條。

〔註219〕《明憲宗實錄》卷一三二，頁3，成化十年八月辛卯條；《明英宗實錄》卷七十二，頁7下，正統五年十月癸巳條。

〔註220〕《明英宗實錄》卷一二五，頁8下，正統十年正月庚子條；《明憲宗實錄》卷十二，頁7下，天順八年十二月庚子條。

王　暹	十二年十二月／陝西右布政使／原職 鎮守陝西興安侯徐亨乞還練達老成補缺，吏部因請起復遅馳驛復任	〔註221〕
郝　珩	不詳／江西布左參政（從三品）／英宗即位（宣德十年七月）／原職	〔註222〕
方　正	不詳／江西左參政／英宗即位（宣德十年七月）／原職	〔註223〕
郭　堅	不詳／陝西左參政／二年五月／原職 以其練達老成，深諳政體，特命起復乘傳之任	〔註224〕
洪　豫	不詳／山東右參政，奉敕措置備荒糧儲／五年十二月／原職以「所理民食急務」而令起復視事	〔註225〕
張　鉞	五年十二月／雲南右參議，提督金齒等處糧儲／原職 以邊徼重務，令鉞起復	〔註226〕
張允中	不詳／山東左參議，督理易州薪炭／十一年五月／原職 屬民千五百人告保允中清謹寬平，而起復任事	〔註227〕
徐　璟	不詳／四川右參議，專理邊儲／十二年八月／原職 巡按監察御史并布按二司奏保徐璟「處事公平、軍民畏服」復任	〔註228〕
王　文	正統初（宣德十年七月）／陝西按察司按察使（正三品）／奔喪畢復原職	〔註229〕
孔文英	十年二月／湖廣按察使／原職 巡按監察御使等官奏，言其「理刑公平」奪情視事	〔註230〕
李　彝	不詳／江西按察使／適虜寇來侵，有退寇功，召至京，陞浙江左布政使（正二品）	〔註231〕
王　憲	不詳／山東按察副使，理遼東事務／六年二月／原職 憲舊在遼東理遼務，以親喪去僉事李柰代任其事。至是，巡撫副都御史李濬奏柰刷卷事繁，乞起憲，與柰分理邊務庶事無壅滯。	〔註232〕
李　睿	不詳／貴州按察副使／十三年五月／原職，經理屯田	〔註233〕
屈　伸	六年二月／貴州按察司僉事／原職 土官及寨長奏其「善撫夷民戢姦暴，邊境以寧」，奏乞奪情。	〔註234〕

〔註221〕《明英宗實錄》卷一六一，頁3下，正統十二年十二月己巳條。
〔註222〕前引書，卷七，頁7上，宣德十年七月乙酉條。
〔註223〕同前。
〔註224〕前引書，卷三十，頁3上，正統二年五月癸巳條。
〔註225〕前引書，卷七十四，頁8下，正統五年十二月辛卯條。
〔註226〕前引書，卷七十四，頁5上，正統五年十二月癸未條。
〔註227〕前引書，卷一四一，頁1下，正統十一年五月辛未條。
〔註228〕前引書，卷一五七，頁5上，正統十二年八月乙亥條。
〔註229〕前引書，卷七，頁7上，宣德十年七月乙酉條。
〔註230〕前引書，卷一二六，頁4下，正統十年二月丙辰條。
〔註231〕前引書，卷二六七，頁7上，景泰七年六月癸亥條。
〔註232〕前引書，卷七十六，頁15上，正統六年二月甲午條。
〔註233〕前引書，卷一六六，頁1上，正統十三年五月丙戌條。
〔註234〕前引書，卷七十六，頁14上，正統六年二月壬辰條。

李　敏	不詳／應天府尹（正三品）／十一年七月／原職 耆民千八百餘人告保，敏在任公勤廉正民賴以安，乞奪情任事。	〔註235〕
郭　晟	不詳／貴州思州府知府（正四品）／四年閏二月／陝西西安府知府 初晟為西安府同知考滿有最績，陞思州府知府。以憂制去。任西安，民思之不置。適本府知府他遷，民千餘人訴乞起復。	〔註236〕
劉　永	不詳／湖廣荊州府知府／四年四月／原職 部民三千五百餘人言，永廉明公恕，愛民如子，乞留復任。	〔註237〕
蔣　勤	不詳／浙江金華府知府／四年十月／原職 屬縣民千九百人奏，勤公正廉能，姦弊盡革，民賴以安，乞留復任，行在吏部覆奏，上以金革大郡，庶務繁劇，特從之。	〔註238〕
羅以禮	不詳／浙江紹興府知府／五年十一月／原職 禮丁憂去官，繼者不勝其任屬縣，耆民保以禮有治才，乞還任。	〔註239〕
陳　復	不詳／浙江杭州府知府／六年五月／原職 復在杭，持己廉靜，為政寬平，大為吏民所畏服。以母喪去職，耆老民人告保，復其任。	〔註240〕
劉　永	不詳／湖廣荊州府知府／十一年三月／原職 軍民一萬八千餘人言：永能恤民革弊，乞奪情視事。	〔註241〕
李　輅	不詳／直隸大名府知府／十二年二月／原職 李輅九載任滿，屬民赴巡撫監察御史處告留。輅尋丁憂，屬民又赴京奏留，從之。	〔註242〕
錢　寧	不詳／直隸保定府同知（正五品）／三年九月／原職 部民奏乞復任，事下行在吏部覆奏，從之。	〔註243〕
龐本厚	不詳／廣西潯州府通判（正六品）／四年二月／原職 屬縣耆民二百餘人，保其處事詳允，乞奪情復任。	〔註244〕
李　鉉	不詳／河南開封府推官（正七品）／三年十二月／原職 時開封盜賊竊發，鉉在任果敢緝縛為多，以親喪去職。巡撫右副都御史賈諒奏乞留之，故有是命。	〔註245〕
楊　彬	不詳／貴州石阡府經歷（正八品）／十一年五月／原職 耆民保彬律己奉公，善撫蠻俗，乞令起復任事。	〔註246〕

〔註235〕前引書，卷一四三，頁8上，正統十一年七月癸巳條。
〔註236〕前引書，卷五十二，頁3下，正統四年閏二月丁亥條。
〔註237〕前引書，卷五十四，頁6，正統四年四月乙未條。
〔註238〕前引書，卷六十，頁2上，正統四年十月辛巳條。
〔註239〕前引書，卷七十三，頁12上，正統五年十一月戊辰條。
〔註240〕前引書，卷七十九，頁6下，正統六年五月庚戌條。
〔註241〕前引書，卷一三九，頁6上，正統十一年三月壬辰條。
〔註242〕前引書，卷一五○，頁3上，正統十二年二月己亥條。
〔註243〕前引書，卷四十六，頁7下，正統三年九月丙午條。
〔註244〕前引書，卷五十一，頁6下，正統四年二月丙寅條。
〔註245〕前引書，卷四十九，頁2上，正統三年十二月丙辰條。
〔註246〕前引書，卷一四一，頁6下，正統十一年五月戊子條。

魏　復	不詳／直隸揚州府通州知州（從五品）／三年十二月／原職 部民數百人，保復公廉慈惠賴以安，乞留復任。	〔註247〕
陳　晃	不詳／四川成都府威州知州／三年十二月／原職 晃以母喪去任，州民赴闕言，威州在蜀極邊萬山中，羌夷雜處，號稱難治。前任者往往不諳土俗，致有激變。晃到任，綏懷撫諭，甚得民情，乞留之幸。下行在吏部覆奏，上以晃得羌夷心，故有是命。	〔註248〕
田　耕	不詳／山西保德州知州／五年十月／原職 以母喪去職，州民百餘人保耕爲政仁恕，乞復以惠邊民，布政司以聞事下行在，吏部覆奏，上以民情不可拂，特從之。	〔註249〕
郭　玨	不詳／淮安府邳州知州／五年十二月／原職 玨以母喪去職，屬縣民數百人保玨蒞政廉明，撫恤不怠，乞令起復。	〔註250〕
仲　廣	不詳／河南睢州知州／十年六月／原職 耆民三百餘人訴保廣廉愼，得民心，乞起復任事。	〔註251〕
張　廉	不詳／山西蒲州知州／十四年三月／原職 屬民三百餘人詣闕，奏乞奪情視事。	〔註252〕
管　裕	二年四月／順天府宛平縣知縣（正七品）／原職 縣民四百餘人伏闕奏稱，裕公勤正直，知民疾苦，人皆悅服，不忍捨去，乞留裕復任。	〔註253〕
胡　璉	不詳／陝西西安府醴泉縣知縣／五年十二月／原職／部民奏乞復任	〔註254〕
武　寧	不詳／陝西鞏昌府伏羌縣知縣／四年二月／原職 屬民數百人詣巡按御史閻蕭，保其勤能幹濟，乞留復任。	〔註255〕
展　昭	不詳／蘇州府嘉定縣知縣／五年十二月／原職 昭以親喪去職，繼任者被訟赴京，民相率保昭多惠政，乞復其任。	〔註256〕
馬　俊	六年三月／順天府宛平縣知縣／原職 俊聞父喪將去任，部民三百餘人奏其蒞下寬平，乞留復任。	〔註257〕
余　寬	不詳／浙江金華縣知縣／六年三月／原職 寬以父喪去，知府蔣勸等爲民奏，保其能革吏弊，得民心，乞奪情。	〔註258〕

〔註247〕前引書，卷四十九，頁6下，正統三年十二月癸酉條。
〔註248〕前引書，卷四十九，頁8上，正統三年十二月丙子條。
〔註249〕前引書，卷七十二，頁7，正統五年十月辛卯條。
〔註250〕前引書，卷七十四，頁9，正統五年十二月癸巳條。
〔註251〕前引書，卷一三○，頁1上，正統十年六月甲辰條。
〔註252〕前引書，卷一七六，頁1下，正統十四年三月壬午條。
〔註253〕前引書，卷二十九，頁8下，正統二年四月乙酉條。
〔註254〕前引書，卷四十六，頁7下，正統三年九月丙午條。
〔註255〕前引書，卷五十一，頁4上，正統四年二月庚申條。
〔註256〕前引書，卷七十四，頁6下，正統五年十二月戊子條。
〔註257〕前引書，卷七十七，頁7，正統六年三月庚申條。
〔註258〕前引書，卷七十七，頁8上，正統六年三月癸亥條。

王　瑾	不詳／陝西西安府咸陽縣知縣／七年六月／原職 縣民千餘人言其廉能公恕，乞留復任。	〔註259〕
石　琰	不詳／鄖縣知縣／十年九月／原職／所屬耆民各訴保留。	〔註260〕
徐　榮	不詳／直隸眞定府 城縣知縣／十年九月／原職 耆民百餘人奏保：榮廉勤有爲，民吏悅服，新任知縣昏耄不任事，乞令榮還任，以惠一邑。	〔註261〕
張　麟	不詳／直隸保定府定興縣縣丞（正八品）／十年十二月／原職 麟在任有善政，深得民心，以母憂去任，邑人伏闕保留。	〔註262〕
田　玉	不詳／知桐鄉／原職／以部民及巡撫周忱請，還其任。	〔註263〕
景泰朝		
江　淵	三年九月／太子少師兼吏部左侍郎翰林院學士（內閣閣臣）	〔註264〕
王　文	四年五月／太子太保兼吏部尚書翰林院學士（內閣閣臣）	〔註265〕
金　濂	正統十四年十一月（景帝即位）／戶部尚書（正二品）	〔註266〕
石　璞	五年四月／太子太保兼工部尚書	〔註267〕
儲　懋	二年二月／禮部右侍郎（正三品）	〔註268〕
孫原貞	二年三月／鎮守浙江兵部左侍郎	〔註269〕
俞　綱	三年三月／兵部左侍郎	〔註270〕
張　睿	三年十月／戶部右侍郎／奔喪復任，轉本部左侍郎，仍理前事。 聞母喪，吏部以睿提調京儲，請令奪情。從之。睿辭。遂命右侍郎沈翼攝其事，許睿奔喪，仍遣官致祭其母及營葬事。	〔註271〕
薛　琦	七年六月／禮部左侍郎兼詹事府少詹事／奔喪還京，原職	〔註272〕
項文曜	八年正月／吏部左侍郎／奔喪還京辦事，原職	〔註273〕

〔註259〕前引書，卷九十三，頁3上，正統七年六月壬寅條。
〔註260〕前引書，卷一三三，頁4上，正統十年九月辛巳條。
〔註261〕前引書，卷一四四，頁5下，正統十一年八月辛酉條。
〔註262〕前引書，卷十二，頁5，宣德十年十二月丁巳條。
〔註263〕《明史》卷二八一，列傳第一六九〈循吏〉，頁7200。
〔註264〕《明英宗實錄》卷二二〇，頁1上，景泰三年九月庚寅朔條。
〔註265〕前引書，卷二二九，頁4上，景泰四年五月己巳條。
〔註266〕前引書，卷一八五，頁6下，正統十四年十一月癸未條。
〔註267〕前引書，卷二四〇，頁2上，景泰五年四月甲申條。
〔註268〕前引書，卷二〇一，頁10上，景泰二年二月己卯條。
〔註269〕前引書，卷二〇二，頁2，景泰二年三月辛丑條。
〔註270〕前引書，卷二一四，頁6下，景泰三年三月乙巳條。
〔註271〕前引書，卷二二二，頁4下，景泰三年十月癸卯條；《明憲宗實錄》卷九十一，頁3，成化七年五月戊子條。
〔註272〕前引書，卷二六七，頁4上，景泰七年六月乙巳條。
〔註273〕前引書，卷二七三，頁10，景泰七年十二月癸酉條。

杜　寧	元年八月／南京兵部右侍郎	〔註274〕
朱　紱	四年十二月／大理寺寺丞（正五品）	〔註275〕
曹　璉	六年六月／參贊軍務大理寺少卿（正四品）	〔註276〕
蕭維禎	四年十一月／太子少保（正二品）兼都察院左都御史	〔註277〕
軒　輗	四年九月／都察院右副都御史（正三品）／總督南京糧儲	〔註278〕
年　富	六年六月／提督大同軍務左副都御史／邊警方急	〔註279〕
寇　深	七年四月／提督遼東軍務左副都御史／邊境事重	〔註280〕
蕭　啟	二年八月／鎮守居庸關右僉都御史（正四品）／「繁要關隘」	〔註281〕
何　琛	元年十月／浙江道監察御史（正七品）	〔註282〕
原　傑	元年十月／浙江道監察御史	〔註283〕
戴　弁	二年二月／廣東右布政使（從二品）	〔註284〕
葉　盛	七年十一月／山西右參政（從三品）	〔註285〕
李　春	七年八月／陝西左參議（從四品）	〔註286〕
王　亮	二年三月／山東按察司副使（正四品）	〔註287〕
姜　永	元年二月／山東按察司僉事（正五品）	〔註288〕
甘　瑛	元年正月／福建漳州府知府（正四品）	〔註289〕
孫　遇	元年閏正月／直隸徽州府知府	〔註290〕
徐文振	元年五月／雲南臨安府知府	〔註291〕
石　瑁	二年四月／處州府知府	〔註292〕

〔註274〕 前引書，卷一九五，頁18下，景泰元年八月己亥條。
〔註275〕 前引書，卷二三六，頁6上，景泰四年十二月己亥條。
〔註276〕 前引書，卷二五四，頁6上，景泰六年六月己丑條。
〔註277〕 前引書，卷二三五，頁8，景泰四年十一月己卯條。
〔註278〕 前引書，卷二三三，頁4下，景泰四年九月庚午條。
〔註279〕 前引書，卷二五四，頁2下，景泰六年六月丙子條；《古穰錄》卷十二，頁20。
〔註280〕 前引書，卷二六五，頁3下，景泰七年四月庚申條。
〔註281〕 前引書，卷二○七，頁13下，景泰二年八月乙未條；卷二一二，頁5下，景泰三年正月甲寅條。
〔註282〕 前引書，卷一九七，頁1下，景泰元年十月壬申條。
〔註283〕 同前。
〔註284〕 前引書，卷二○一，頁18下，景泰二年二月辛卯條。
〔註285〕 前引書，卷二七二，頁5下～6上，景泰七年十一月乙酉條。
〔註286〕 前引書，卷二六九，頁8下，景泰七年八月乙丑條。
〔註287〕 前引書，卷二○二，頁7下，景泰二年三月辛酉條。
〔註288〕 前引書，卷一八九，頁4上，景泰元年二月壬午條。
〔註289〕 前引書，卷一八七，頁18上，景泰元年正月甲辰條。
〔註290〕 前引書，卷一八八，頁6上，景泰元年閏正月己酉條。
〔註291〕 前引書，卷一九二，頁6下，景泰元年五月庚戌條。
〔註292〕 前引書，卷二○三，頁2下，景泰二年四月丁丑條。

葛文名	二年六月／陝西鳳翔府通判（正六品）	〔註293〕
陳　禧	二年正月／湖廣荊州府同知（從六品）	〔註294〕
王　約	二年正月／直隸眞定府定州知州（從五品）	〔註295〕
張　璟	元年五月／直隸平山縣知縣（正七品）	〔註296〕

天順朝

呂　原	六年八月／通政使左參議兼翰林院侍講（正五品）／參預內閣，不許終制	〔註297〕
年　富	六年三月／戶部尙書（正二品）	〔註298〕
項文耀	景泰八年正月／吏部左侍郎（正三品）	〔註299〕
薛　遠	四年／戶部右侍郎／工部	〔註300〕
尹　旻	七年三月／吏部右侍郎	〔註301〕
李　賓	三年三月／大理寺卿（正三品）	〔註302〕
林　聰	二年九月／都察院右副都御史（正三品）／捕江淮鹽盜有功／居喪十七月署院事	〔註303〕
芮　釗	四年正月／巡撫甘肅都察院右副都御史（正三品）	〔註304〕
王　越	七年九月／巡撫大同都察院右副都御史／整飭邊務	〔註305〕
劉　孜	六年二月／巡撫南直隸都察院右副都御史／糧儲分派，起運在邇	〔註306〕
王　概	七年二月／巡撫陝西都察院右副都御史／陝西饑饉，急於用人	〔註307〕

〔註293〕前引書，卷二○五，頁9下，景泰二年六月己卯條。

〔註294〕前引書，卷二百，頁13上，景泰二年正月丁卯條。

〔註295〕前引書，卷二百，頁6下，景泰二年正月乙卯條。

〔註296〕前引書，卷一九二，頁18上，景泰元年五月甲子條。

〔註297〕《考異》原丁母憂，《明史·本紀》不載，《明史稿》繫之十月。按原以十一月卒，見《明史·宰輔表》。證之〈原傳〉，「原乞終制，不許，乃之景州，啟父兄櫬歸葬，舟中哀毀羸瘠。抵家，甫襄事而卒。」據此，則原之卒，去憂歸不止踰月也。《通紀》《憲章錄》俱系原丁憂于八月，今據之。《明通鑑》卷二十九，紀二十九，頁1145。

〔註298〕《明英宗實錄》卷二五四，頁2下，景泰六年六月丙子條。

〔註299〕前引書，卷二七三，頁10，景泰八年正月癸酉條。

〔註300〕前引書，卷三二一，頁1上，天順四年十一月癸酉朔條。

〔註301〕前引書，卷三五○，頁5下，天順七年三月癸丑條。

〔註302〕前引書，卷三○一，頁6上，天順三年三月癸卯條。

〔註303〕前引書，卷二三一，頁5下，成化十八年閏八月庚寅條。

〔註304〕前引書，卷三一一，頁5上，天順四年正月庚子條。

〔註305〕前引書，卷三五七，頁3下，天順七年九月乙亥條。

〔註306〕前引書，卷三三七，頁5下，天順六年二月庚寅條。

〔註307〕前引書，卷三三二，頁5上，天順五年九月壬寅條。

王　宇	不詳／都察院副都御史巡撫宣府、大同／遷大理寺卿	〔註308〕
吳　禎	七年九月／巡撫廣西右僉都御史（正四品）／兩廣賊情未寧，需會兵勦捕	〔註309〕
徐　瑄	不詳／巡撫延綏右僉都御史（正四品）	〔註310〕
韓　雍	三年十月／都察院右僉都御史	〔註311〕
劉　昭	五年／通政司右參議（正五品）	〔註312〕
王　復	不詳／左通政	〔註313〕
項　忠	三年／陝西按察使（正三品）／部民詣闕乞留	〔註314〕
王　福	七年六月／順天府尹（正三品）／屬民穆以讓等奏保	〔註315〕
成化朝		
李　賢	二年三月／少保吏部尚書兼華蓋殿大學士（從一品）（內閣首輔）／朝廷用人之際，憲宗賴以輔導	〔註316〕
劉　吉	不詳／翰林院修撰（從六品）／天順八年八月修《英宗實錄》	〔註317〕
	十八年正月／太子少保禮部尚書兼翰林院學士（內閣輔臣）（正二品）	〔註318〕
白　圭	二年十二月／工部尚書（正二品）／提督荊襄軍務	〔註319〕
	九年八月／太子少保兵部尚書（正二品）／朝廷急於用人，九年十二月復任	〔註320〕
原　傑	八年八月／戶部左侍郎（正三品）／巡視江西，九年七月起復	〔註321〕

〔註308〕 前引書，卷三五四，頁4上，天順七年七月庚辰條；明・李賢《古穰集》卷十六，頁3。

〔註309〕 前引書，卷三五七，頁2上，天順七年九月辛未條。

〔註310〕 前引書，卷九十八，頁12下，成化七年十一月丁卯條。

〔註311〕 前引書，卷三一二，頁5下，天順四年二月丙寅條。

〔註312〕 前引書，卷四十五，頁1上，弘治三年十一月庚辰條。

〔註313〕 前引書，卷二六七，頁5下，成化二十一年六月丙午條。

〔註314〕 前引書，卷一九〇，頁5下，弘治十五年八月庚戌條。

〔註315〕 前引書，卷三五三，頁3下～4上，天順七年六月壬申條。

〔註316〕 前引書，卷二十七，頁3上～4下，成化二年三月己酉～甲寅條。

〔註317〕 前引書，卷八，頁5上，天順八年八月戊戌條；卷九，頁2下，天順八年九月癸亥條。

〔註318〕 《明憲宗實錄》卷二二三，頁3上～5上，成化十八年正月庚寅～己未條；卷二二七，頁5下～6下，成化十八年五月辛卯～癸巳條；卷二二九，頁3上，成化十八年七月壬申條。

〔註319〕 前引書，卷三十七，頁6下，成化二年十二月壬子條。

〔註320〕 前引書，卷一一九，頁9下，成化九年八月丁丑條；卷一二三，頁3上，成化九年十二月癸酉條。

〔註321〕 前引書，卷一〇七，頁1下，成化八年八月庚午條；卷一二一，頁4下，成化九年十月癸酉條。

李　震	十年十月／兵部左侍郎（正三品）／兵部缺人理事，十二月復任	〔註322〕
萬　祺	十年十二月／禮部左侍郎／十一年十月，改工部	〔註323〕
趙玉芝	十九年十二月／太常寺帶俸卿（正三品）／請註玉皇經，未上	〔註324〕
顧　倫	二十二年七月／太常寺少卿（正四品）	〔註325〕
陳嘉猷	二年四月／通政使司右通政（正四品）	〔註326〕
王　恕	元年七月／都察院右副都御史（正三品）／撫治河南等處	〔註327〕
韓　雍	五年／都察院左副都御史／兩廣賊勢復熾，陞右都御史	〔註328〕
陳　濂	不詳／都察院右副都御史／八年二月，巡撫河南	〔註329〕
張　瓚	十四年／都察院右副都御史／松潘邊務方殷	〔註330〕
程　宗	十六年／巡撫陝西右副都御史／撫夷于雲南	〔註331〕
鄭　寧	七年／都察院左僉都御史（正四品）／巡撫宣府地方	〔註332〕
楊　謐	不詳／都察院監察御史（正七品）／二十一年十月，山東道	〔註333〕
馬文升	二年四月／南京大理寺卿（正三品）／居喪兩年，起復爲都察院右副都御史巡撫陝西	〔註334〕
劉　健	不詳／翰林院編修（正七品）／天順八年十月修《英宗實錄》	〔註335〕
邢　讓	不詳／翰林院檢討（從七品）／天順八年十月修《英宗實錄》	〔註336〕
張　頤	不詳／翰林院檢討（從七品）／天順八年十月修《英宗實錄》	〔註337〕

〔註322〕 前引書，卷一三四，頁4上，成化十年十月戊戌條；卷一三六，頁10下，成化十年十二月乙巳條。

〔註323〕 前引書，卷一三六，頁2上，成化十年十二月戊子條；卷一四六，頁3下，成化十一年十月壬寅條。

〔註324〕 前引書，卷二四七，頁4下，成化十九年十二月戊寅條。

〔註325〕 前引書，卷二八〇，頁6下，成化二十二年七月丙寅條。

〔註326〕 前引書，卷二十九，頁10上，成化二年四月戊辰條。

〔註327〕 前引書，卷十九，頁7下，成化元年六月己巳條。

〔註328〕 前引書，卷七十三，頁3下～4下，成化五年十一月乙未～己亥條。

〔註329〕 前引書，卷一〇一，頁5下，成化八年二月壬午條。

〔註330〕 前引書，卷一七五，頁3上，成化十四年二月乙巳條。

〔註331〕 前引書，卷二〇一，頁1上，成化十六年三月壬午條；《明孝宗實錄》卷六十八，頁2上，弘治五年十月乙巳條。

〔註332〕 前引書，卷九十七，頁5下～6上，成化七年十月戊寅條。

〔註333〕 前引書，卷二七一，頁2下，成化二十一年十月丙戌條。

〔註334〕 前引書，卷三十二，頁3下，成化二年七月壬午條。

〔註335〕 前引書，卷十一，頁10上，天順八年十一月丙寅條。

〔註336〕 《明英宗實錄》卷十，頁8上～9上，天順八年十月己亥條。

〔註337〕 前引書，卷十一，頁10上，天順八年十一月丙寅條。

弘治朝		
馬文升	四年正月／兵部尚書	〔註338〕
雍 泰	不詳／布政使侍郎／十二年十二月，右副都御史，巡撫宣府	〔註339〕
吳孟俅	不詳／賓州知州／原職 以八寨峒夷及南丹賓州二衛所旗軍相率陳狀，乞令吳孟俅復知本州。總督兩廣都御史秦紘以聞，故有是命。	〔註340〕
正德朝		
楊 瑢	二年八月／光祿寺卿署鴻臚寺事	〔註341〕
陳 金	不詳／都察院左都御史／江西盜起，起復總制江西等七省軍務	〔註342〕
王 綸	四年十二月／巡撫湖廣都御史／湖廣盜警孔亟	〔註343〕
馬炳然	五年四月／巡撫宣夏都御史／以地方多事，起復，巡撫寧夏	〔註344〕
嘉靖朝		
翁萬達	二十八年十月／兵部尚書／二十九年閏六月／以大同督撫缺，命總督宣大	〔註345〕
楊 博	三十五年正月／兵部尚書／三十七年三月／兵部尚書，大同右衛圍急	〔註346〕
郭 朴	四十二年？月／吏部尚書／四十四年四月／原職	〔註347〕
李 鐸	三年八月／大同巡撫都御史／以地方有事	〔註348〕

〔註338〕《明孝宗實錄》卷四十七，頁 8 上，弘治四年正月癸卯條；卷五十一，頁 1 下～2 上，弘治四年五月壬午條。

〔註339〕《明通鑑》卷三十九，紀三十九，頁 1479。

〔註340〕《明孝宗實錄》卷三十五，頁 1 上，弘治三年二月乙酉條。

〔註341〕《明武宗實錄》卷二十九，頁 4 上，正德二年八月甲申條。

〔註342〕《明世宗實錄》卷一○三，頁 9 上，嘉靖八年七月庚申條。

〔註343〕《明武宗實錄》卷五十八，頁 10 上，正德四年十二月辛亥條。

〔註344〕前引書，卷六十二，頁 7 下，正德五年四月甲辰條。

〔註345〕《明世宗實錄》卷三六二，頁 3 上，嘉靖二十九年閏六月丙子條；明‧沈朝陽《皇明嘉隆兩朝聞見紀》卷八，頁 17，總頁 727，（全十二卷，明萬曆原刊本，國家圖書館藏本，臺灣，臺灣學生書局發行，民國 58 年 12 月景印初版）；《明史》卷一九八，列傳第八十六〈翁萬達〉，頁 5251。

〔註346〕《明世宗實錄》卷四三一，頁 1 下，嘉靖三十五年正月乙亥條；明‧沈朝陽《皇明嘉隆兩朝聞見紀》卷九，頁 47，總頁 886；卷十，頁 12，總頁 929；《明史》卷一八六，列傳第七十四〈許進〉，頁 4929；卷二一四，列傳第一百二〈楊博〉，頁 5657。

〔註347〕郭朴丁憂去任月份，《明史》卷一一二，表第十三〈七卿年表二〉，頁 3469～6470，未註明。

〔註348〕《明世宗實錄》卷四十二，頁 5 下，嘉靖三年八月丙午條。

毛伯溫	不詳／都察院左副都御史／十六年五月／都察院右都御史，征討安南之命	〔註349〕
吳成器	不詳／浙江布政使司經歷／三十五年十月／紹興府通判	〔註350〕
劉　濤	不詳／蘇州兵備副使／邊警	〔註351〕
譚　綸	四十年十月／海道副使／寇亂／四十二年正月／布政司參政兼按察司僉事／倭寇	〔註352〕
任　環	三十四年八月／太倉兵備參政／倭寇	〔註353〕

〔註349〕前引書，卷一九六，頁6上，嘉靖十六年正月癸卯條；卷二百，頁1下，嘉靖十六年五月丁亥條。

〔註350〕前引書，卷四四〇，頁2上，嘉靖三十五年十月癸巳條。

〔註351〕《明世宗實錄》卷三九三，頁16上，嘉靖三十二年正月癸卯條。

〔註352〕《明世宗實錄》卷五〇二，頁3下～4上，嘉靖四十年十月庚午條；卷五一七，頁3上，嘉靖四十二年正月壬寅條；《明神宗實錄》卷六十一，頁1上～2上，萬曆五年四月庚申條；《明史》卷二二二，列傳第一一〇〈譚綸〉，頁5833～5834。

〔註353〕《明世宗實錄》卷四二五，頁1上，嘉靖三十四年八月甲子條；明・沈朝陽《皇明嘉隆兩朝聞見紀》卷九，頁38～39，總頁868-869。《明史》卷二百五，列傳第九十三〈任環〉，頁5418。

第七章　丁憂制度下之政潮

第一節　明代言官的風氣

前已言之，奪情起復的情形已見於永樂至宣德時期，然當時「臺諫班中無一人能言其非」，至正統景泰時期，對於奪情者的反對聲開始激烈，此皆因於科道言官對「奪情」者不斷的彈劾所致。

一、言官彈劾與奪情禁令

（一）言官的彈劾權

言官即是科道官，六科給事中的「科」，和十三道監察御史的「道」。或稱臺垣。同屬以言事為職責的監察職官。中國歷史上之中央監察職官，可大別為兩類：一為察官，即御史，其權在督察百司，糾劾官邪；一為言官，即給諫，掌諫諍君主，封駁詔救。〔註1〕

明代承襲元制，中央置御史臺，後改名都察院，置都御史、副都御史、御都御史等職。下設十三道監察御史，掌監督百司、糾劾官邪，並經常派往地方擔任巡按、清軍、監軍、巡鹽、巡漕、督學等職務，職責甚廣。給事中在唐宋時隸門下省，明代不設門下省，洪武初年，給事中曾先後隸於承敕監、通政司，後依六部之名設「六科」，掌侍從規諫、補闕拾遺、稽察六部百司之事。〔註2〕

〔註1〕 張治安〈明代六科之研究〉《國立政治大學學報》第三十一期，民國 64 年，頁 13。
〔註2〕《明史》卷七十四，志第五十〈職官〉，頁 1850；林麗月《明末東林運動新探》頁 37。

此體系建立於洪武朝，明太祖規定：「凡文武大臣果係奸邪小人，構黨爲非，擅作威福，紊亂朝政，政令聖澤不宣，靈異迭見，但有見聞，不避權貴，具奏彈劾」。〔註3〕與中國歷代相較，明代科道官員權責之重，委寄之深，歷代皆不能望其項背，結果形成監察權高於一切的狀態。〔註4〕

言官的彈劾權，不僅在平時，更是在三年一度的外察和六年一度的京察。外察是對地方官的察典，京察是對全體京官的普遍考察。考察時，四品以上官上疏自陳，由皇帝決定去留，四品以下官由吏部尚書和都御史負責，吏科都給事中和河南道監察御史在考察前先咨訪官員的政績行止，爲考察依據。此外科道官對高級官員還有「拾遺」之權力。即「京察之歲，大臣去留既定，而居官有遺行者，給事、御史糾劾，謂之拾遺。拾遺所攻擊，無獲免者」。明代規定，凡考察黜免的官吏，永不起用。〔註5〕由此，可知言官彈劾權之威力。

（二）正統朝至天順朝奪情禁令的頒布

前已言，明朝廷於正統十二年始頒布奪情起復禁令（見表三），與科道言官對於奪情起復的注意有關。

當時的言官主要爲新科進士，他們官位雖低，但因科道官既被強化，乃認眞的對許多既存的問題與現象，提出批評，甚至對當事人提出彈劾。因此，奪情的現象雖在景泰朝以前被視爲「理所當然」，至此乃成爲評論焦點。

例如，戶部尚書金濂遭到「言官所聚劾，疏辨甚苦」。特別是在「辨匿喪」一事，辯曰：

> 攻臣者，謂臣往福建時，母喪不臨，比回又不發喪。其時以軍務至重，但痛哭而行。後蒙取回，乞歸不允。〔註6〕

金濂此番辯辭，後沈德符評之曰：

> 夫金革之事，固不敢避，然必當奏請求放。俟上奪情，而後遵命可也，豈有聞訃漠然之理，即主上何由知其情而奪之。且宣德間，金爲御史，已奪情巡方矣，其時非有金革也。〔註7〕

〔註3〕《明會典》卷二〇九，〈糾劾官邪〉，頁28～29，總頁2792-2793。

〔註4〕朱東潤《張居正大傳》頁216。

〔註5〕《明史》卷七十一，志第四十七〈選舉三〉，頁1723；朱子彥、陳生民《朋黨政治研究》（上海，華東師範大學出版社，1992年3月第1版），頁304～305。

〔註6〕明·沈德符《萬曆野獲編》卷十二，頁319（臺北，新興書局），總頁3497。

〔註7〕同前。

乃論曰「金之喪心尤甚」。但沈氏亦謂「蓋當時士風忍薄，凡遇喪而不得奪者，謂為無能見棄，故衰経視事，習為故常」。〔註8〕可見當時人不守制風氣之一斑。

景泰年間奪情之風未曾稍減，朝廷雖陸續有禁令頒布（見表三），而景泰五年（1454 年）十月，吏科給事中李秉彝以「左通政王復乞終繼母喪，令奪情」。此事有違四年五月之詔令，乃提出「曩者都給事中林聰等奏，凡在朝群臣非職典機務重務，與國家所倚畀，不可一日不在左右者，有父母喪悉聽終制不必奪情，已蒙俞允」。建議「皇上收回綸命，仍令復終制」，如此則上遵「祖宗之定制，下有以遂人子之至情。不獨為百官勸，將為天下勸。不獨為天下勸，將為後世勸矣」。此疏上，可惜景帝不允其請。〔註9〕

天順朝言官對於奪情的反對仍繼續，元年（1457 年）四月，刑科給事中喬毅、左給事中尹旻等，呼籲英宗「敦忠孝以正綱常」，謂：「比來臣下多奔競亡廉恥，奪情起復者為能官，笑終制者為不職，子道既虧，臣節安保，綱常所關，非細宜究」。請將「景泰時諸奪情起復官，俱勒歸終制，繼今敢以是為請者，即彼此加以重罪」。〔註10〕英宗允之。由是，景泰朝被奪情之官員，例如提督遼東軍務左副都御史寇深，遂復請終制。〔註11〕

（三）言路的激化

隨著景泰朝科道言官的發言權的強化，天順以後的言路更崇尚激切，居言路的人為振風氣而恥緘默。自天子大臣，左右近習，無不指斥極言。經常南北交章，連名列署。〔註12〕

成化以後，科道言官更以政治批判為主，行動較前更激極。〔註13〕當然，言官也有良莠不齊，有任情使氣者，動輒借題聚訟，結黨取勝。

世宗嘉靖時期，言路的情況更是：

> 門戶漸開，若言路者，各有所主，故其時不患其不言，患其言之冗漫無當，與其心之不能無私；言愈多而國是愈益淆亂也。〔註14〕

〔註8〕　同前。

〔註9〕　《明英宗實錄》卷二四六，頁 3 下，景泰五年十月庚寅條。

〔註10〕　前引書，卷二七七，頁 9 下，天順元年四月己酉條。

〔註11〕　前引書，卷二七七，頁 10 下，天順元年四月辛亥條。

〔註12〕　陳埄淑《李賢之研》頁 194。

〔註13〕　韓・曹永祿《中國近世政治史研究——明代科道官の言官機能》轉引自日・渡昌弘書評《東洋史研究》第四十九卷第二號，頁 166，總頁 390。

〔註14〕　《明史》卷二一五，王治等傳贊，頁 5690。

至隆慶朝，張居正上《陳六事疏》，第一事即爲「省議論」，疏中更指出：

> 臣竊見頃年以來，朝廷之間，議論太多，或一事而甲可乙否，或一人而朝由暮跖，或前後不覺背馳，或毀譽自爲矛盾，是非淆於唇吻，用舍決於愛憎，政多紛更，事實統紀。〔註15〕

此種情況，有三方面的論點可提供參考：

其一、有謂：「由於科道官吏品卑而權特重，導致言路之囂張邁越前代，結果科道的各執所爭，往往存私任氣，淆亂是非」。〔註16〕

其二、有謂：「因明制給事中與御史同有言責，兩者職權頗有重疊，致論事時常不免互爲左右，『臺垣水火』遂成爲明代政局中的奇特現象」。〔註17〕

其三、有謂：「明代自正德、嘉靖以後，士風日趨矯激，上焉者猶固執禮教名節，以清流自許；下焉者則意氣用事，唯以搏擊爲能」。〔註18〕

言官風氣的趨於激化，應與政潮的產生，有重要的關聯。

二、匿喪、營求奪情與言官的抨擊

（一）匿喪的惡習與罰則

匿喪情況的嚴重，爲言官抨擊的重點。匿喪的禁令頒布，集中在正統與天順時期；正統七年的「凡官吏匿喪者，令俱發原籍爲民」；十年（1445 年）九月，吏部右侍郎趙新言：「官吏詐匿親喪，其罪本均。今匿喪者既罷爲民，而詐喪者反還職役，輕重失等，禮法乖違，似此弊狀，難以枚舉。」由是「官吏詐匿喪者俱問發爲民，今著爲令」。〔註19〕

明律規定：「聞祖父母、父母喪，匿不舉哀」之舉，《明律》上歸爲「十惡不孝」的項目。〔註20〕但匿喪之風，明初即已有之。

永樂朝有個案例：七年（1409）六月，江西道監察御史方恢父喪不丁憂，事覺。皇太子曰：「御史，朝廷綱紀之職，彼既不孝，何以糾正百僚，令錦衣衛執送行在，奏請罪之」。〔註21〕

〔註15〕《張居正全集》奏疏，卷一〈陳六事疏〉，頁 1～2。
〔註16〕林麗月《明末東林運動新探》頁 38。
〔註17〕黃本驥《歷代官制概述》頁 55。收入歷代職官表（臺北，樂天出版社，民國 63 年 3 月再版）；林麗月《明末東林運動新探》頁 38。
〔註18〕林麗月《明末東林運動新探》頁 401。
〔註19〕《明英宗實錄》卷一三三，頁 2 下～3 上，正統十年九月乙亥條。
〔註20〕《讀禮通考》卷一一四，頁 6，總頁 114-619。
〔註21〕《明太宗實錄》卷九十三，頁 6 上，永樂七年六月壬戌條。

至正統朝乃特別按情節輕重定出罰則，以示懲戒。茲就正統朝匿喪判例臚列如下：

姓　　名	官銜品級	時間	犯罪事實	判　　決	附註
范　銘	禮部司務廳司務從九品	正統元年四月	匿母喪	降邊遠雜職	〔註22〕
梁　吉	山東恃興縣知縣正七品	正統五年九月	匿母喪	罷爲民	〔註23〕
馬　進	湖廣襄陽府儒學訓導	正統五年九月	匿母喪	罷爲民	〔註24〕
王　哲	梁府奉祠正	正統六年八月	匿母喪一年始歸守制	斥官邊遠	〔註25〕
熊　文	禮科給事中從七品	正統十二年八月	匿母喪娶妻	督察院逮之	〔註26〕
不　詳	福建長泰縣學吏	正統十年八月	畏避丞刷文卷艱難，殺犬藏棺內，詐爲母死	杖畢，謫戍邊衛	〔註27〕
王　偡	刑科給事中	景泰四年五月	嘗匿父喪	黜爲民	〔註28〕

以上數例，皆屬較低品之官員，可能是因有辦法的大官皆營求而得以奪情，低品者才需以匿喪方式。另外，上表各例，大抵發生於正統七年以前，應是前述的法令產生了相當程度的恫赫作用。

天順二年（1458 年）八月，因吏部奏：「近例，官吏人等匿喪、詐喪，事有輕重，若概罷爲民，無以示警」。〔註29〕而修訂匿喪者服刑的地點：

令官令以舊喪詐作新喪者，發順天府昌平、遵化、薊州等處爲民，係順天府者，發口外爲民；若父母見在，詐稱死亡者，發口外獨石等處充軍。其聞父母喪，匿不舉哀，不離職役者，原籍三千里之上，限一年。不及者限發半年；過限者，口外隆慶（後改延慶）、永寧等

〔註22〕《明英宗實錄》卷十六，頁 4 上，正統元年四月丙午條。
〔註23〕前引書，卷七十一，頁 4 下，正統五年九月乙巳條。
〔註24〕同前。
〔註25〕前引書，卷八十二，頁 8 下，正統六年八月丁亥條。
〔註26〕前引書，卷一五七，頁 3 下，正統十二年八月己巳條。
〔註27〕前引書，卷一三二，頁 10 上，正統十年八月戊辰條。
〔註28〕前引書，卷二二九，頁 4 上，景泰四年五月丙寅條。
〔註29〕前引書，卷二九四，頁 6，天順二年八月己卯條。

處爲民（後止革去職役）。（見表三）

英宗從之。

成化十五年（1479年），又頒布：

> 令詐匿喪官員，所在官司，容情起送。或因它事發覺，正犯悉照見
> 行事例發落，經該官吏，以枉法從重論。（見表三）

萬曆年間初刊的《大明律》中更有：

> 凡聞父母及夫之喪，匿不舉哀者，杖六十徒一年。若官吏父母死應
> 丁憂，詐稱祖父母伯叔姑兄姊之喪不丁憂者，杖一百罷職役不敘。
> 罷職役不敘，無喪詐稱有喪，或舊喪詐稱新喪者，罪同。有規避者
> 從重論。〔註30〕

可見，在整個明朝，匿喪詐喪一直是官員間用以保住官位或避位離職的方式。
因此，制定更周延的法令以便管理官員們，亦是明朝廷所需重視的。

另國子監生的匿喪情況也值得觀察。明制：

> 生員丁父母憂者，不許赴鄉試，及提學官科歲二試。舉人丁父母憂
> 者，不許赴會試。其監生及儒生丁憂者亦不許赴試。〔註31〕

然《景帝實錄》載：景泰五年（1454年）春巡按直隸御史黃溥「請罷舉人監
生由服以廣科目」。從之。由服者，二十七月正服之外，餘服程限也。先是
北監祭酒劉鉉奏稱：「監生有家在京者，當依親之時，雖給文引，仍在京潛
住，一聞行取勘到原籍官司，輒詣部告先復監，亟求出身。又有聞父母之喪，
託故在京守制，及由服未滿，即行起復，速求利祿，有傷風化，請禁止之。」
上命凡監生犯此者，到部即送法司治罪。自是舉人監生有由服未滿者，不得
會試。故溥以爲言，下禮部議。時少傅兼太子太師禮部尚書胡熒議：「自今
後監生除正服滿外，不問其由服程限內有無深淺，到部者免問，準令會試入
監。」從之。〔註32〕此可見防奪情之事是「防不勝防」，而且若爲現實之需
要，則只好「不要太計較了」。

成化二年（1466年）七月令國子監遵守守制，成化三年（1467年）三月，
禮部尚書姚夔等奏「修明學政十事，請榜諭天下學校永爲遵守」：

〔註30〕明萬曆間奉敕《大明律集解附例》卅卷，（明萬曆間浙江官刊本，臺北，臺灣
　　　　學生書局），頁 981～982。

〔註31〕《讀禮通考》卷一百八，頁 10～11，總頁 114-518。

〔註32〕同前註。

各處歲貢生員以廩膳食糧數多者起送其食廩月日，除考科貢准作實
在，其餘閒除月日俱作虛曠，係見行事例。近該給事中劉昊奏稱：
丁憂人子大節，不與准作食糧日期，於情未安，除會議外，宜令今
後廩膳生員丁憂除二十七箇月正服准作食糧之數，如已服闋在家無
故遷延及養病侍親，一切並作虛曠，其該年歲貢除到部外，若已行
起送，不分在家、中途遇有事故，或遇一年之上者，並不許補貢。
如有營充補貢，所司經該官吏俱治以罪。〔註33〕

成化四年（1468 年）二月，南京國子監祭酒周洪謨奏：「天言舊例監生丁憂俱
准空堂月日出身」。祭酒李時勉奏：「監生居家丁憂多有詐冒，不准坐堂」。後
給事中胡清又奏：「如此恐有匿喪不舉者，仍復准之。如清言，則士子或至於
詐喪，如時勉言，則士子或至於匿喪，撥之至理皆所未當，事下禮部覆奏。
丁憂月日行所在官司保勘，違者一體治罪，從之」。〔註34〕由此兩奏疏，可以
見出，是守制所出現的漏洞。更可見原先國子監生不遵守制之一般。

（二）營求奪情的風氣與言官抨擊

　　匿喪以外，另一個不良的風氣，就是藉權貴之力營求奪情。此亦為言官
所彈劾之重點：

　　奪情之事在天順年以前即有，其時內閣閣臣丁憂皆是奪情起復的，大臣
中不丁憂，或終制中乞用的，更是比比皆是。且朝臣常以奪情為榮，以顯示
身勢高低，如不奪情即不受帝用。遂演至後來形成流弊，常貪戀名爵不顧廉
恥，以奪情為喜。〔註35〕此情況，正如羅倫劾李賢時所言：

　　臣伏見比年以來，朝廷以奪情為常典，縉紳以起復為美名，食稻衣
錦之徒，接踵廟堂，不知此人于天下之重何關耶？且婦於舅姑，喪
亦三年；孫于祖父母，服則齊衰。奪情於夫，初無於其子。今或舍
館如故，妻孥不還，乃號天下曰：『本欲終喪，朝命不許。』雖三尺
童子，臣知其不信也。為人父者所以望其子之報，豈意至于此哉！
為人子者所以報其親之心，豈忍出於此哉！枉己者不能直人，忘親
者不能忠君，陛下何取于若人而起復之也？今大臣起復，群臣不以

〔註33〕《明憲宗實錄》卷四十，頁 11 下～12 上，成化三年三月甲申條。
〔註34〕《明憲宗實錄》卷五十一，頁 6 上，成化四年二月丙午條。
〔註35〕王世貞《弇州史料後集》卷三十五（臺北，中國圖書館藏善本，明萬曆刊本），
　　　　頁 1；陳埩淑《李賢之研究》頁 199。

爲非，且從而贊之；群臣起復，大臣不以爲非，且從而成之。上下
成俗，混然同流，率天下之人爲無父之歸，臣不忍聖朝之朝，致綱
常之壞，風俗之弊，一至此極也。〔註36〕

亦強調「奪情爲常典，縉紳以起復爲美名」。「今大臣起復，群臣不以爲非，
且從而贊之；群臣起復，大臣不以爲非，且從而成之」。可見奪情情況之嚴重。

至於在案例方面：

正統朝平江伯陳豫充副總兵往征福建叛寇，擅起復丁憂門館訓導陳冕隨
軍。被史科都給事中張固劾：陳豫徇私擅舉冕貪緣奪情，俱請正其罪。〔註37〕

天順七年（1463 年）有順天府尹王福誘屬民奏保奪情：

吏部言順天府尹王福聞母喪，其屬民穆以讓等奏保奪情，此非舊典，
宜令還家守制。上命奔喪即來視事，福性貪黷善諂事中貴，以讓等
奏保，實福誘挾之也。〔註38〕

另一讓言官抨擊的奪情案例，是景泰朝的內閣閣臣江淵、王文：

江淵係景泰三年（1452 年）九月，以母喪被起復。江淵奪情之時，並未引
起立即的批評。直到景泰四年（1453 年）二月，始有史科都給事中林聰等上言：

太祖高皇帝以孝治天下，酌古準今，創制立法。父母之喪皆斬衰三
年，而冒喪有禁，匿喪有罰，其所以扶植綱常，維持世教者至矣。
曩以逆虜不庭，國家多事，內外近侍方面等官聞喪暫令奪情起復，
以共濟時艱。近年邊事寧謐，在外方面等官已有定例，不許奪情。
而在京官員猶或有奪情者，臣等愚昧以謂大臣之中，有其身之去就
係天下之安危者，聞父母喪不得已而奪情起復，亦不過爲暫時之權
宜，非經世之常典。若一概奪情遂成故事，其流之弊將必至於貪戀
名爵不顧廉恥，以奪情爲喜幸，視父母猶路人，子道既虧，臣節難
保，綱常所關，誠非細故。〔註39〕

因而建議皇上：

〔註36〕《明通鑑》卷三十，紀三十，頁 1182；《明憲宗實錄》卷三十，頁 2 上～3 下，
成化二年五月癸酉條。
〔註37〕《明英宗實錄》卷一八五，頁 2 下～3 上，正統十四年十一月庚辰條。
〔註38〕前引書，卷三五三，頁 3 下～4 上，天順七年六月壬申條。
〔註39〕《明英宗實錄》卷二二六，頁 8，景泰四年二月己酉條；《明通鑑》卷二十六，
紀二十六，頁 1056～1057。

當金革之不試，舉祖宗之舊章，令在廷群臣非職典機要重務與國家
之所倚畀而不可一日無者，有父母喪悉如例還家守制，滿日起復不
必奪情，則君親之大倫於是而敦，臣子之大節於是而勸矣。〔註40〕
景帝嘉納之。

　　而眞正將矛頭指向江淵的彈劾是景泰四年（1453 年）五月，監察御史周
文以「翰林院侍講學士倪謙母死不丁憂營求奪情」一事，彈劾推薦倪謙爲經
筵講官的江淵。周文指出，江淵之所以推薦倪謙，「一則受其乞憐之切，一則
自爲奪情之張本耳」。所以江淵此次果遭母喪，而得蒙奪情，正是其「陰謀」
之得逞。要求予以懲治江淵與倪謙，「以爲營求奪情者戒」。〔註41〕

　　這次的彈劾，更有幾點值得觀察：

　　其一、此彈劾也不敢直接指向江淵，而是以翰林院侍講學士倪謙奪情之
事爲引子，間接的才提到江淵。應是與閣臣向來不守制的傳統所致。

　　其二、此彈劾並沒有中傷到當事人。景帝僅以「江淵、倪謙既處分，訖
已立，今後凡遇聞喪，除特恩外，其餘俱依例守制，不許濫保」〔註42〕之詔
予以回應。此詔令仍有「特恩」之例外，所以仍未發生太大的作用。

　　其三、爲何會在景泰四年五月才想到江淵奪情的往事呢？參看表十四，
這月正是另一閣臣王文奪情之時。爲何不直接提王文之事，其實這時期內閣
職權逐步高漲的過程中，宦官的權力亦是在增強的。而王文是受太監王誠等
的援引而入閣的。〔註43〕是否因此只好「指桑罵槐」呢？

　　成化朝營求奪情的例子：閣臣劉吉曾兩度丁憂，皆奪情起復：第一度在
景帝即位時，以纂修實錄，召起復；第二度則成化十八年（1482 年）正月，
遭父喪，令奔喪安葬，畢日還任。先奏請許終制。得「朕以卿輔臣，特令奔
喪，葬畢即來供職，不准終制」之旨；再乞終制，仍得「卿來盡心輔理即同
孝道，不許固辭」之旨；五月，奔喪居家，以不允終制，復馳奏請，又不獲
允；七月，以奔喪事竣畢回京，命復任視事。〔註44〕此次的奪情，《明通鑑》、

〔註40〕同前註。
〔註41〕《明英宗實錄》卷二二九，頁 2 下～3 上，景泰四年五月庚申條；《明通鑑》
　　　　卷二十六，紀二十六，頁 1046；《明會要》卷十八，禮十三，頁 302。
〔註42〕同前註。
〔註43〕王其榘《明代內閣制度史》頁 100。
〔註44〕《明憲宗實錄》卷二二三，頁 3 上～5 上，成化十八年正月庚寅、壬辰、己未
　　　　等條；卷二二七，頁 5 下～6 下，成化十八年五月辛卯、癸巳等條；卷二二
　　　　九，頁 3 上，成化十八年七月壬申條。

《泳化類編‧雙槐歲抄》載：「（劉）吉三疏懇辭，而陰屬貴戚萬喜爲之地，得不允」。〔註45〕

當時，陳音曾貽書勸劉吉固辭，劉吉遂不悅。〔註46〕後吏部擬用陳音，劉吉輒阻之曰「腐儒」，以故十年不得調。直至弘治五年（1492年），劉吉罷，陳音始進本寺卿。〔註47〕

嘉靖朝還有一案例，嘉靖四十年（1561年）大學士嚴嵩妻歐陽氏卒，其子時任工部侍郎嚴世蕃不欲扶柩歸。嚴嵩乃以情訴於世宗「謂己老耄，不可一日無世蕃在側」。世宗遂詔「留世蕃在侍養，令不必守制」。喪令孫嚴鵠護歸。〔註48〕此即自行營求奪情的情況。嚴世蕃奪情後，居喪期間「淫縱」，嘉靖四十一年（1562年）被御史鄒應龍所劾。

明末，奪情情況復盛。其中天啓年間因魏忠賢的關係而得以奪情者，值得觀察：

工部尙書崔呈秀，此人係得魏忠賢之寵，嗜利彌甚。時有「五虎」之目，以崔呈秀爲其魁首。〔註49〕在那「內外大權一歸忠賢」〔註50〕之時，舉朝官員媚魏忠賢亦不少，遂有「中外章疏，無不頌忠賢功德者」。當時方創《三朝要典》，崔呈秀「疏陳要典之源，追論並封、妖書、之藩三事，凡擁衛光宗者，悉加醜詆」。魏忠賢悅，宣付史館。〔註51〕此即是崔呈秀受寵之要因。進工部尙書，後加太子太保兼左都御史，仍督大工。母死，不奔喪，奪情視事。

延綏巡撫朱重蒙，因頌魏忠賢勛勤力彈，綢謬計周，遼左宣雲，武備咸修，衝邊共倚等語。再請守制。上命該部刻期發餉，朱重蒙奪情料理，不准守制。〔註52〕亦是因魏忠賢之關係，而得以奪情的。

可能是魏忠賢之關係，此二人並未遭到彈劾之舉。當時有提到奪情事的，是天啓五年（1625年）十月，御史練國事陳「用人課實」中論道：

〔註45〕《明通鑑》卷三十四，紀三十四，頁1311；《讀禮通考》卷一百九，頁34～35，總頁114-546。

〔註46〕《明通鑑》卷三十四，紀三十四，頁1316。

〔註47〕《明史》卷一八四，列傳七十二〈陳音〉，頁4881。

〔註48〕《明世宗實錄》卷四九七，頁3上，嘉靖四十年閏五月戊戌條。

〔註49〕《明史》卷三百六，列傳第一九四〈閹黨〉，頁7849。

〔註50〕《明史》卷三百五，列傳第一九三〈宦官二〉，頁7821。

〔註51〕《明史》卷三百六，列傳第一九四〈閹黨〉，頁7849。

〔註52〕《明熹宗實錄》卷八十二，頁10上，天啓七年三月丙子條。

> 薊遼何旭（中略）以經紃之身，奪情之用，數月未見北馭，在陛下
> 爲非常之恩，在督臣忍無非常之報，且九卿濟濟，豈無一人可遼者，
> 而必待延摧守制之臣，得無令夷虜笑中國之無人。〔註53〕

　　崇禎之時，國勢更趨衰微，官員若要職在身，丁憂守制與奪情之間，更
予旁人論斷之口實。如：

　　楊嗣昌先是任兵部右侍郎兼右僉都御史，崇禎七年（1634年）以父憂去，
復遭繼母喪。九年（1636年）十月，兵部尚書張鳳翼卒，思宗顧廷臣無可任者，
即家起復嗣昌爲兵部尚書。三疏辭，不許。十年（1637年）三月抵京。〔註54〕

　　楊嗣昌開始遭劾，「奪情起復」其實是在他先與言官交惡之後，才被借用
的理由。追溯其源：十一年（1638年），天象有所變異：

> 四月己卯，丑刻，熒惑去月僅七八寸。至曉，逆行尾九度，掩於月；
> 五月丁卯夜，熒惑退至尾初度，漸入心宿。〔註55〕

當時任兵部尚書的楊嗣昌上言：

> 古今變異，月食五星，史不絕書。然觀其時政事相感，災祥之應不
> 一其致。（中略）宋太祖太平興國月掩熒惑。明年興師滅北漢，遂征
> 契丹，連年兵敗。今者月食火星，猶幸在尾，內則陰宮，外則陰國。
> 皇上修德以召和，治內比威外，必有災而不害者。〔註56〕

這番說詞，工科都給事中何楷糾之，並認爲楊嗣昌意在申其「不敢用兵」之
說；接著戶部主事李鳳鳴、禮科給事中解學尹亦相繼糾之。〔註57〕此爲其與
言官之初次交手。

　　六月，楊嗣昌改禮部兼東閣大學士，仍署兵部。十月，「命大祀大慶暨傳
制頒詔諸大典不與，朝講召見如常服隨班」。這時楊嗣昌服母喪才五個月。工
科給事中何楷乃劾其「忘親」。〔註58〕何楷也因此而被降二級調用。〔註59〕此
亦與言官之再度交惡。

　　又有一事，先是吏部會推閣臣，止及詞臣資序。思宗不允，命并及在籍

〔註53〕《明熹宗實錄》卷六十三，頁25，天啓五年九月癸酉條。
〔註54〕《明史》卷二五二，列傳第一四十〈楊嗣昌〉，頁6511。
〔註55〕《明史紀事本末》卷七十二，頁832。
〔註56〕同前。
〔註57〕同前。
〔註58〕同前。
〔註59〕《讀禮通考》卷一百十二，頁50，總頁114-598。

守制者。論者謂：「蓋嗣昌爲陳新甲地也」。後陳新甲果被奪情起復爲兵部右侍郎，總督宣大。〔註60〕此事，侍講學士黃道周上言，直指「楊嗣昌在事二年才智已被睹矣，更起不祥之人與之表裏」等語，遂被降六級調外。〔註61〕

楊嗣昌之所以引起時人的反感，因爲：

> 時中原流寇決裂，特起嗣昌於苫塊，倚以辦賊。而嗣昌以熊文燦之招撫爲嘗試，逍遙司馬堂中，敗問日至，粉飾徒工。〔註62〕

諸生沈耕巖慨然國事至此，朝端尚無一人可任者，乃草〈綱常正而後可以正世風〉一疏，謂：

> 金革奪情，陋儒之曲說，君子必不出此，即嗣昌迫於君命，固應躬歷戎行，衽革荷戈。而乃支吾旦夕，安枕京師，釀禍憚勞，中懷規避，將來誤國，嗣昌之肉其足食乎？臣竊謂樞臣籌國已誤。〔註63〕

一疏謂：

> 嗣昌既不能循先典，乃援起復故事。軍旅之寄，一付文燦，使其聲罪除凶，三歲之議，以一十二萬方張之師，不爲不武，運二百八十餘萬咸集之餉，不爲不充，整旅以往，何凶不摧。即使面縛輿襯，猶應宣布皇威，而後昭上恩德以宥之。詎有漫無彄治，招之不來，強而後可，援賊之認帖，以爲金石，講盟結約，猶同與國，天下有不能殺人，而能生人者乎？有授柄於敵，而可懾敵者乎？臣不知其所終矣！〔註64〕

通政司張紹先，以疏字逾額，存案不上。耕巖上書通政，言無使獲罪執事幸甚。紹先始請上裁，楊嗣昌亦惶恐待罪，請進劾己之章。有旨，這本既違式，卿不必更請封進。耕巖乃礫括兩疏以就格，上之，留中不報。黃道周嘆曰：「此何等事，在朝者不言，而草野言之乎！吾輩眞愧死矣！」臺省何楷、錢增、林蘭友，詞林劉同升、趙士春，相繼劾嗣昌，最後而黃道周有廷辯之事。〔註65〕

後來清兵入寇，兵部尚書盧象昇亦責嗣昌：「人臣無親，安有君？樞輔奪情，安可與事君？」嗣昌奪其官，絕其餉，象昇戰死。〔註66〕

〔註60〕《明史紀事本末》卷七十二，頁832。

〔註61〕《讀禮通考》卷一百十二，頁46，總頁114-596。

〔註62〕黃宗羲《南雷文定前集》卷七〈徵君沈耕巖先生墓誌銘〉（臺北，臺灣商務印書館印行），叢書集成簡編，頁107～108。

〔註63〕同前。

〔註64〕同前。

〔註65〕《明史紀事本末》卷七十二，頁834。

〔註66〕《明史》卷二六一，列傳第一四九〈盧象昇〉，頁6762～6763。

　　總之，明代官員的奪情起復初有其「不可不奪」的理由，後來引起言官的不滿與抨擊，則是因濫用的「奪情起復」而致。如景泰時言官所說：「近年以來，內外官員多奪情不奔喪」；「近者各處官司相習成風，或司府佐貳之官，或州縣幕司之職，甚至辦事官吏，一聞親喪即行保舉」。此種不遵禮制的現象，會導致政治的腐化。而且景泰朝以後「邊事寧謐，在外方面等官已有定例，不許奪情。而在京官員猶或有奪情者」。故言官們惟恐「若一概奪情遂成故事，其流之弊將必至於貪戀名爵不顧廉恥，以奪情為喜幸，視父母猶路人，子道既虧，臣節難保，綱常所關，誠非細故」。而言官之氣燄日盛，因著言官的彈劾使得奪情的風氣受到抑制，守制的風氣得以興盛。

　　不過再進一步觀察，終明之世，言官與奪情起復者間的爭執不斷的出現。甚至原來理當奪情的內閣首輔等，亦引起言官的大力抨擊，因而演成了政爭。至此，丁憂守制與否，就不僅僅只是道德的問題了！

第二節　成化朝首輔李賢的奪情事件

　　明代的奪情被彈劾者中，最引人注意者為成化朝的首輔李賢，以及萬曆朝的首輔張居正。其實，羅倫劾李賢奪情一事，在成化當朝並未有如此大的「張力」。直到張居正奪情一事被議論之際，「遂并李公（賢）地下之靈重遭詆斥，而江陵亦追恨羅文毅（倫），詈為無知豎子」。〔註67〕何況：

> 李（賢）聞訃即歸，以上召，畢喪事而起，羅（倫）始以疏糾之；
> 張（居正）在位，即留視事，為五賢所聚劾。況以九月丁憂奪情，
> 次年三月，始請歸葬，初予假僅一月耳，則似亦稍有間云。〔註68〕

平情而論，李賢與張居正二事，雖同為首輔奪情被劾案例，但就引起政潮的後遺症而言，就有了極大的懸殊。

　　以下二節，即是以李賢、張居正二人被劾所引起的政潮，分別敘述。

一、李賢奪情被劾

　　成化二年（1466 年）三月，首輔李賢因父李昇卒，乞歸守制，憲宗不允而奪情，五月新登第的翰林院修撰羅倫彈劾之。

〔註67〕　明・沈德符《萬曆野獲編》卷七〈內閣・李南陽相業〉，頁 187，總頁 3365。
〔註68〕　同前。

先前雖已有一連串的言官對於奪情的人提出彈劾及發表反對意見，但是限於言官的品位，加上所彈劾者皆非掌握權力核心之人，故未引起太大的「震動」。

至於羅倫彈劾李賢的事件，絕非單一事件，是累積正統以來對於奪情風氣抑制的重要成果，權重一時的李賢因此從政壇，甚至從人生舞臺「敗陣而世」。

李賢自天順元年（1457年）入閣後，任首輔之位，不免權高招忌。而其精明有餘，然渾厚不足，招忌後不能容物，且沮抑人才。因此，憲宗即位後，朝臣更對李賢專擅感到不滿。然以憲宗對李賢信任篤定，政敵一直苦無良機。〔註69〕

接著，發生的兩件事：一是憲宗廢后，二是李賢丁憂奪情。遂使政敵有了打擊李賢的機會。憲宗廢后事件是於天順八年（1464年）八月，被廢的吳皇后，當年是因太監牛玉在皇太后前奏請所立。李賢對牛玉一昧順從，不敢得罪。由是，當吳皇后被廢，牛玉被下獄後，南京給事中王徽、王淵等人糾劾李賢，指其爲牛黨。結果，王徽、王淵被下獄，謫到普安州、茂州判官。時科道交章論救，李賢以：「此事何也，激也，甘露之變，黨錮之禍，諸君獨不知之？」回應。〔註70〕如是的以「壓抑」來處理的方式，反而引起更多的「反彈」。

李賢丁父憂之事，對亟欲李賢去位的政敵而言，這是「天賜良機」。然李賢卻如前朝舊例被奪情留任了。而在當時敢與李賢對峙的大概就是言官，或是「初生之犢」的新進官員了。

這是李賢第二度丁憂，之前，曾於正統十年（1455年）七月，母葉氏卒。時李賢任吏部考功郎中。至正統十三年（1458年）服闋，除文選郎中。〔註71〕

奪情情況非始於李賢，李賢被劾，此又與科道言官有直接的關係。特別是成化初，「憲宗廢后」事件後，給事中王徽以牛玉事劾李賢，得罪。禮科給事中張寧率六科論救，遂與內閣關係交惡，特別是與任首輔的李賢。〔註72〕

除了科道言官，翰林官亦有疏諫的行動，如彈劾李賢的羅倫、又有編修章懋、黃仲昭、檢討莊旭昺等，以憲宗「元夕張燈」事疏諫，結果被杖，並被遷官。此四人同以言事被黜，時稱「翰林四諫」。〔註73〕

〔註69〕陳埰淑《李賢之研究》頁190～192。

〔註70〕明・過庭訓《本朝分省人物考》卷九十一，頁 19。（台北，成文出版社，據明天啓二年刊，民國60年出版，影印本）。

〔註71〕《明英宗實錄》卷一六二，頁5上，正統十三年戊申條。

〔註72〕《明史》卷一八○，列傳第六十八，頁4766。

〔註73〕《明史》卷一七九，列傳第六十七，頁4751。

按前所論，可知內閣閣臣奪情之事被彈劾已有前例，而李賢更以首輔之高位而奪情，「奪情」在當時已不能被「容忍」，又加上李賢在閣之勢過盛，當然引致政敵所攻。至此，奪情事件已與政潮的產生有著密不可分的關係。

二、羅倫彈劾李賢的動機

羅倫彈劾李賢的行動，究竟是主動，或是被嗾使的？有謂策動羅倫劾李賢的應是彭華，即彭時之弟。他嫉李賢名望權勢在彭時之上，遂嗾羅倫曰：「李公一代偉人，而有此事，君若能攻其非，則大魁之名不虛矣」；〔註74〕關於這事，《國朝獻徵錄·實錄》載其始末：

> （彭）華實妒賢名望在兄大學士時之上，賢不知也。一日編修尹直與元禎有隙，直趨賢言曰：「元禎將以某請薦於公，皆以賄也。」已而，元禎果請，賢訪之得實，遂疏元禎。故元禎亦怨賢。適羅倫初及第，賢有奪情事，三辭不允。華與元禎遂嗾倫曰：「李公一代偉人而有此事，君若能攻其非，則大魁之名庶不虛矣。」倫遂上疏論賢，有旨謂：「奪情出自朝廷，非賢意，羅倫狂妄輕浮。」遂謫補外任。華懼，因揚言於人曰：「我輩雖與倫同鄉，跡實疏也，不意其狂妄如此。」時修撰謝一夔密知之，遂發與人。至弘治中，元禎遇編修何瑭於侍郎吳寬宅，自掩曰：「當時羅狀元論李文達，實彭君與我啟之，冀救正李公也。」人於是益信元禎與華之險譎矣。〔註75〕

又朱睦㮮爲李賢所立之〈傳〉亦曰：「彭華以私謁賢不遂，乃嗾修撰羅倫論賢」。〔註76〕如是一面倒的將羅倫劾李賢事推於「彭華嗾使」之說法，這些都是不確的傳言。因爲羅倫爲人剛正，在劾李賢之前，曾私謁李賢，告其不可奪情。等待數日之後，見李賢並無動靜，纔上疏彈劾。他絕不是一個受人嗾使的人（是一個名學者），他之劾李賢，表示時人對守制之重視，不能視爲政爭。

《殿閣詞林記·李賢傳》載：「自三楊以來得君未有如賢者，然而海內之士奔走匍伏以干恩澤者，紛如獨立不懼惟一羅倫而已，於乎難哉」。〔註77〕羅

〔註74〕　明·焦竑《國朝獻徵錄》卷十四（臺北，臺灣學生書局，民國54年影印本），頁9，總頁454；陳埥淑《李賢之研究》頁198～199。

〔註75〕　明·焦竑《國朝獻徵錄》卷十四，頁9～10，總頁454-455。

〔註76〕　明·焦竑《國朝獻徵錄》卷十三，頁51，總頁438。

〔註77〕　《殿閣詞林記》卷二，頁3，總頁452-145。

倫「性直戇，與人言竭底裏，剛腸疾惡，縉紳多忌之」；〔註78〕《明史》評羅倫：「詞臣以文學侍從爲職，非有言責也。激於名義，侃侃廷諍，抵罪謫而不悔，豈非皎然志節之士歟」；〔註79〕黃宗羲於《明儒學案》論羅倫，以其嘗自言：「予性剛，見剛者好之，若饑渴之於飲食，不能自喻於口也。孔、孟之所謂剛，固予之所好者也。」評之曰：「先生之學，剛而正」。〔註80〕

可知，羅倫之劾李賢，應與其個人對於傳統禮制的執著，矯正時弊的意念有關；當然，這一時期反奪情、及敢言的言論風氣，亦容易使李賢奪情一事成爲焦點，此亦是此事件被注目的主要理由；至於有否受人「嗾使」？以羅倫之「剛」性，若非其個人所意欲，恐不容易被「煽動」。不過也正因爲其「剛」，只要彭華等人。有計巧的將官場政爭隱身在「道德」、「禮制」的傳統準則之中，羅倫可是會「奮不顧身」的。

當然，當時奪情的人不只李賢一人，羅倫之疏若被認可，則等於是定了多人之不是，則必將使其他奪情之人亦被牽連，因之遂有禮部尚書陳文，陰助李賢逐羅倫之事的發生；〔註81〕再者，李賢器度不足、處理失當，遂予政敵口實。當羅倫被謫，尹直勸李賢以文彥博待唐介故事，請留羅倫，李賢曰：「潞公市恩，歸怨朝廷，吾不可襲此人」。〔註82〕即是將被貶歸於憲宗，自己則無能爲力；此時，原先反對李賢之勢力，如御史楊琅者，乃藉羅倫事件，并乞追復先前被李賢貶抑之言官岳正、張寧、王淵、王徽之原職，以加強反對聲浪。而面對如是的要求，李賢卻以「票旨」責楊琅是「朋比」。由是，更使反對者對李賢不滿，相對的羅倫則是「直聲震天下」。〔註83〕

但也有人同情李賢的，如：焦竑論其曰：「晚節以起復蒙訾毀，余嘗竊議文達（即李賢）亦有不能去者：『受先帝顧命，當主少國疑之時，四上章請不許於戲，義之所在，將安所之？』論者弗度時宜，聞者又復附和，使公之志遂不獲暴白，惜乎！」〔註84〕又有曰：「其狂旦夕之權宜，忽蕭牆之早計，倉卒禍興，狼狽亡及，幾不免於虎口。所謂當斷不斷，反受其亂，非耶自詒伊

〔註78〕《明史竊》卷七十三〈羅倫傳〉，頁1，總頁1704。
〔註79〕《明史》卷一七九，列傳六十七，頁4763。
〔註80〕清·黃宗羲《明儒學案·師說》，頁5～6。
〔註81〕《明史》卷一六八，列傳五十六，頁4522。
〔註82〕明·涂山《明政統宗》卷十四（臺北，成文出版社，據萬曆四十三年刻本，民五十八年影印），頁1。
〔註83〕《明史竊》卷七十三，列傳第五十一，頁1，總頁1704。
〔註84〕明·焦竑《國朝獻徵錄》卷十三，頁51，總頁438。

感，尚誰懟也」。〔註85〕

又廖道南爲彭華「保留餘地」曰：「予觀《吉安志》謂（彭）華才識超邁，望重一時。及讀國史，累千百言皆極其醜詆。又謂羅倫之逐、張元禎之劾，皆原于華，予不敢盡信，姑存其著者」。〔註86〕

關於以上總總爭論，明人李贄則提出他的另一番觀點：

> 既以食君之祿，官居一品，君命起復，即宜不俟駕行矣，不必怪東怪西，謂彭華嗾使羅倫以代公表白，反使羅倫亦蒙不韙之名也。余謂若欲盡孝，自不宜出仕；既出仕，藉君養親，又持終喪之說以買名，皆無廉恥之甚者。更苟在朝不受俸，不與慶賀，不穿吉服，日間入公門理政事，早晚焚香哭臨，何曾失了孝道？況忠以事君，敬以體國，委身以報主，忘私忘家又忘身，正孝之大者，乃反以爲不孝可歟！天順反正八年之間，非文達（即李賢）挺身負荷，則曹石之徒，依然敗壞潰劣，不可收拾矣，何莫而非文達行孝去處，而必以區區廬墓哭泣乃爲孝耶？吾不知之矣！〔註87〕

萬曆時人沈德符則謂：

> 李南陽（賢）之奪情，識者訾之。羅一豐糾疏，詞旨極峻。當時有以爲過者，以李受憲宗異眷，不忍辭也。〔註88〕

此可算是時人稍具客觀之論點。

綜結前論，值得觀察的是，前面數朝的科道言官雖對奪情事有所批評，但是仍不敢直接將矛頭指向閣臣。而至此，翰林新進官員羅倫竟然敢公然向高權位者挑戰，或可提出兩個結論：

其一、內閣制度發展至此，李賢以「首輔」控權，此與當初內閣初設之「顧問」「祕書」角色，有相當明顯之差異。所以引起此權力結構中的其他位階人的不安與不滿，政爭於是產生。明代名義上無宰相，但內閣首輔在一定程度上又握有相權。首輔往往利用職權，結朋聚黨，專政攬政。此些更令言官所最憤恨者。

〔註85〕《明史竊》卷四十五〈李賢傳〉，頁4，總頁1482。
〔註86〕《殿閣詞林記》卷三，頁39～40，總頁452-181-182。
〔註87〕明・李贄《續焚書》（臺北，中文出版社），頁436。
〔註88〕明・沈德符《萬曆野獲編》卷七，頁194。

其二、相對於政權中的種種不公平、不合理現象，少數持有「理想」的「初生之犢」，甘冒天下大不諱，直言進陳。這應是明代言官養成、言路活澄化、甚至激化的直接結果。只是很可惜，言論終究淪為政爭的工具，敢言者最多也僅是政爭過程中被搬上抬面的代罪者而已。「理想」與「現實」之間仍是很難平衡的。

第三節　萬曆朝首輔張居正奪情引起的政爭

自正德朝內閣首輔楊廷和堅持守制之後，直至明亡，內閣閣臣丁憂被奪情的僅居萬曆朝首輔的張居正一人。張居正於隆慶元年（1567 年）二月，以吏部左侍郎兼東閣大學士入內閣〔註89〕萬曆五年（1577 年）九月，以父喪請丁憂，神宗不許，命其奪情，引起了官員間相當大的反對聲浪，開始藉連續上疏來反映。結果，引起了嚴重的政潮。

一、張居正奪情被劾及彈劾者下場

這些為反對張居正奪情甚至不惜個人死生者，其意欲如何？實際上，官員們不相信張居正請求離職丁憂的誠意，進而懷疑奪情一議是否出自皇室的主動。翰林院的幾十名官員乃請求吏部尚書張瀚和他們一起去到張居正的私邸向他提出勸告，但是勸說不得結果。〔註90〕

因反對張居正奪情不成，第一個被攻擊的是吏部尚書張瀚。當他參加了這次私邸勸告以後，就立即被人參奏。〔註91〕張瀚原奉命諭留張居正，未及回奏。由是，輔臣傳旨詰責，張瀚乃惶恐謝罪，於是吏科左給事中王道成、陝西道御史謝思啟，遂交章論劾張瀚「徇私欺罔」。〔註92〕參奏中未提到他和張居正的這次衝突，而是以「昏耗至此」為由，令其致仕。〔註93〕復奪侍郎何維柏、陳炌俸三月，降該司郎中俸三級，管事不許陞轉，餘各罰俸半年。〔註94〕何維柏之

〔註89〕《明史》卷一九五，表第十〈宰輔年表一〉，頁 3363。

〔註90〕《明神宗實錄》卷六十八～卷七十，萬曆五年十一月～十二月；黃仁宇《萬曆十五年》（北京，中華書局，1982 年 5 月第 1 版），頁 20～25。

〔註91〕同前。

〔註92〕《明神宗實錄》卷六十八，頁 2 上～3 上，萬曆五年十月甲午條。

〔註93〕《明神宗實錄》卷六十八～卷七十，萬曆五年十一月～十二月；黃仁宇《萬曆十五年》，頁 20～25。

〔註94〕《明神宗實錄》卷六十八，頁 3 上，萬曆五年十月丁酉條。

所以被波及，是因當初詔吏部諭留張居正時，張瀚詢問何維柏意見，何維柏曰：「天經地義，何可廢也」。張瀚聽從之，遂未回奏，故受詔責。〔註95〕

此事按《明神宗實錄》之論點，稱這些劾張瀚的人，皆「臺省媚張居正者」。〔註96〕初，張瀚一向被認為是張居正的私人，在張居正的破格提拔下才得掌吏部，他在任內也惟有文淵閣的指示是聽。今忤張居正之意，自為張居正所不能忍受。不過，如是一來，卻得到反張居正者所稱。〔註97〕

這一參奏讓官員們更憤怒的，是因為朝廷的糾察官員，即一百一十名監察御史和五十二名給事中，都屬於張居正的人，他們從來都不顧輿論，只糾察對張居正不利的人。〔註98〕

於是官員們採取另一種方式，直接向神宗參奏張居正。翰林院編修吳中行、檢討趙用賢、刑部員外艾穆、主事沈思孝等人，就是接下來的「抗爭」者。

吳中行的意見是：張居正遭逢父喪，是否守制一事，「萬古綱常所繫，四方之觀聽攸關」，所以雖皇帝「必留」與張居正「不容不留」，然「其微權深意非圓神通方者未可告語」，自應仔細斟酌考量。若以「君臣」之義來論，「君之使臣也以禮，人之愛人也以德。謂之禮，非特接遇之文也，必以心相體焉。謂之德，非徒眷戀之私也，必以道相成焉」。而若以張居正身居「元輔」之位而言，所謂「禮義由賢者出」，而守此禮節，則能全其禮義之大節。難道「皇上之特眷元輔，不以其賢乎」？且「域中之共仰元輔者，又不已其賢乎」？尤其其「位當天下之重任」，「身繫海內之具瞻」，「必正己而後可以正百官，而後可以正萬民」。何況一般「拘曲守常之士」都無法諒解，「或因其不去之跡，而歸以不韙之疑。安能家喻戶曉，而使之無里譚巷議乎？」若「輿論未愜，革面無庸」，則何以「敷化施政」？何以「責人趨令遵教」？更何況「聖賢道理」和「祖宗法度」二語是張居正所兢兢守之的，不要讓他自己有所違背。〔註99〕

而且張居正之奪情，吳中行認為張居正是處於「不忍」與「不敢」的狀態中。即「終喪者，正聖賢之訓也。而自身違之，必其所不忍也」；「奪情者，

〔註95〕《明史》卷二百十，列傳第九十八〈何維柏〉業頁5552。
〔註96〕《明神宗實錄》卷六十八，頁2上～3上，萬曆五年十月甲午條。
〔註97〕《明通鑑》卷六十六，紀六十六，頁2597～2598。
〔註98〕《明神宗實錄》卷六十八～卷七十，萬曆五年十一月～十二月；黃仁宇《萬曆十五年》，頁20～25。
〔註99〕《皇明經世文編》卷三七二〈吳沈二公集〉卷一，頁2～3，總頁23-221~224。

正非祖宗之法也，而身自蹈之，必其所不敢也」。而「以其所不忍所不敢，而委婉迂辭，不得已爲辭俸之請。又不得已俟大婚之期」，所以張居正的心是可以體諒的。而之所以如此，則是因爲「君之于臣，死生進退，惟其命而無所逃」。尤其是「皇上無俞允之命，而屢瀆不止，則尤有所敢者；禮意隆渥，札諭諄懇，相須甚殷，誠千載一遇也。夫皇上有殊絕之恩，而求去必速，則尤所大不忍者」。而若皇帝「必欲其違心抑情，銜哀茹痛于廟廊之上，且責之以紆謨決策，調元熙載焉」，則張居正即使「非其情」也當勉力爲之。〔註100〕

如此說來，張居正既情非得已，關鍵則在神宗。因此，吳中行期望神宗能「卹其私情，全其大節」，「正所以安其心，而責效于他日全一人之節；正所以端其身，而錫極于兆民」。若神宗認爲「勉留之者，固所以爲社稷生靈」，則吳中行建議「皇上誠虛懷親賢，講學圖理，日召大臣，益明習國事。不以嗜欲漸開而懈心生，不以疆圉僅寧，而侈心生，怠荒是戒，朝夕惟勤，將見聖德日盛，世道時雍。凡元輔所深望者，皇上能終慰之，雖去猶不去也」。對於張居正，「仍虛位以待，則計日可還。若有大政事，大謀議，或實封上奏，或遣使就咨。不然則容其給假營葬，竣事趨朝，暫往還來，以副倚注」。這樣一來，「君恩親誼，子孝臣忠，一舉兼得，萬世有辭矣。彝倫攸敘，風化大行。則人心安，天意順，或亦弭災消變之道」。〔註101〕

吳中行自述與張居正之關係，是「臣之進也，元輔之所舉也，有師弟子之分」。〔註102〕就是經由張居正推舉，即算是張居正的學生。吳中行上疏之後，曾交一份副封給張居正，張居正愕然問道：「疏進耶？」吳中行曰：「未進，不敢白也」。〔註103〕

吳中行上疏後之隔日，檢討趙用賢疏入，曰：

> 略謂先朝楊溥、李賢亦嘗起復，然溥先以省母還家，賢既以回籍奉旨奪情，固未有不出都門，而可謂之起復者也。且陛下所以不允輔臣之請者，豈非謂朝廷政令賴以參決，四海人心賴以觀法者乎。今輔臣方負沉痛，其精神之恍惚，思慮之迫切，必不能如曩日之周悉，而四海之邀聽風聲者，又以拘曲尋常之見疑之，亦必不能如曩日之

〔註100〕 前引書，頁2～4，總頁23-222~225。
〔註101〕 前引書，頁4，總頁23-226~227。
〔註102〕 前引書，頁5，總頁23-227。
〔註103〕 《明通鑑》卷六十六，紀六十六，頁2598～2600。

敬信而承服，是輔臣之勳望積之數年，而陛下顧敗之一日，臣不知
陛下何忍而爲此也。（中略）今輔臣之留，皇上既有成命矣，烏用是
曉曉者背公誼而徇私情，蔑至性而倡異論，臣誠不知其可也。〔註104〕

認爲是神宗強留張居正，如此將使張居正「積之數年」之「勳望」，「敗之一
日」。不知神宗「何忍而爲此也」？

　　已而，員外郎艾穆、主事沈思孝亦合疏言「居正貪位忘親」，曰：

自居正奪情，彗星突見，臣等意，在廷之臣必有能指陳綱常大義以
感悟聖衷者。詎期附炎鄙夫，如御史曾士楚、都給事中陳三謨干犯
清議，望風保留，致使人心長死，國事若狂，綱紀風俗將大壞而不
可止矣。居正今以例留，厚顏就列，如異時，國家有大慶賀大祭祀，
爲元輔大臣者若欲避之，則于君父大義不可。欲出，則于父子至情
又不安，臣不知斯時，陛下何以處居正，居正何以自處？宜速令奔
喪守制，以全忠孝大節，則綱常肅而朝廷正，朝廷正而百官萬民莫
不正，一正足以格天，何災異之不可弭哉。〔註105〕

他指出，張居正之奪情，破壞綱常大義，致使「彗星突見」，恐將有災異臨頭。
懇請准許張居正守制，以弭災禍。

　　按趙用賢，與吳中行一樣，同爲張居正之門生。沈思孝，嘉興人。艾穆，
平江人，張居正之同鄉。張居正曾語人曰：「昔嚴分宜（嵩）時，未有同鄉攻
擊我，我不得比分宜矣」。〔註106〕

　　當以上各疏奏進後，張居正大怒，謀于馮保，欲廷杖諸人。多方人士試
欲救之：有尚書馬自強曲爲營解，張居正跪而以一手撚鬚曰：「公饒我！公饒
我！」表示與其無關；學士王錫爵亦造張居正喪次，爲之解，張居正曰：「聖
怒不可測。」王錫爵說：「即聖怒，亦爲公。」語未訖，張居正勃然下拜，索
刀作刎頸狀曰：「上強留我，而諸子力逐我，且殺我耶！」王錫爵亟趣出，知
事不可回矣。〔註107〕後又有侍讀于愼行、田一儁、張位、趙志皋、修撰習孔
教、沈懋學皆疏救，格不入。沈懋學且曾三貽書給張居正之子張懋修，「伸經
權忠孝之辨，以爲師相之留爲世道計，諸子之疏亦爲世道計，奈何視爲狂童

〔註104〕《明神宗實錄》卷六十八，頁5下～6上，萬曆五年十月乙巳條。
〔註105〕同前。
〔註106〕《明通鑑》卷六十六，紀六十六，頁2598～2600。
〔註107〕《明神宗實錄》卷六十八，頁6下，萬曆五年十月乙巳條；《明通鑑》卷六十
　　　　六，紀六十六，頁2598～2600。

斥爲讎黨乎」。此言出而所云力不能救者，天下疑而弗信矣。又貽書李幼孜云：「師相之歸宜決，臺省之歸宜止」，言甚切直。未幾，習孔教、趙志皋強位相繼遷謫去，王錫爵、沈懋學皆移病歸。〔註108〕

更甚者，當時諸臣關於張居正奪情之事的進言，被神宗視爲「藐視」皇帝之罪：

> 上敕諭群臣：群姦小人，藐朕沖年，忌憚元輔，乃借綱常之說，肆爲擠排，欲使朕孤立於上，得以任意自恣。茲以薄示處分。如黨奸懷邪，欺君無上，必罪不宥。〔註109〕

在此之前，神宗堅決而且迅速的動作，已大出於反張派的意料之外。緊接著又降下此敕書，指稱，參奏張居正的人假借忠孝之名掩蓋一個大逆不道的目的，即欺負皇帝年幼，妄圖遷走輔弼，使皇帝孤立無援而得逐其私。此次給予杖責，不過是小示儆戒，如果有人膽敢繼續頑抗，當然要給予更嚴屬的處罰。這樣嚴肅的語氣，等於爲再敢以行動倒張者的官員預定了叛逆罪，使人已無抗辯的餘地。〔註110〕

十月二十二日，命錦衣衛逮諸人至午門前，吳中行、趙用賢各杖六十，發回原籍爲民，永不敍用。穆思孝各杖八十，發極邊充軍，遇赦不宥。杖畢，校尉以布曳出長安門，舁以板扉。吳中行氣息已絕，中書舍人秦柱挾醫至，投藥一匕，乃蘇。剮去腐肉數十臠，大者盈掌，深至寸，一肢遂空。用賢體素胖，肉潰落如掌，其妻腊而藏之。吳中行、趙用賢即日驅出國門，人不敢候視，穆思孝復加桔拲，置之詔獄。越三日，始僉解發戍。〔註111〕

此情此景，爲修史者所同情，《明神宗實錄》書曰：「吳中行就逮之日，陰雲忽結，天鼓大鳴慘黯者」，表明出當時「天怒人怨」的氣勢。而且當時若稍爲表示「關心」者，如「有候視者，邏卒輒籍記之，而廠衛之命隨至」。〔註112〕可見已是對於反對者之肅清舉動了。

就在這「驚天動地」之時，二十四日，又一個不畏死之人出現，即刑部

〔註108〕《明神宗實錄》卷六十八，頁4下～6下，萬曆五年十月乙巳條；《明通鑑》卷六十六，紀六十六，頁2598～2600。

〔註109〕《明神宗實錄》卷六十八，頁6下～7上，萬曆五年十月丙午條。

〔註110〕《明神宗實錄》卷六十八～卷七十，萬曆五年十一月～十二月；黃仁宇《萬曆十五年》，頁20～25。

〔註111〕《明通鑑》卷六十六，紀六十六，頁2598～2600。

〔註112〕《明神宗實錄》卷六十八，頁6下，萬曆五年十月乙巳條。

辦事進士鄒元標，上疏論輔臣張居正奪情事。認為張居正不回籍守制有違綱常，而「相也者，一人之身，社稷綱常所攸賴者，必置身於綱常大道之中，而後朝廷服，萬民懷。一有不善，議其後者如蝟毛而起。孔子曰：『苟正其身矣，於從政乎何有？不能正其身，如正人何？』此之謂也。今觀居正之於父也，憑棺淚奠，未盡送終之禮，在京守制，尚貪相位之尊，果能正身而正人耶？不能正身而欲正人，為居正計者，不可一日而不去。皇上為居正計者，不可一日而留矣」。〔註113〕

鄒元標並認為神宗一意留住張居正，並不適當，而且對於張居正平素所為表示不滿，曰：「居正不去，天下人所共知也。皇上留之者，豈以其有利社稷耶？然不知居正之在位也，才雖可為，學術則偏。志雖欲為，自用太甚。」鄒元標認為張居正所為「乖張」者有四端，即「進賢未廣」、「決囚太濫」、「言論未通」、「居隱未周」，而「皇上深居九重，漠然不知，此居正之罪也，其他用深刻之吏，阻豪傑之材，又不可枚數者矣，即使有利社稷，猶大壞綱常也，況無利社稷，若此而可留之耶？抑豈以居正既去，天下事難以支耶？不知居正在位之時，我國家法度維繫民心者久，我祖宗德澤聯屬民心者深，況在事諸臣濟濟後先，非居正力所能獨運也。居正去位之後，其德澤法度如故也，天下人豈盡出其下哉？豈盡無所補哉？」另外，鄒元標又以神宗諭中有：「朕學尚未成，志尚未定，先生既去，前功盡棄。」之言，乃曰：「陛下言及至此，宗社無疆之福也，雖然學固未成矣，弼成帝學者，未可謂在廷諸臣無人也。志固未定矣，輔翼聖志者，未可謂在廷諸臣無人也。居正丁憂可挽留之，居正脫有不測，陛下之學將終不成？陛下之志終將不定耶？此臣所未解也！皇上以英明之資，御曆五稔，人皆曰將興堯舜之道，三王之功矣！」。〔註114〕

至於張居正採取「在京守制」方式，鄒元標認為亦不可行，如謂：「以居正而在京師守制，天下後世謂：『陛下何如主？』綱常自此而壞，中國自此而衰，人心自此而弛。居正一人不足惜，後世有攬權戀位者輒援居正故事，甚至窺竊神器，貽禍深遠，難以盡言者矣。昔古之碩輔元宰，措則正，施則行，建光明俊偉之業者，無他，上下交相信也。今居正冒喪而議國事，天下之人皆曰居正不孝而固寵也，居正不孝而麋爵祿也，居正不孝而擅權也。雖有設

〔註113〕《皇明經世文編》卷四四五，〈鄒忠憲公奏疏〉卷一，頁 1～2，總頁 27-514
　　　　～515。
〔註114〕同前，頁 2～4，總頁 27-515～520。

施，誰則信之。而居正之心，必曰天下之人議我不孝而固寵也，議我不孝而
縻爵祿也，議我不孝而擅權也。下稍有不從，禍流縉紳。天下以是疑居正，
居正以是疑天下。上下交相疑，而禍不日深者，未之有也」。所以說張居正「不
可留此位彰彰明矣」。〔註115〕

　　鄒元標又據張居正所上第一份〈乞守制疏〉所謂「非常之人」，評其心態
曰：「居正首疏云：『有非常之人，然後辦非常之事』，非常之事，非常人所能
辦也。是其心蓋曰，起復非常事也，吾非常人也，吾而當此，誰則議之。自
臣觀之，人有五常，仁義禮智信是也，力此五者，斯謂之非常之人。今有人
於此，親生而不顧，死而不葬，指而名之曰，非常人也。然人不曰殘忍，則
曰薄行，不曰禽獥，則曰喪心，可謂非常人乎？」又針對居正疏中「不顧旁
人之謗議，卹匹夫之小節，非病狂喪心」之語，評之曰：「有此言哉！一家非
之不顧，一國非之不顧，天下非之不顧，謂理之所在，則顧理而不顧眾論也。
三年之喪，無貴賤一也，旁人謗議，是乎？非乎？尾生之信，孝已之行。陳
仲子之廉，小節也。三年之喪，無貴賤一也，果謂小節乎？」又因張居正說：
「道路無不為臣酸鼻」，而評之曰：「此其欺罔尤不容言，居正未聞喪之先，
天下逆睹其奸，居正既留京之後，天下深恨其非，臣登刑堂，遇各司曹出刑
曹，接諸冠裳，各垂首喪氣，一日三歎，切齒含憤，有不忍言，酸鼻者誰乎？」
另外針對「皇上大婚固大禮也，居正以被经罪人，欲雜乎其間。」批評其心
態曰：「蓋欲誇示來世，以居成功耳。」而探究張居正奪情事，與前人相較，
鄒元標論曰：「宋臣文天祥當南渡之日，猶送親歸葬。當此清朝，豈南渡之時
耶？先朝李賢奪情起復，羅倫力排斥之。居正之不歸，蓋無情可奪，無復可
起，又非賢之儔矣！」於張居正奪情此舉可能引起的後遺症，元標論曰：「大
臣聞喪而不去，小臣必有匿喪而不報者，固所必致也。嗚乎，父子天性，其
恩罔極，事父如此，事皇上可知矣。先正曰：『求忠臣於孝子之門』，遺其親，
能忠其君者，未之有也」。〔註116〕

　　張居正不回籍守制既有以上所論之可議處，而使鄒元標「尤有深恨」的，
則是「國家以言路付之臺省，事關綱常，悉陳無隱，默而不言，猶謂曠職」。
所以論及那些上疏支持張居正留京者，元標評之曰：

　　　臣觀湖廣道御史曾士楚一本爲保留臣事，臣不勝驚愕，謂公論倒壞一

〔註115〕同前，頁 4～5，總頁 27-520～521。
〔註116〕同前，頁 5～6，總頁 27-521～524。

至於此，徐察之各道御史有毅然中止者。士楚悍然不顧，私自上請，此其心豈眞爲社稷哉？蓋曰輔臣本欲留也，不首留之，其功不高。身首留之，輔臣德我，我不數年，公卿立至矣，此士處心也。夫今日上疏留輔臣者，士楚也，臺臣倡之。明日上疏留輔臣者，陳三謨也，省臣效之。朝廷爲首善之地，臺省爲公論之所，論及至此，可勝言哉。所幸者，公卿大臣挺然中立未有留疏，然因此而遷去又不常矣。溯其原，士楚先之，處也有三年之愛於其父母乎？〔註117〕

鄒元標上疏之時，適吳中行等受廷杖，鄒元標諸人俟杖畢，取疏授中官，紿曰：「此乞假疏也。」及入，居正大怒，亦杖之，如艾穆、沈思孝之數。尋謫戍都勻衛。當時人情洶洶，指目張居正，至揭謗書于通衢。神宗詔諭群臣：「再及者誅無赦」，彈劾疏遂止於此。〔註118〕其後五年內不再有人參劾張居正，非議奪情。至於，鄒元標之刑罰，由於奏章呈送在敕書傳遍百官之前，因此加恩只予廷杖并充軍貴州。〔註119〕

　　鄒元標與吳中行等五人且因此而「直聲震天下」。〔註120〕可見當時反張居正之情況。對於如此的結果，《國権》的作者談遷認爲，反對者的方式似乎太過「強硬」，未能考慮張居正的立場，以致演成「政爭」。其言曰：

江陵負蓋世之才，中道宅憂，墨衰從變，物情大駭，諸君子攻之，或紓或峻，並羅重譴。然爲君子計，當朝命再留，即須娩導，庶可止也。彼疏暫留，其志已決，而後與之角，豈能遽引罪爲然否？〔註121〕

二、神宗皇帝的堅持

　　其實，按前所論，反對諸人並非不知道張居正身爲「人臣」的無奈，只是皇帝既不能得罪，只有將責任委諸於張居正一人了。趙善政《賓退錄》亦認爲是出於神宗之意願：「江陵公之奪情也，本出上意」。〔註122〕

〔註117〕同前，頁6～7，總頁27-524～525。
〔註118〕《明神宗實錄》卷六十八，頁7，萬曆五年十月丁未條；《明通鑑》卷六十六，紀六十六，頁2598～2600。
〔註119〕《明神宗實錄》卷六十八～卷七十，萬曆五年十一月～十二月；黃仁宇《萬曆十五年》，頁20～25。
〔註120〕《明通鑑》卷六十六，紀六十六，頁2598～2600。
〔註121〕明・談遷《國権》卷七十，頁4325。
〔註122〕趙善政《賓退錄》卷四，頁31，本書收錄在王雲五主編叢書集成簡編《觚不觚錄及其他二種》，（臺灣臺灣商務印書館，民國55年6月臺1版，據涇川

再從張居正三上「乞守制疏」時，與神宗之間的「對話」來看：

張居正於首疏中論及，他受到的「非常」之禮遇，「摩頂放踵，粉爲塵土」，尚猶不足，因此即使是有「旁人之非議」，亦不能拘於「匹夫之小節」，拘於「常理」之內。然而「常理」究竟是「常理」，張居正欲違之者，亦有所顧忌，所以亦表明他的難處：「且人之大倫，各有所重。使幸而不相值，則固可各伸其重，而盡其所當爲；不幸而相值，難以並盡，則宜權其尤重者而行之。今臣處君臣父子，兩倫相值而不容並盡之時，正宜稱量而審處之者也」。〔註123〕面對如是的「君臣父子，兩倫相值不相容並盡之時」，張居正是如何的「稱量而審處」呢？他的考量是如此：「顧臣思之，臣今犬馬之齒才五十有三，古人五十始服官政，而本朝服制止於二十七個月，計臣制滿之日亦五十六歲耳。此時自量，精神、體力尚在強健，皇上如不以臣爲不肖，外則操戈執銳，宣力於疆場，內則荷橐持籌，預議於帷幄。遠邇閒劇，惟皇上之所使，雖赴湯火，死不敢避。是臣以二十七月報臣父，以終身事皇上。昔人所謂：報國之日長，報劉之日短者也。如此，則君臣父子之倫，雖不得以並盡，而亦不至於相妨。夫古人有銜哀赴官、墨縗從政者，有金革之事則可。方今賴皇上威德，四方無壘，九塞消塵，故臣欲以其間少盡私情。此臣之所以籲天泣血，哀鳴而不能自己者也。伏望聖慈垂念烏鳥微情，曲賜允許。不惟臣之愚衷獲安，臣父有知，亦銜感於九泉矣」。〔註124〕

關於此第一疏，有論者曰：「張居正在應否辭職守孝的問題上心情是矛盾的，一方面，他留戀未盡的改革事業和權位；另一方面，又迫於傳統的禮制和反對派的壓力。因此，這第一篇請求守制的奏疏，語氣並不十分堅定」。〔註125〕

果然，神宗聖旨又降，曰：「卿篤孝至情，朕非不感動。但念朕昔當十齡，皇考見背，丁寧以朕囑卿。卿盡心輔導，迄今海內乂安，蠻貊率服。朕沖年垂拱仰成，頃刻離卿不得，安能遠待三年？且卿身繫社稷安危，又豈金革之事可比？其強抑哀情，勉遵前旨，以副我皇考委託之重，勿得固辭」。〔註126〕

神宗再度以「先帝顧託」一事提醒張居正，致使張居正深感「受人之託、忠人之事」的責任，而說：「夫人之相與，然諾相許，猶能捐軀赴義，死且弗

叢書本排印）。

〔註123〕《張居正集》卷六，奏疏六，〈乞恩守制疏〉，頁266～267。

〔註124〕前引書，頁267。

〔註125〕同前。

〔註126〕前引書，頁270。

背。臣於國事，糞土草芥之臣耳。先帝不知臣不肖，臨終託臣以大事，丁寧付囑，言猶在耳；中道而背之，雖施於交友，然且不可，乃敢以此事君父，而自蹈於誅夷之罪乎？」〔註127〕

張居正既畏負先帝之託，恐遭誅夷之罪，背「不忠」之名，然亦恐遭「不孝」之名，再度申明其權宜之處：「蓋臣今所乞於皇上者，非長往遠引，背而去之之謂也。痛念臣父別來十有九年，雖〈陟岵〉之懷時時在念，而以國家事重，未敢言私。竊常自擬，俟皇上大婚禮成，暫乞一假歸省。不圖一旦奄至於此，使臣抱恨終天。今日雖得歸家，亦知攀號無及。但念臣父生身恩重，今縱不得再睹其音容，然及其未殯，憑棺一慟，身負簣土，加於邱壟之上，猶得少逭其違曠之咎，以慰冥漠之魂。比及禫除，臣當不俟宣召，馳赴闕庭，以聽任使。是臣未盡愚忠，尚有俟於他日也。若此願不獲，將負痛終身。雖勉強在此，而精神沮喪，心志昏迷，發慮出謀，必至乖舛。或因而鬱鬱致病，喪此殘軀，則忠孝君親兩俱有損，此臣所以展轉恓惶而不能已於哀鳴也」。〔註128〕

在表明了自己這一段私情之餘，張居正惟恐有所造次，緊接著申明自己對於君臣角色的「自知之明」：「夫君臣之義，無所逃於天地之間。君之於臣，欲其生則生，欲其死則死，命之進則進，命之退則退。臣豈敢以區區螻蟻微情，仰于大義之重？所以屢控而不止者，亦恃皇上平日諒臣之深，眷臣之篤，憑寵怙恩。而覬幸於一獲耳。臣連日痌切窮苦，心蘊結而難紓，語荒迷而無次，惟聖慈哀憐臣下情，不勝瀝血抆淚懇切祈望之至」。〔註129〕

關於此第二疏，論者曰：「張居正既要堅持改革事業，又不能承當不孝的罪名。因此，他用奏疏來表白回籍守制的『願望』，以避免攻擊者的責難。而這時明朝幾乎完全依賴張居正當國秉政，故神宗不能不再次降旨對他加以慰留」。〔註130〕果然，又得旨：「卿言終是常理，今朕在沖年，國家事重，豈常時可同。卿平日所言，朕無不從。今日望卿，無得再陳」。〔註131〕可知神宗對於張居正「倚賴」之深，所以即使「感動」於張居正之言，但「常理」終歸是常理，時值皇帝年幼，國家事重，非常時可比，所以要張居正「今日此事，

〔註127〕同前。
〔註128〕同前。
〔註129〕前引書，頁271。
〔註130〕同前。
〔註131〕《明神宗實錄》卷六十八，頁1，萬曆五年十月戊子條；《張居正集》卷六，奏疏六，〈三乞守制疏〉，頁274。

卻望卿從朕，毋得再有所陳。」甚至呂調陽、張四維轉達皇帝之意：「雖上百本，亦不能從」。〔註132〕可見神宗的「堅持」。

　　神宗如是「堅持」，張居正一方面有點「無可奈何」，一方面也感覺出自己在神宗心中的份量。但仍有一些官員不相信張居正辭職守孝的心意，更懷疑留職居喪之議是否出自皇帝的主動。為了消除當時官場中的種種猜疑，張居正才又上了第三疏〔註133〕曰：「犬馬之誠，不能動人，譬人之誠亦不能動天。臣始不信，今乃見之。臣前後所奏，哀苦迫切之情，非不仰觸聖心也；悲鳴號泣之聲，非不上徹天聽也。然竟不能徵一二之幸於萬分之中者，仰窺皇上之心，不過以數年以來，舉天下之重，盡屬於臣，見臣鞠躬盡瘁，頗稱意指；將謂：國家之事，有非臣不能辦者」。〔註134〕

　　所謂「滿招損，謙受益」，張居正應懂此理，所以在前面這番「國家之事，有非臣不能辦者」的話之後，遂加了句「此殆不然也」。並說：「夫人之才識，不甚相遠，顧上用之何如。臣之不肖，豈真有卓犖超世之才，奔軼絕塵之力？惟皇上幸而用之，故臣得盡其愚耳。今在廷之臣，自輔臣以至於百執事，孰非臣所引薦者？觀其器能，咸極一時之選。若皇上以用臣之道而用諸臣，諸臣以臣心之忠而事皇上，將臣平日所稱『聖賢道理』、『祖宗法度』此兩言者，兢兢守之，持而勿失，則固可以端委廟堂而天下咸理。是臣雖去，猶未去也。何必專任一人，而使天下賢者不得以各效其能乎？」〔註135〕既然滿朝皆張居正引薦之臣，又有張居正所定之法，當然張居正「雖去，猶未去也」，所以「何必專任一人」？張居正此語應是為讓神宗安心而說，但也可見出張居正之勢力所在。

　　然君恩祿位雖可戀，親恩亦難棄，張居正說：「臣尚有老母，年亦七十二歲，素嬰多病。昨有家人到，致臣母意，囑臣早歸。田野之人，不知朝廷禮法，將謂臣父既沒，理必奔喪。屈指終朝，依閭而望。今若知臣求歸未得，相見無期，鬱鬱懷思，因而致病，則臣之心益有不能自安者矣。皇上方以孝養兩宮，何不推此心以及臣之母乎？夫人之最難遣者，憂思之情也。臣本孱弱之軀，數日之間，上戀君恩，下念父母，欲留既不可，欲去則未能，抱此

〔註132〕《張居正集》卷六，奏疏六，〈三乞守制疏〉，頁274。
〔註133〕前引書，頁275。
〔註134〕前引書，頁274。
〔註135〕同前。

沉思，寢食俱廢。若使憂能傷人，則臣之身亦有不能自保者矣。皇上誠欲用臣，何不生全之，以責他日之效乎？」〔註136〕

得旨：「卿今日實不可離朕左右，特遣司禮監官同卿子編修馳驛回籍營葬，事畢即迎卿母來京侍養，用全孝思。卿宜體朕至意，弗再辭。」接著，神宗復降手敕諭：「朕賴先生為師，朝夕納誨，以匡不逮。今朕學尚未成，志尚未定，萬幾尚未諳理。先生何忍遠去，盡去前功。萬望先生仰體下聖母與朕懇留至意。毋勞再陳」。〔註137〕

三、張居正的意志

在張居正這番三乞守制疏的動作中，究竟張居正意欲何如？史書及論者有謂是出於張居正本人之強烈意願：

《明神宗實錄》萬曆五年十月丙戌條，記載張居正的第一份上乞守制疏時，以「張居正疏首言，臣受非常之恩，宜有非常之報。何暇顧旁人之非議，匹夫之小節拘拘常理之內」，而有「觀此而奪情之本謀盡露矣」〔註138〕的按語。可見《明神宗實錄》的編纂官已對張居正奪情之事有所「偏見」。

而《明通鑑》載：「張居正父喪赴至，上手諭宣慰，視粥止器，絡繹道路，又與三宮賻贈甚厚，然亦無意留之。」但是張居正「自以握權久，恐一旦去，他人且謀己。會所善同年戶部侍郎李幼滋（孜）欲媚居正，首倡奪情議；而馮保亦不欲居正去，乃傳中旨諭吏部尚書張瀚留之。」於是張居正「乃陽上疏請守制，而陰以牘風瀚覆旨。瀚佯為不喻，謂：『政府不奔喪，宜予殊典，禮部事也，何預吏部？』居正復令客說之，不為動，乃傳旨責『瀚久不奉詔，無人臣禮』，勒致仕。瀚以附居正得掌吏部，見非於世，至是怵之去，士論乃協」。〔註139〕即認為神宗並無意留之，完全是由於張居正「恐一旦去，他人且謀己」。

尹守衡《明史竊》載：「居正父卒，上聞，日遣中貴人慰問起居，而一二阿附近臣，於是倡言：上沖年未能親萬幾，何可一日無相公？遂進奪情之說，而居正惑矣！居正佯乞守制，顧露意於馮保，言上固留之。於是院部臺省官

〔註136〕前引書，頁275。
〔註137〕《明神宗實錄》卷六十八，頁1上～2下，萬曆五年十月丙戌～丙申條。
〔註138〕《明神宗實錄》卷六十八，頁1上，萬曆五年十月丙戌條。
〔註139〕《明通鑑》卷六十六，紀六十六，頁2597～2598；《明通鑑》中李幼孜載「滋」，其〔考異〕說明是據《明史・七卿年表》。

皆上章請留，居正益無意於奔喪」。〔註140〕

　　談遷《國榷》載：「大學士張居正聞父喪，次輔呂調陽、張四維代奏。且引先臣楊溥、金幼孜、李賢奪情起復故事。得溫旨，又手札，爲朕抑哀以成大孝，已諭吏部知之。命太監慰問居正，視粥藥止哭，絡繹道路。三宮賻贈白金共千五百，百鈔萬貫，綵幣三十雙，白粲六十石，麻布百五十匹，香蠟薪炭稱是，其恩踰他相數等，而未有意留之。居正錯愕無定見。所善同年李幼滋等倡奪情，居正惑之。故事，首輔去位三日，次輔遷坐左，僚屬緋而謁。呂調陽雖不遷坐，竟受謁。居正謂我尚在，不少顧忌，如一出春明門，寧我入乎，陽乞守制，露意馮保使留之，識者不謂然，相顧結舌」。〔註141〕

　　谷應泰《明史紀事本末》載：「張居正父喪訃至，上以手諭宣慰，視粥止哭，絡繹道路。又與三宮賻贈甚厚，然亦無意留之。所善同年李幼孜等倡奪情之說，於是居正惑之，乃外乞守制，示意馮保，使勉留焉」。〔註142〕

　　明人文秉在《定陵註略》中記載道：

　　　大璫馮保，挾沖主，操重柄，江陵素卑事之。新鄭（高拱）既逐，
　　　保德江陵甚，凡事無不相呼應如桴鼓。江陵聞父訃，念事權在握，
　　　勢不可已，密與保謀奪情之局已定，然後報訃。〔註143〕

　　明人丁元薦《西山日記》曰：「江陵相借中旨奪情」。〔註144〕《明史》載：「戶部侍郎李幼孜欲媚居正，倡奪情議，居正惑之，馮保亦固留之」。〔註145〕

　　近人有論曰：「奪情」雖出於皇上旨意，卻是張居正與馮保事前謀劃好的。這一點，神宗並不知情。馮保要皇上一而再、再而三地降旨挽留元輔張先生。張居正爲遮人耳目，也一而再，再而三地上疏乞求歸里守制。〔註146〕

　　以上所舉，大體皆認爲張居正奪情是出於他個人之強烈意願，而在李幼孜等人的支持之下，遂成奪情之事實。

〔註140〕明・尹守衡《明史竊》卷四十九〈張居正傳〉，頁19，總頁1667。
〔註141〕明・談遷《國榷》卷七十（臺北，鼎文書局），頁4320。
〔註142〕明・谷應泰《明史紀事本末》卷六十一〈江陵柄政〉（臺北，三民書局），頁662。
〔註143〕明・文秉《定陵注略》卷一〈江陵奪情〉。
〔註144〕明・丁元薦《西山日記》卷上，〈直節〉六，本書收錄在《景印涵芬樓秘笈第八冊》。
〔註145〕《明史》卷二一三，列傳一百一〈張居正傳〉，頁5647。
〔註146〕樊樹志《萬曆傳》（北京，人民出版社），頁104。

　　不過，即使同樣是認為奪情是出於張居正個人的意志，也有不同的觀點：萬曆時人沈德符謂：

　　　江陵歿未一年，而新首揆蒲坂（張四維），亦遭內艱，此時前車方戒，
　　　萬無留理。然蒲坂甫出春明，而時局遂又大變。可知江陵寧冒不韙，
　　　必不肯一日舍綸扉，蓋亦非得已也。〔註147〕

近人則有論者謂：張居正的奪情是為了貫徹「考成法」所推動的新政。〔註148〕
（此論於後）

　　而在反對者受到沉重打擊之後，張居正當然感受得到自己所已樹立的敵
對勢力，為再度表白自己的「無辜」，遂上「乞恢聖度宥愚蒙以全國體」之疏，
表明在整個事件中，他個人的立場：

　　　比因翰林院編修吳中行等疏言，臣當遵禮回籍守制。至有詆臣為忘
　　　親貪位者，以致上干天怒，俱獲重譴。——乃今議者不達皇上所以
　　　懇切留臣之意，又不白臣所以委曲順命之忠。徒見三年之喪，古人
　　　所重，奪情之事，治事非宜。——今言者已矣，斥臣為貪位矣。詈
　　　臣為禽獸矣。——臣之所懼，獨恐因是而益傷皇上之心，大虧國體
　　　之重。——今諸臣已被譴斥，臣不敢為欺世盜名之事。——今後凡
　　　有言者，諒其無知，勿與較計。寧使愚臣受辱，毋致有傷聖心。仍
　　　乞鑒臣初請，俟大禮既成，放臣歸葬，則紛紛之議不俟禁諭而群啄
　　　自息矣。〔註149〕

在此疏中，張居正再次表白自己忠君孝親之誠，並請神宗寬宏大量，不再懲
處非議奪情者。〔註150〕不過，前面的反對勢力已被殘害至此。張居正此刻的
表態，已難敵已經形成的反對勢力了。

四、張居正奪情引起的政潮

　　按前所論，明代官員奪情之事屢見不鮮，其間，有成化朝首輔李賢因奪
情而被羅倫彈劾之事。羅倫因而被謫，也衍生政潮，但未造成太大的傷害。
其後，守制的風氣轉盛，遂有正德朝首輔楊廷和丁憂守制之舉。就在守制的

〔註147〕　明・沈德符《萬曆野獲編》卷七〈楊新都守制〉，頁194，總頁3372。
〔註148〕　樊樹志《萬曆傳》（北京，人民出版社），頁117。
〔註149〕　《張居正集》，第一冊，頁285～286。
〔註150〕　同前。

觀念與風氣已普遍化了的時期,張居正卻奪情了。如此一來,引起了相當大的反對聲浪,甚至引發了激烈的政潮。

萬曆朝因首輔張居正奪情而引起了一連串的政潮,反張居正的人士因而聚成反政府的重大勢力。究竟它們是純粹反張居正的奪情?或僅是以張居正奪情之事為藉口,而反張居正所據有之權勢?

探究此一問題時,發現一個現象,即是隨著內閣勢力的高漲,特別是「首輔」權重之際,守制與否就更成為被注目的焦點了!而萬曆朝的守制問題,即因張居正奪情事件更成為官場爭議之論題。

(一)「考成法」與言路風氣之轉變

前已言及明代的言官,但「萬曆中,張居正攬權久,操下如束濕,異己者輒斥去之,科道皆風而靡」。〔註151〕而所以能造成此轉變,則由於張居正於萬曆元年(1573年)十一月上奏的「考成法」。〔註152〕

「考成法」的實施,即透過隨事考成,使撫按督察撫州,六部責成撫按,又以六科監督六部,內閣控制六科,如此層層負責,不僅使中央與地方的聯繫更為緊密,也使內閣成為集大權總其成的行政機構。〔註153〕

張居正此舉,其目的有三,其一「是針對內閣職權長期不穩而設」;其二「試圖將宦官稽查章奏之權移交內閣」;其三「旨在確立內閣作為輔弼機構的合法地位」。〔註154〕特別是由「內閣代表皇帝領導六科」是考成法中首創的。如此一來,這擁有彈劾,並參與官員的考核與會推的六科給事中,從明初直接對皇帝負責,到中葉後被宦官控制,至此轉成為內閣所掌管。就正面的效果言,明中葉以來,科道言官反對宦官專政的抗爭,可藉提高內閣權勢而杜絕,且不致影響皇帝總攬萬機。但張居正未料到,當內閣權勢提高之時,科道官又會引用「祖訓」,予以抵制,進而主張提高部院之權。〔註155〕

果然,考成法行之未久,科道官便紛紛出面干預。〔註156〕有戶科給事中

〔註151〕 清‧趙翼《廿二史箚記》卷三十五〈明言路習氣先後不同條〉,頁507。
〔註152〕 《明神宗實錄》卷十九,頁1下～2上,萬曆元年十一月庚辰條。
〔註153〕 《張居正全集》奏疏,卷三,頁41;林麗月《明末東林運動新探》頁28。
〔註154〕 孟昭信〈試論張居正的「考成法」〉《吉林大學社會科學學報》1993年第5期(總第119期),頁42～45。
〔註155〕 同前,頁46。
〔註156〕 詳見小野和子〈東林黨と張居正──考成法を中心に〉收入小野和子編《明清代時の政治と社會》(日本,京都大學人文科學研究所,1983年),頁69

趙參魯〔註157〕、南京戶科給事中余懋學〔註158〕、河南道御史傅應禎〔註159〕
等人，皆因疏論時政語侵張居正而獲罪。

特別是萬曆四年（1576 年），御史劉臺在劾張居正的疏中說：

> 居正定令，撫按考成章奏，每具二冊，一送內閣，一送六科。撫按
> 延遲，則部臣糾之。六部隱蔽，則科臣糾之。六部隱蔽，則內閣糾
> 之。夫部院分理國事，科臣封駁奏章，舉劾，其職也。閣臣銜列翰
> 林，止備顧問，從容論思而已。居正創為是說，欲脅制科臣，拱手
> 聽令。祖宗之法若是乎？〔註160〕

可見，言官們劾奏張居正，主要目的在於希望廢除「考成法」，以改變內閣領
導六科及六部的禮制。〔註161〕

劉臺之疏係以門生彈劾座師，是張居正生平所受到的最大打擊。〔註162〕
張居正甚至為此辭政，經神宗慰留再三，乃復出視事。劉臺逮下詔獄，除名
為民，後以他罪遠戍廣西。臺諫經此連番痛折，遂多望風而靡，不敢以死言
事。試看翌年有關張居正「奪情」的論爭中，科道盡是一片挽留之聲，終無
一人對張居正奪情敢有非議，足見張居正當國以來控制科道的成效頗為可
觀，而明季言路風氣亦由此一變。〔註163〕

（二）表面上的理由──道德禮教之爭

科道言官既經前述的摧抑，及至張居正奪情爭議起，真正的言官多阿諛
逢迎張居正，反而不以言事為專職的官員，如翰林院等，成為力爭此事的核
心。〔註164〕

翰林院中負責記述本朝歷史的編修均感自身具有重大的責任。因為他們

〜78。

〔註157〕《明神宗實錄》卷三十二，頁 1 上，萬曆二年十二月辛丑條；《明史》卷二二
一〈趙參魯傳〉，頁 5824。

〔註158〕《明神宗實錄》卷三十五，頁 4 下，萬曆三年二月庚辰條；《明史》卷二三五
〈余懋學傳〉，頁 6119。

〔註159〕《明神宗實錄》卷四十五，頁 9 上，萬曆三年十二月乙酉條；《明史》卷二二
九〈傅應禎傳〉，頁 5994。

〔註160〕《明史》卷二二九〈劉臺傳〉，頁 591。

〔註161〕孟昭信〈試論張居正的「考成法」〉《吉林大學社會科學學報》1993 年第 5 期
（總第 119 期），頁 46〜47。

〔註162〕朱東潤《張居正大傳》頁 217。

〔註163〕林麗月《明末東林運動新探》頁 43。

〔註164〕同前，頁 44。

的職責就是要在記述中，體現本朝按照聖經賢傳的教導辦事的精神，如果沒有這種精神，朝廷就無法管理天下的蒼生赤子。統治這個龐大帝國，專靠嚴刑峻法是不可能的，其秘訣在於運用倫理道德的力量使卑下者服從尊上。而這需要朝廷以自身的行動爲天下作表率。翰林來自民間，知道法治的力量有一定的限度，但一個人只要懂得忠孝大節，就自然地會正直而守法。現在要是張居正不能遵守這些原則，如何能使億萬小民心悅誠服？乃想讓張居正放棄僞裝，離職丁憂。他們還認爲，即使爲張居正個人的前途著想，他也應當大家的意見居喪二十七個月，以挽回官員們對他失去的信心。〔註 165〕

　　嚴格說來，翰林編修上疏是一種超越職權的行爲，遭到反擊的機會極大。但是他們熟讀孔孟之書，研究歷史興衰之道，面對這種違反倫常的虛僞矯情，如果不力加諍諫而聽之任之，必然會影響到本朝的安危。而且，本朝歷史上集體上書的成例具在，最先往往由職位較低的人用委婉的文字上奏，以後接踵而來的奏章，辭句也會越來越激烈。皇帝因此震怒，當然會處分這些上奏的人，但其他的高級官員會感到這是公義之所在，就要請求皇帝的宥免，同時又不得不對問題發表公正的意見。這樣就迫使整個朝廷捲入了這場爭端，即使抗議失敗，鼓動輿論，發揚士氣，揭發糾舉的目的已經達到。那怕有少數人由此犧牲，也可以因爲堅持了正義而流芳百世。〔註 166〕

　　歷來對於奪情者之批判，主要是以「道德」爲主，奪情當然違反了儒家倫理中的「孝」，而貪戀權位當然也非「忠」的表現。就中國這樣一個重視「道德」的社會而論，一旦被判定爲違反「道德」的罪名，由是論者謂：「奪情」是張居正的最大行動。「奪情」使張居正的政權，延續了數年，但也是他的致命傷，日後這些反抗者，不斷地報復他的黨羽及後嗣，造成紛紛不已的政治糾紛。〔註 167〕

（三）對於反對勢力的處理失當

　　張居正奪情一事引起如此大的爭議，重要的因素還是對於反對勢力的處理失當。

〔註 165〕《明神宗實錄》卷六十八～卷七十，萬曆五年十一月～十二月；黃仁宇《萬曆十五年》，頁 20～25。

〔註 166〕同前。

〔註 167〕王莉華《明代王錫爵研究》，臺北，中國文化大學史學研究所碩士論文，民國 72 年 6 月，頁 113。

　　自吳中行等人因爲反對奪情，先後被廷杖後充軍、罷職以後，遂激起了一大部文武官員對張居正的不滿。明人沈德符即謂：

　　　時史臣吳、趙兩公救正之疏，……反謂二門生背叛門牆，加以廷杖，迄不能止言者，雖身留而禍釀矣。〔註168〕

這些人雖然表面上不敢公開提出反對，但在暗地裏卻隱藏著對張居正的巨大威脅。爲了排除隱患，張居正竟借用京察名義，將反對奪情的五十餘名官員全部查處。雖然在京察當中確實也罷掉了一些「芝蘭當路」的人，但這種用在奪情中的表現（擁護還是反對）做爲標準，對文武官員進行考察的辦法，不僅使對立的情緒更加對立，反而給那些阿諛逢迎之途打開了倖進之門。結果，在用人方面，將當初的「用人惟賢」變成了「用人惟親」。戶外員外郎王用汲就曾說過：「臣不意陛下省災塞咎之舉，反爲宰臣（張居正）酬恩報怨之私。且凡附宰臣者，亦各籍以酬其私。」最後又說，「其結果是『驅天下而使之奔走乎私門矣』」。〔註169〕

　　當時的翰林院編修馮夢禎說過：張居正在萬曆五年以前頗能虛己，而在奪情以後，對反對奪情的人產生了偏激逆反的心理。這可能是因位高權重，長期被頌揚之聲和阿諛之徒所包圍，便滋長高傲自負，聽不得逆耳之言的作風。故而在納言方面，犯了「因人廢言」的大忌。〔註170〕如是，遂成爲了長期潛伏不滿情緒的引爆點。於是一股反張居正的勢力，在「奪情」事件的刺激下，逐漸凝聚，影響整個明末的政局。〔註171〕

　　值得注意的是，明代反奪情者皆出自科道言官的彈劾，明代守制風氣亦因之而逐步推展。科道本屬于監察機構，有批評政府的責任，但是內閣「懼人攻己，而欲鉗天下之口，不目之爲奸、爲邪、爲浮薄、必詈之爲殘讒、爲謗、爲小人」。〔註172〕於是內閣和言官系統又發生了尖銳的矛盾。〔註173〕然

〔註168〕 明・沈德符《萬曆野獲編》卷七〈楊新都守制〉，頁194，總頁3372。

〔註169〕 《明臣奏議》卷七，王用汲〈劾居正疏〉；何寶善、韓啓華、何滌聖著《萬曆皇帝——朱翊鈞》（北京燕山出版社，1990年7月北京第1版），頁75～77。

〔註170〕 何寶善、韓啓華、何滌聖著《萬曆皇帝——朱翊鈞》（北京燕山出版社，1990年7月北京第1版），頁75～77。

〔註171〕 明・佚名撰《東林本末》（臺北，文海出版社影印，民國57年2月出版），下部頁1：日・小野和子〈東林派とその政治思想〉《東方學報》第二十八冊，日本京都大學人文科學研究所，頁250。

〔註172〕 《明史》列傳第一一九〈錢一本〉，頁6038。

言官的彈劾能夠發揮「殺傷力」，必是在如景泰至成化等期，言官倍受重視之時。若當皇帝懈怠政事，言官之言就無法發揮效用。

而此次疏言張居正奪情不合禮制者，幾全爲中央政府中級官員，此輩膽敢以奪情事杯葛首輔，固然顯示明代士風偏狹矯激的一面，也由於彼等站在儒家理想主義立場，於違反傳統慣例的奪情在思想觀念上難以容忍。〔註174〕

孟森曾論張居正：「最犯清議者乃奪情一事，不恤與言路爲仇」。〔註175〕此所指之「言路」，實際上是翰林與部曹，並非執掌言事的臺諫之官。亦可見當時張居正雖摧抑科道，但對一般士風仍未能完全控制而加以改變。〔註176〕

因此，由反張居正「奪情」者的下場，其勢力之強弱，已隱然可見。所以必需由在野的書院、講學者針對內閣擅權提出「公論聽科道的口號。〔註177〕來作爲其向體制抗爭的方式。吳應箕《東林本末》即謂：

予追溯東林所自始，而本之於爭奪情，以其氣節之倡也。〔註178〕

明萬曆人沈德符則曰：「自壬午以來，諸劾江陵者，多取顯官去，尤而效之」。〔註179〕可見其所造成的影響。

（四）星象變異的警示

當時的「老天」也著實與張居正「作對」，從五年十月五日出現彗星後，一直持續到十一月，即所載「有彗星見西南，蒼白色，長數丈，氣成白虹，由尾、箕越斗、牛逼女，經月而滅」。吳中行等人之上疏，就是藉此天象爲重要的理由。朝廷遂「詔百官修省」。〔註180〕

星象變異的原因，按吳中行上疏以「頃者，天象示異，星變非常」，而「書曰：天視自我民視，天聽自我民聽。夫言天而必言民者，蓋天人相通，感召有自，凡事必質諸人心而安，始揆諸天意而順。天意順然後天變可消也」。〔註181〕

〔註173〕 鄭文君〈試論東林黨人反對內閣專權的歷史意義〉《四川大學學報》1994 年第 4 期，頁 63。
〔註174〕 林麗月《明末東林運動新探》頁 46。
〔註175〕 孟森《明代史》頁 280。
〔註176〕 林麗月《明末東林運動新探》頁 46、50。
〔註177〕 《明經世文編》卷四三〇，史孟麟：〈專職掌、廣言路，以防阻塞，以杜專擅疏〉。
〔註178〕 吳應箕《東林本末》（臺北，廣文書局，民國 66 年 3 版），頁 15。
〔註179〕 明·沈德符《萬曆野獲編》卷十二〈考察脅免〉，頁 311，總頁 3498。
〔註180〕 《明通鑑》卷六十六，紀六十六，頁 2597～2598。
〔註181〕 《明神宗實錄》卷六十八，頁 4 下，萬曆五年十月乙巳條；《皇明經世文編》

就是因爲元輔張居正的奪情，違背丁憂奔喪守制之禮。所謂「終喪者，聖賢之訓」，「奪情者，非祖宗之法」，且奪情之事「即有往例可稽，亦三年未終，而一非一日不去之謂也」。〔註182〕

　　天官星家言占驗者雖不一，但所言之詞，大抵皆指向張居正奪情起復一事。如《星變志》作者亦云：「至星告變而江陵者且將奈何已」。〔註183〕而張居正即便不相信，難免不舒坦，遂於十一月初，亦藉「星變」名義舉行對群臣的「考察」。《國榷》載之曰：

> 始，張居正自矯飾，雖或任情，而英敏善斷，有魏相姚崇之風，客諛以伊周，居正亦自負不世出。值劉臺等攻之，意志漸恍惚。至是始知天下之不見與，思威權去之矣！〔註184〕

談遷又論之曰：

> 江陵初逐新鄭，驅逐異己者。即考察廷臣，及奪情情起，物議紛囂，藉星變又考察焉。果出於虛，公猶招磨。況以嫌忌先之乎？管仲奪胼邑三百，沒齒無怨言，終古僅僅，于以卜江陵之不終矣。〔註185〕

（五）真正的原因——權力之爭

　　先是「璫閣表裏」政治局面的形成。此局面的造成，按明人謝肇淛提出，閣臣其實是「無宰相之實而冒宰相之名」。〔註186〕因此謝氏以爲內閣大臣既非正式的宰相，即使是一般認爲使閣臣形同宰相的票擬，其最後決定權也仍在皇帝之手，所以閣臣通常很難獨立用權。如是一來，嚴嵩、張居正之權傾內外，專政一時，都是結交宦官、假藉聖威「竊」得的權力。〔註187〕所謂「名不正則言不順」，加上因與宦官勾結，「外推內引，璫閣表裏」。〔註188〕閣臣自然成爲朝士抨擊的對象。

　　　　卷三七二〈吳沈二公集〉卷一，頁5，總頁23-227。
〔註182〕《皇明經世文編》卷三七二〈吳沈二公集〉卷一，頁5，總頁23-227。
〔註183〕撰人不詳《星變志》紀錄彙編卷一百九十六，頁1～2。收入（臺北，新文豐出版公司），叢書集成新編，第一一九冊，總頁753。
〔註184〕明・談遷《國榷》卷七十，頁4325。
〔註185〕同前，頁4325～4326。
〔註186〕謝肇淛《五雜俎》（臺北，偉文圖書出版社，祕笈叢編，民國66年4月初版），卷十四，「事部二」頁375。
〔註187〕林麗月〈閣部衝突與明萬曆朝的黨爭〉《國立臺灣師範大學歷史學報》第10期，頁10，總頁132。
〔註188〕《明史》卷二三一，列傳第一一九〈錢一本〉，頁6038。

　　繼則「閣部衝突」的形成，內閣特別是內閣首輔權勢過盛，自然破壞了政治生態的平衡。初明太祖罷相不設，析中書省之政歸六部，以尚書任天下事，分管全國政務。但它同逐漸形成的內閣發生矛盾。隆慶間，大學士高拱以內閣首輔兼掌吏部，集閣部之權於一身，吏部與內閣遂形同一家。〔註189〕

　　特別是考成法實施之後，六部之權既已盡歸內閣，即內閣「盡攬六卿之權，歸一人掌握」，〔註190〕「政歸六部」變成「政歸內閣」後，就造成首輔專權。〔註191〕萬曆朝初期就是以反對內閣專權，而轉成反內閣的人士的集合。〔註192〕他們主張「事權歸六部」，如六部的地位提高，內閣的權限自然就削弱了，政治意圖非常的清楚。〔註193〕

　　由張居正奪情一事而引起之政潮，明代仍有人肯定其政績。如明人毛壽登雖肯定張居正「振綱剔弊，海內披靡，又皆其誓沉族碎家而為之者也」。但對奪情之役，江陵不以死爭，摧擊過當，則評其缺乏「有容之度」，所以他說：「海忠介有言，居正工于謀國，拙于謀身。諒哉！」〔註194〕《明神宗實錄》論張居正，亦肯定其經國濟世的才能與政績，但對於其個人器量與品德上之缺失，則多所批評曰：

> 惜其褊衷多忌，小器易盈，箝制言官，倚信佞幸，方其怙寵奪情時，本根已斷矣。威權震主，禍萌驂乘，何怪乎身死未幾，而戮辱隨之也。識者謂居正功在社稷，過在身家。〔註195〕

另外李贄對於張居正，雖未論及奪情之事，但有「江陵宰相之傑也，故有身後之辱」〔註196〕之語。

　　近代人則有以為：張居正的奪情是為了貫徹「考成法」所推動的新政。相對的，反對者就是企圖藉由迫使張居正離職守制，而達到中斷此新政的目

〔註189〕同前。
〔註190〕同前。
〔註191〕鄭文君〈試論東林黨人反對內閣專權的歷史意義〉《四川大學學報》1994年第4期，頁63。
〔註192〕林麗月〈閣部衝突與明萬曆朝的黨爭〉《國立臺灣師範大學歷史學報》第10期，頁10，總頁130。
〔註193〕鄭文君〈試論東林黨人反對內閣專權的歷史意義〉《四川大學學報》1994年第4期，頁63。
〔註194〕明·談遷《國榷》卷七十一，頁4415，引毛壽登語。
〔註195〕《明神宗實錄》卷一二五，頁6下，萬曆十年六月丙午條。
〔註196〕明·李贄《焚書》頁18。

的；〔註197〕意即：萬曆五年張居正奪情事件，係「政府中黨派分裂的開始，一方面是以張居正爲首，及其擁護者；另一方面是反內閣者」；〔註198〕日本學者鈴木正，亦認爲是對於張居正獨裁的反動。也就是說隨著張居正獨裁制度的強化，反對勢力亦凝聚團結起來。而張居正則藉此來對於反對派實施彈壓。〔註199〕

〔註197〕樊樹志《萬曆傳》（北京，人民出版社），頁117。

〔註198〕王其榘《明代內閣制度史》，頁75。

〔註199〕日・鈴木正〈張居正の研究〉《史觀》頁46，（日本早稻田大學史學會編）。

第八章　結　論

　　丁憂守制起源甚早，大抵夏商周時期已經萌芽。其後歷經演變，至唐朝始成爲政府的禮制，迨至明朝，更趨於完備。

　　丁憂守制源於中國人「送死勝於養生」的孝道思想。然當其變成政治制度的一環，以法令來執行時，就不再是單純的個人孝道問題。意即，丁憂守制成立之時，奪情也就出現了。其實，丁憂守制受制於政治環境的情況相當明顯，可歸納爲幾個因素：

　　其一、皇帝的意願。在帝制時代的中國，皇帝的決定就是法令，就明代守制的推展而言，明太祖個人的守制意願，決定了整個明朝遵守守制的「祖制」。成祖、仁宗因朝廷的需要而要求閣臣楊榮等奪情；甚至被攻擊的成化朝首輔李賢、萬曆朝的首輔張居正的奪情，都受到皇帝意願的強烈約束。然當朝的政敵、言官甚至批評者，似皆在此存在盲點。

　　其二、言官的受重視程度。明正統以後，皇帝大量設置科道言官，他們職品雖低，但皆爲新用進士，以直諫敢言著稱。對於違背太祖廢相精神的「內閣首輔」，及其勢力集團，最爲反感。又見這些「首輔」帶頭破壞儒家傳統孝道精神的「守制」公然奪情，他們當然著力彈劾之，由此不僅反制了奪情之舉，更有時搖撼內閣勢力。大致在言官受重視的景泰至成化等朝，因著言官們緊咬著奪情者彈劾不斷，促成了守制風氣的興盛。隨著萬曆以後，皇帝對於朝政的倦怠，言官彈劾自然起不了太大的作用，張居正自然不再遵守制而奪情了。

　　其三、朝政良否？若朝政不清明，官員們不願仕宦，藉「丁憂」離職者甚多，守制風氣自然興盛。明洪武朝正值開國草創；弘治以後皇帝倦怠於朝政。由是，守制風氣逐漸興盛，即是此因素明顯相關的呈現。

其四、與朝廷人事之需求有關。黃仁宇曾謂：「中國傳統社會，因採取中央集權制，事無大小，悉聽朝廷號令。因此皇室威權，雖廣泛無涯，但其行政技術低劣。政治之安定，並非經常在法律及經濟上求改革。而有賴於支持儒家思想，由家族社會之安定性所促成」。〔註 1〕即表面上的家庭倫理性的制度，成為補救官場制度不足之處。意即丁憂守制雖屬「道德性」，而有官場人事調整的吞吐功能。因此，官員守制與否，似與朝廷人事的需求有關；再者，又是朝廷人事新陳代謝的管道，因此，若有人戀棧，以致影響官位的更替，則會導致政敵的不滿與攻擊。當然這應與明代官員的「致仕」制度並未徹底執行有關。

其五、至於引致政潮的發生，除了前述的因素之外，內閣勢力的發展也是原因。「內閣」是明太祖廢相之後，在永樂期間因皇帝「密勿論思」不可無人，而形成的「顧問」的私人性機構。因此，自來「閣臣」逢丁憂皆是奪情的。隨著內閣勢力的逐步擴展，在成化朝李賢以「首輔」之尊而奪情之後，這個慣例受到了質疑。接下來的正德朝首輔楊廷和即遵了守制。而萬曆朝首輔張居正奪情，遂引發成了政潮。

再者，按 Metzger 曾解釋儒家有「矛盾並立」的基本態度（ambivalent attitude）。劉紀曜氏則解釋儒家有「依對象的條件而作的選擇反應」。至於該原則要如何施行，始能達到最有效而完美的境地，則永遠是儒家的一種困境。而守制設計之初，即含有「政治變通性」（Adminis-trative Flexibility）。〔註2〕而丁憂守制在儒家的觀念，就有其可以不遵守的「彈性空間」，所以「奪情起復」之事屢見。如前所言，奪情的因素有：武人的「金革無辟」，以保衛國家為理由而不遵守制；皇帝的格外施恩或堅持；在地方方面，則按督撫的奏准，而允准。加上「忠孝合一」的觀念，「重量級」的官員為朝廷需要而被「奪情」，如此，奪情成為一種榮譽。此即守制推展的困難所在。

〔註 1〕 黃仁宇〈從《三言》看晚明商人〉《放寬歷史的視界》（臺北，允晨文化公司，允晨叢刊 19，民國 81 年 1 月第 14 版），頁 1。

〔註 2〕 劉紀曜〈探索中國官僚體系的新嘗試──評介「清代官僚的內部組織：法律、規範與溝通」〉《國立臺灣師範大學歷史學報第六期》頁 492、494。此文即是評介 Tomas A. Metzger. 'The Internal Organization of Ch'ing Bureaucracy: Legal, Normative, and Communicati aspect' Harvard University Press, Cambridge, Mass, 1973 （虹橋翻印版）。

　　明亡之後，丁憂制度在清朝的推行情況：規定「官在職，非本生父母喪，雖期，猶從政，不奔喪」。順治九年（1652年），「定百官親喪祭禮以其子品級」；康熙二十六年（1687年），「禁居喪演戲飲博。凡官卒任所，或父母與妻喪，許入城治事」；「乾隆間，諭京旗文武官遇親喪，百日後即入署治事，持服如故。罷與祭祀、朝會」。道光二十四年（1844年），「定民公以下、軍民以上居喪二十七月，不讌會、作樂，不娶妻、納妾，門戶不換舊符」；宣統元年（1909年），「禮議議畫一滿，漢喪制，自是滿官親喪去職，與漢官一例矣」。〔註3〕至於奪情之官則改爲署缺，稱之「在任守制」。〔註4〕如是看來，遵守制者主要以漢人爲限，滿人遵守制則已至清末了。而奪情起復的現象亦仍存在；關於清朝丁憂與奪情的部份，非本論文撰述的範圍，個人因時間所限，尚未能深入該部份之研究。容待後日再勉力爲續。

〔註3〕《清史稿》卷九十三，志六十八，禮十二，頁2724～2725。
〔註4〕清・陸隴其《陸稼書先生文集》卷二，頁38，總頁414。

參考書目

壹、史　料

1. 《爾雅》，十三經注疏附校勘記，清嘉慶二十年江西南昌學府刊本，臺北，藝文印書館影印。

2. 《詩經》，十三經注疏附校勘記，清嘉慶二十年江西南昌學府刊本，臺北，藝文印書館影印。

3. 《論語》，十三經注疏附校勘記，清嘉慶二十年江西南昌學府刊本，臺北，藝文印書館影印。

4. 《孟子》，十三經注疏附校勘記，清嘉慶二十年江西南昌學府刊本，臺北，藝文印書館影印。

5. 《禮記》，十三經注疏附校勘記，清嘉慶二十年江西南昌學府刊本，臺北，藝文印書館影印。

6. 《孝經》，十三經注疏附校勘記，清嘉慶二十年江西南昌學府刊本，臺北，藝文印書館影印。

7. 《世說新語三卷附校語》，四部叢書初刊編子部，上海印書館縮印明嘉趣堂本。

8. 周‧荀況撰，唐‧楊倞注《荀子》，據嘉善謝氏本。收入《子書四十種（一）》，臺北，文文書局，民國65年4月出版。

9. 漢‧孔安國《尚書》十三卷，臺北，國立中央圖書館善本叢刊，民國80年（1991）2月出版。

10. 《尚書》，十三經注疏附校勘記，清嘉慶二十年江西南昌學府刊本，臺北，藝文印書館影印。

11. 《史記》，漢，司馬遷，臺北，粹文堂。

12. 《漢書》，漢，班固，臺北，洪氏出版社。

13. 《風俗通義》，漢，應劭，臺北，臺灣商務書館，叢書集成簡編。

14. 《禮記注疏》，漢，鄭玄注，唐，孔穎達疏，陸德明音義，臺北，臺灣商務書館，景印四庫全書第一一六冊。

15. 《蔡中郎集》，漢，蔡邕，臺北，新興書局，四部彙要集部。

16. 《東漢會要》卷七，收錄於歷代會要第 1 期書第三冊，臺北，世界書局，民國 52 年 4 月 2 版。

17. 《後漢書》，宋，范曄，臺北，洪氏出版社。

18. 《宋書》，梁，沈約，臺北，洪氏出版社。

19. 《通典》，唐，杜佑，北京，中華書局。

20. 《三國志》，晉，陳壽，臺北，洪氏出版社。

21. 《魏書》，北齊，魏收，臺北，洪氏出版社。

22. 《南齊書》，梁，蕭子顯，臺北，洪氏出版社。

23. 《文選》，梁，蕭統編，唐，李善注，臺北，華正書局。

24. 《魏鄭公諫錄》，唐，王方慶，臺北，臺灣商務書館，叢書集成簡編，據畿輔叢書本排印。

25. 《周書》，唐，令狐德棻，臺北，洪氏出版社。

26. 《晉書》，唐，房玄齡，臺北，洪氏出版社。

27. 《北齊書》，唐，李百藥，臺北，洪氏出版社。

28. 《北史》，唐，李延壽，臺北，洪氏出版社。

29. 《南史》，唐，李延壽，臺北，洪氏出版社。

30. 《隋書》，唐，魏徵等，臺北，洪氏出版社。

31. 《舊唐書》，後晉，劉昫等，臺北，洪氏出版社。

32. 《唐會要》卷三十八，宋，王溥，歷代會要第 1 期書第六冊，臺北，世界書局，民國 52 年 2 版。

33. 《澠水燕談錄》，宋，王闢之，臺北，臺灣商務書館，叢書集成簡編，據知不足齋叢書本排印。

34. 《司馬氏書儀》，宋，司馬光，收錄於臺北，新文豐出版公司，叢書集成新編第三十五冊。

35. 《儀禮集釋》，宋・李如圭，臺北，臺灣商務書館，景印四庫全書第一〇三冊。

36. 《資治通鑑長編》，宋，李燾，新定本六百卷，臺北，世界書局印行。

37. 《二程全書附索引》，宋，程頤、程顥撰，朱熹編，日本京都，中文出版社，據漢籍叢刊思想三編影印，1979 年 6 月出版。

38. 《朝野類要》，宋，趙昇，臺北，臺灣商務書館，景印文淵閣四庫全書第八五四冊。

39. 《歐陽永叔集》，宋，歐陽修，臺北，臺灣商務書館，國學基本叢書，萬有文庫薈要。

40. 《新唐書》，宋，歐陽修，宋祁，臺北，洪氏出版社。

41. 《新五代史》，宋，歐陽修，臺北，洪氏出版社。

42. 《舊五代史》，宋，薛居正，臺北，洪氏出版社。

43. 《禮記集說》，宋，衛湜，臺北，臺灣商務書館，景印文淵閣四庫全書第一一九冊、一二〇冊。

44. 《蘇東坡集》，宋，蘇軾，臺北，臺灣商務書館，萬有文庫薈要。

45. 《宋會要輯稿》，歷代會要第 2 期書，臺北，世界書局。

46. 《宋史》，元，脫脫，臺北，洪氏出版社。

47. 《御製孝慈錄序》紀錄彙編卷四，明太祖，臺北，新文豐出版公司，叢書集成新編第三十五冊。

48. 《明太祖實錄》，中央研究院歷史語言研究所校印本，臺北，中文出版社發行，縮印本。

49. 《明太宗實錄》，中央研究院歷史語言研究所校印本，臺北，中文出版社發行，縮印本。

50. 《明仁宗實錄》，中央研究院歷史語言研究所校印本，臺北，中文出版社發行，縮印本。

51. 《明宣宗實錄》，中央研究院歷史語言研究所校印本，臺北，中文出版社發行，縮印本。

52. 《明英宗實錄》，中央研究院歷史語言研究所校印本，臺北，中文出版社發行，縮印本。

53. 《明憲宗實錄》，中央研究院歷史語言研究所校印本，臺北，中文出版社發行，縮印本。

54. 《明武宗實錄》，中央研究院歷史語言研究所校印本，臺北，中文出版社發行，縮印本。

55. 《明孝宗實錄》，中央研究院歷史語言研究所校印本，臺北，中文出版社發行，縮印本。

56. 《明世宗實錄》，中央研究院歷史語言研究所校印本，臺北，中文出版社發行，縮印本。

57. 《明穆宗實錄》，中央研究院歷史語言研究所校印本，臺北，中文出版社發行，縮印本。

58. 《明神宗實錄》，中央研究院歷史語言研究所校印本，臺北，中文出版社

發行，縮印本。

59. 《明熹宗實錄》，中央研究院歷史語言研究所校印本，臺北，中文出版社
發行，縮印本。

60. 《明實錄附錄·皇明寶訓》，中央研究院歷史語言研究所校印本，臺北，
中文出版社發行，縮印本。

61. 《西山日記》，明，丁元薦，本書收錄在《景印涵芬樓秘笈第八冊》。

62. 《皇明通紀述遺》，明，卜世昌，全十二卷，臺北，廣文出版社，民國
61 年 8 月初版，共四冊。

63. 《弇州史料後集》，明，王世貞，臺北，國立中央圖書館藏善本，明萬曆
刊本。

64. 《嘉靖以來首輔傳》，明王世貞，全八卷，臺北，臺灣商務書館，四庫珍
本。

65. 《芳洲先生年譜》、《芳洲文集》附錄，明，王翔，明萬曆廿一年陳以躍
建安刊本。臺北，國立中央圖書館藏善本室藏本微捲。

66. 《皇明永陵編年信史》，明，支大綸，明萬曆廿四年刊本，國立中央圖書
館藏本，臺北，臺灣學生書局出版，民國 59 年 12 月景印初版。

67. 《定陵註略》，明，文秉，全十卷，臺北，偉文圖書出版社影印，民國
65 年 9 月出版。

68. 《明史竊》，明，尹守衡，全一〇五卷，臺北，華世出版社，民國 67 年 4
月 1 版，據民國 23 年東莞博物館刊本影印，共四冊。

69. 《大明一統文武諸司衙門官制》，明，不著撰人，全十六卷，臺北，臺灣
學生書局，據國立中央圖書館藏本景印，民國 59 年 12 月景印初版。

70. 《皇明名臣墓銘》八卷，明，朱大韶，臺北，臺灣學生書局，明代史籍
彙刊，全四冊。

71. 《湧幢小品》全三十二卷，明，朱國楨，臺北，新興書局，筆記小說大
觀，正編，第三冊，頁 1867～2132。

72. 《大明會典》，明，李東陽等撰，申時行等重修，臺北，新文豐出版公司
印行。

73. 《古穰集》全三十卷，明，李賢，臺北，臺灣商務書館，四庫全書珍本
二集，共三冊。

74. 《李氏焚書·續焚書附年譜》，明，李贄，臺北，中文出版社。

75. 《皇明嘉隆兩朝聞見紀》，明，沈朝陽，明萬曆原刊本，國立中央圖書館
藏本，臺北，臺灣學生書局出版，民國 58 年 12 月景印初版。

76. 《元史》，明，宋濂等，臺北，洪氏出版社。

77. 《萬曆野獲編（附索隱)》，明，沈德符，臺北，新興書局，民國 61 年 11

月版。

78. 《萬曆邸鈔》，明，佚名，臺北，古亭書屋，民國 57 年 9 月出版。

79. 《萬曆疏鈔》，明，佚名，臺北，國家圖書館善本室藏。

80. 《東林本末》，明，佚名，臺北，文海出版社影印，民國 57 年 2 月出版。

81. 《楓山章文懿公年譜》舊鈔本，明·阮鶚，臺北，國立中央圖書館藏善本室藏本微捲。

82. 《東林始末》等八種，明，吳應箕等，臺北，廣文書局，中國近代內亂外禍歷史故事叢書，民國 66 年 7 月 3 版。

83. 《東谷贅言》，明·敖英，臺北，新文豐出版公司，叢書集成新編第八十八冊。

84. 《野記》，明，祝允明，收入《歷代小史》，臺北，藝文印書館，百部叢書集成之七，據明李栻輯刊歷代小史本影印。

85. 《事物紀原》，明，高承，臺北，臺灣商務書館，叢書集成簡編，據惜陰軒叢書本排印。

86. 《國朝典彙》全二百卷，明，徐學聚，國家圖書館珍藏善本，臺北，臺灣學生書局出版，民國 54 年元月，共四冊。

87. 《明政統宗》，明，涂山，臺北，成文出版社，據萬曆四十三年刻本，民國 58 年影印。

88. 《皇明獻實》，明，袁袞，全三十八卷，臺北，文海出版社印行，沈雲龍主編，明人文集叢刊第 1 期，據明鈔本影印，全二冊。

89. 《國朝獻徵錄》，明，焦竑，國家圖書館珍藏善本，臺北，臺灣學生書局出版，民國 54 年元月初版。

90. 《澹園集》，明，焦竑，臺北，新文豐出版公司，叢書集成新編第一八六冊。

91. 《皇明經世文編》五〇八卷，明，許孚遠、陳子龍、宋徵璧等編，臺北，國風出版社，1964 年 11 月出版，據國立中央圖書館珍藏明崇禎間平露堂刊本景印。

92. 《皇明世法錄》全九二卷，明，陳仁錫，臺北，臺灣學生書局，民國 54 年元月初版，據國立中央圖書館藏本影印，共四冊。

93. 《翰林記》全二十卷，明，黃佐，臺北，藝文印書館，百部叢書集成之九十三，嶺南遺書第二函，據清道光伍崇曜校刊本影印，全四冊。

94. 《殿閣詞林記》全二十二卷，明，黃佐、廖道南，臺北，臺灣商務書館，四庫珍本九集，共四冊。

95. 《省愆集》，明，黃淮，欽定四庫全書，臺北，臺灣商務書館。

96. 《國史唯疑》，明，黃景昉，國立中央圖書館藏本，臺北，正中書局印行，

民國 58 年 12 月臺初版。

97. 《本朝分省人物考》，明，過庭訓，臺北，成文出版社，據明天啓二年刊，民國 60 年出版，影印本。

98. 《內閣行實》全八卷，明，雷禮，明刊本，國家圖書館藏本，臺北，臺灣學生書店印行，民國 59 年 12 月景印初版，共 1 冊。

99. 《國朝列卿紀》一六五卷附索引，明，雷禮，臺北，成文出版社，民國 59 年 10 月臺 1 版，據明刊本影印，全二十五冊。

100. 《皇明泳化類編》全一三六卷，明，鄧球，臺北，國風出版社，民國 54 年 4 月初版，據明隆慶間刊鈔補本影印，共八冊。

101. 《椒園雜記》全十五卷，明，陸容，臺北市，廣文書局，民國 59 年 12 月初版，影印本，全一冊。

102. 《張居正集》共四冊，明，張居正，荊楚書社，1987 年 9 月第 1 版。

103. 《西園聞見錄》全一百七卷，明，張萱，臺北，華文書局印行。（文史叢書之四十二，民國 29 年北平哈佛燕京學社排印本）。

104. 《楊文忠三錄》，明，楊廷和，臺北，臺灣商務書館，景印文淵閣四庫全書第四二八冊。

105. 《歷代名臣奏議》三五○卷，明，楊士奇，臺北，臺灣學生書局，民國 53 年，影印本。

106. 《綸扉奏草》全十四卷，明，葉向高，臺北，偉文圖書出版公司。

107. 《國榷》全一○四卷，明，談遷，附北游錄九卷，臺北，鼎文書局，民國 67 年 7 月初版，共十冊。

108. 《大明律集解附例》，明萬曆間奉敕，明萬曆間浙江官刊本，臺北，臺灣學生書局。

109. 《東林始末》，明，蔣平階，收入筆記小說大觀六篇第五冊，臺北，新興書局。

110. 《物原》，明，羅頎，臺北，臺灣商務書館，叢書集成簡編，據續知不足齋叢書本排印。

111. 《日知錄集釋》全三十二卷，明，顧炎武撰，清，黃汝成集釋，臺北，世界書局印行，民國 63 年 7 月 5 版，共二冊。

112. 《五雜俎》，明，謝肇淛，收於臺北，偉文圖書出版社，秘笈叢編，民國 66 年 4 月初版。

113. 《習齋記餘》，明，顏元，臺北，臺灣商務書館，叢書集成簡編。

114. 《劉子全書》，明，劉宗周，臺北，華文書局印行，中華文書叢書之五十七，清道光刊本影印。

115. 《太師楊文敏公年譜》全四卷，明，蘇鎰，明嘉靖三十一年福建巡按曾

佩刊藍印本，共二冊，臺北，國立中央圖書館藏善本室藏本微捲。

116. 《整菴履歷記》《困知記》續補，明，羅欽順，明萬曆七年澄海唐氏刊本。臺北，國立中央圖書館藏善本室藏本微捲。

117. 《明丘文莊公年譜》，臺北，臺灣商務書館發行，民國74年7月初版。

118. 《喪禮雜說》，清，毛先舒，收錄於臺北，新文豐出版公司，叢書集成續編，第六十八冊，社會科學類〈喪禮〉。

119. 《三年服制考》，清，毛奇齡，收錄於臺北，新文豐出版公司，叢書集成續編，第六十八冊，社會科學類〈喪禮〉。

120. 《忠裕堂集》，清，申涵盼，收錄於臺北，新文豐出版公司，叢書集成新編第七十六冊。

121. 《漢學師承記》，清，江藩，收錄於臺北，大西洋圖書公司《中華古籍叢刊》，民國57年5月出版。

122. 《明史紀事本末》全八十卷，清，谷應泰，臺北，三民書局，民國58年4月出版，共二冊。

123. 《典禮質疑》，清，杜貴墀，收錄於臺北，新文豐出版公司，叢書集成續編，第六十八冊，社會科學類〈喪禮〉。

124. 《莊子旁注》，清，吳承漸，臺北，廣文書局，中國哲學思想要籍叢編，民國64年4月初版。

125. 《歷代職官表》，清，黃本驥，臺北，樂天出版社，民國63年3月再版。

126. 《明儒學案》，清，黃宗羲，臺北，華世出版社。

127. 《讀禮通考》，清，徐乾學，臺北，臺灣商務書館，景印文淵閣四庫全書，第一一二至一一四冊。

128. 《陸稼書先生文集》，清，陸隴其，收錄於臺北，新文豐出版公司，叢書集成新編第七十六冊。

129. 《明史》，清，張廷玉，臺北，洪氏出版社。

130. 《楊文憲公年譜》，清，簡紹芳編次，程封改輯，臺北，新文豐出版公司，叢書集成續編第二六一冊。

131. 《廿二史劄記》全三十六卷，補遺一卷，清，趙翼，臺北，世界書局，民國69年2月8版，共二冊。

132. 《天府廣記》全四十四冊，清，孫承澤，臺北市，大立出版社，民國69年11月初版，共一冊。

133. 《儀禮商》，清，萬斯大，臺北，臺灣商務書館，景印文淵閣四庫全書第一〇八冊。

134. 《日講禮記解義》，清，康熙年間敕編，乾隆元年敕校，臺北，臺灣商務書館，景印文淵閣四庫全書第一二三冊。

135. 《儀禮集編》，清，盛世佐，臺北，臺灣商務書館，景印文淵閣四庫全書第一一○冊。

136. 《新校明通鑑》全一○三卷，清，夏燮，臺北，世界書局，民國 51 年 11 月初版，共六冊。

137. 《明會要》全八十卷，附例略一卷，目錄一卷，清，龍文彬，臺北，世界書局印行，民國 52 年 4 月 2 版，全二冊。

138. 《明書》，清，傅維鱗，臺北，新文豐出版公司，叢書集成新編。

139. 《續通志》六四○卷，清高宗敕撰，臺北，新興書局，民國 54 年 3 月新 1 版，影印本，共四冊。

140. 《五服異同彙考》，清，崔述，臺北，臺灣商務書館，叢書集成新編第三十五冊。

141. 《野客叢書》，王楙，見《筆記小說大觀》續編三集，台北，新興書局，民國 49 年。

142. 《古今釋疑》，方中履，國立中央圖書館藏本，臺北，臺灣學生書局景印出版，民國 60 年 5 月景印出版。

143. 《觀堂集林》，王國維，臺北，藝文印書館，民國 45 年 1 月初版。

144. 《蟲勺編》，凌揚藻，臺北，臺灣商務書館，叢書集成簡編。

145. 《典故紀聞》，余繼登，臺北，大立出版社。

146. 《袁崇煥傳》，張伯楨，收錄於臺北，新文豐出版公司，叢書集成續編第二六一冊。

147. 《清史稿》，趙爾巽等，北京，中華書局。

148. 《賓退錄》，趙善政，本書收錄在王雲五主編叢書集成簡編《觚不觚錄及其他二種》，臺北，臺灣商務書館，民國 55 年 6 月臺 1 版，據涇川叢書本排印。

貳、論　著

一、中　文

（一）專　書

1. 《中國禮俗史》，王貴民，臺北，文津出版社，民國 82 年 7 月初版。

2. 《明代內閣制度史》，王其榘，北京，中華書局，1989 年 1 月。

3. 《墨子新釋》，尹桐陽，臺北，廣文書局，中國哲學思想要籍叢編，民國 64 年 4 月初版。

4. 《中國古代官制》，左言東，浙江古籍出版社，1985 年 9 月第 1 版。

5. 《朋黨政治研究》，朱子彥、陳生民，上海，華東師範大學出版社，1992

年 3 月第 1 版。

6. 《張居正大傳》，朱東潤，臺北，臺灣開明書店。

7. 《先秦喪葬制度研究》，李玉洁，河南，中州古籍出版社，1991 年 10 月第 1 版。

8. 《中國文官制度》，李鐵，北京，中國政法大學出版社，1989 年 7 月第 1 版。

9. 《萬曆皇帝——朱翊鈞》，何寶善、韓啓華、何滌聖，北京，燕山初版社，1990 年 7 月北第 1 版。

10. 《中國古代官吏退休制度史》，沈星棣、沈鳳舞，江西教育出版社，1992 年 7 月第 2 版。

11. 《明代史》，孟森，臺北，華世出版社，民國 64 年。

12. 《歷代社會風俗事物考》，尚秉和，民國叢書第一編，上海書店。

13. 《中國宰相制度研究》，周道濟，臺北，華岡出版社，民國 63 年 2 月初版。

14. 《唐開元禮中喪禮之研究》，邱衍文，禮制叢書之五，臺北，財團法人郁氏印書及獎學基金會，民國 73 年元月初版。

15. 《明代思想史》，容肇祖，齊魯大學國學研究所叢刊之一，臺北，臺灣開明書局，民國 71 年 7 月臺 6 版發行。

16. 《張江陵新傳》，唐新，臺北，臺灣中華書局。

17. 《中國官制史》，孫文良，臺北，文津出版社，民國 82 年初版。

18. 《朱元璋系年要錄》，孫正容，浙江人民出版社，1983 年 2 月第 1 版。

19. 《朱秦喪服制度考》，章景明，臺北，臺灣中華書局，民國 60 年 1 月初版。

20. 《周代禮俗研究》，常金倉，臺北，文津出版社，民國 82 年 2 月初版。

21. 《先秦孝道研究》，康學偉，臺北，文津出版社，民國 81 年 10 月初版。

22. 《明代政治制度研究》，張治安，臺北，聯經出版社，民國 81 年 10 月初版。

23. 《明代教育管理制度研究》，張建仁，臺北，文津出版社，民國 82 年 5 月初版。

24. 《中國文官制度史》，張金鑑，臺北，華岡出版社，民國 66 年 11 月 3 版。

25. 《漢代婚喪禮俗考》，楊樹達，民國叢書第一編，上海書店。

26. 《中國古禮研究》，鄒昌林，臺北，文津出版社，民國 81 年 9 月。

27. 《明史》，湯綱、南炳文，上海人民出版社，1991 年 7 月第 1 版。

28. 《萬曆十五年》，黃仁宇，北京，中華書局，1982 年 5 月第 1 版。

29. 《萬曆傳》，樊樹志，北京，人民出版社，1993 年 12 月第 1 版，1995 年 11 月北京第 2 次印刷。

30. 《左派王學》，嵇文康，臺北，國文天地雜誌社，民國 79 年 4 月初版。

31. 《中國法制史簡編》上冊，蕭永清，山西人民出版社，1981 年 6 月第 1 版。

（二）論 文

1. 《漢代厚葬風氣之研究》，丁筱媛，臺北，中國文化大學史學研究所碩士論文，民國 75 年 6 月。

2. 〈晚明實學思潮〉，王家儉，《清史研究論藪》，臺北，文史哲出版社印行，民國 83 年 7 月初版，頁 1～32。

3. 〈慎終追遠──歷代的喪禮〉，王明珂，《中國文化新論──宗教禮俗篇敬天與親人》，臺北，聯經出版社，民國 71 年初版，民國 80 年第 6 次印行，頁 328～330。

4. 《明代王錫爵研究》，王莉華，臺北，中國文化大學史學研究所碩士論文，民國 72 年 6 月。

5. 〈東林黨人榜考證〉，朱倓，《燕京學報》19 期，民國 25 年。

6. 〈東林點將錄考異〉，朱倓，《國立中山大學文史學研究所月刊》二卷 1 期，民國 22 年。

7. 〈明成祖與永樂政治〉，朱鴻，國立臺灣師範大學歷史研究所博士論文，民國 75 年 6 月。

8. 〈宋代的喪葬習俗〉，朱瑞熙，《學術月刊》，1997 年第 2 期（總第 33 期），頁 69～74。

9. 〈明末清初儒學之發展〉，李紀祥，臺北，中國文化大學史學研究所博士論文，民國 78 年 12 月。

10. 〈論中國古代的服喪期限──「三年之喪」期限的演變〉，李祚唐，《學術月刊》1994 年第 10 期。

11. 〈明清兩代地方行政制度中道的功能及其演變〉，李國祁，《近代史研究所集刊》第 3 期，臺北，中央研究院。

12. 〈東周喪葬禮制初探〉，李淑珍，國立臺灣師範大學歷史研究所碩士論文，民國 75 年 6 月。

13. 〈論東林黨爭與晚明政治〉，李焯然，《明史散論》，臺北，允晨出版社，民國 76 年 10 月，頁 169～191。

14. 〈『君尊臣卑』下的君權與相權〉，余英時，《歷史與思想》，臺北，聯經出版公司，民國 65 年 9 月初版。

15. 〈嘉靖皇帝新論〉，林延清，《歷史教學》1994 年第 10 期，（總第 371 期），

天津，歷史教學社。

16. 〈閣部衝突與明萬曆朝的黨爭〉，林麗月，《國立臺灣師範大學歷史學報》第 10 期，總頁第 123～141。

17. 〈明末東林派的幾個政治觀念〉，林麗月，《國立臺灣師範大學歷史學報》第 11 期，總頁第 21-42。

18. 〈讀《明史紀事本末‧江陵柄政》——兼論明末清初幾種張居正傳中的史論〉，林麗月，《國立臺灣師範大學歷史學報》第 24 期，總頁第 41-76。

19. 〈明末東林運動新探〉，林麗月，國立臺灣師範大學歷史研究所博士論文，民國 73 年 7 月。

20. 〈試論張居正的「考成法」〉，孟昭信，《吉林大學社會科學學報》1993 第 5 期（總第 119 期），頁 42～57。

21. 〈論清朝推行孝治的宗族制政策〉，常建華，《明清史論文集》第二輯，天津古籍出版社出版，1991 年 8 月第 1 版，頁 257～272。

22. 〈中國上古鬼魂觀念及葬祀之探索〉，林登順，臺北，中國文化大學中文研究所碩士論文，民國 78 年 6 月。

23. 〈北宋官僚丁憂持服制度初探〉，祝建平，《學術月刊》，1997 年第 3 期，上海社會科學學會，學術月刊社。

24. 〈中國古代死亡觀之探究〉，康韻梅，臺北，國立臺灣大學中文研究所博士論文，民國 82 年 5 月。

25. 〈論朱元璋的敬天畏民和藏富于民思想〉，唐文基，《史學月刊》1980 年第 2 期，總第 126 期，河南省歷史學會史學月刊編委會，河南人民出版社。

26. 〈明代的監察制度〉，寇偉，《史學集刊》第 4 期（總第 40 期），1991 年 11 月，總頁第 38-42，吉林大學出版。

27. 〈李賢之研究〉，陳崢淑，中國文化大學史學研究所碩士論文，民國 72 年 6 月。

28. 〈黃淮之獄與朱高熾的太子地位〉，張兆裕，《明清史論文集》第二輯，天津古籍出版社出版，1991 年 8 月第 1 版，頁 34～42。

29. 〈明成祖政治權力中心北移的研究〉，張奕善，《國立臺灣大學歷史學系學報》第 10 期。

30. 〈明代六科之研究〉，張治安，國立政治大學學報第 31 期，民國 64 年。

31. 〈明代內閣制度之研究〉，張治安，國立政治大學政治研究所博士論文，民國 59 年 7 月。

32. 〈明代巡撫之創立與稱呼之演變〉，張哲郎，《國立政治大學歷史學報》第 7 期。

33. 〈宋明以來儒家經世思想試釋〉，張灝，《近世中國經世思想研討會論文集》，臺北，中央研究院近代史研究所編，民國 73 年 4 月出版，頁 3～19。

34. 〈略論崇禎帝性格的形成〉，張德信，《史學集刊》1994 年第 2 期（總第 55 期），吉林大學。

35. 〈骨肉相親‧志業相承——孝道觀念的發展〉，曾昭旭，《中國文化新論——思想篇二，天道與人道》，臺北，聯經出版公司，民國 71 年 11 月初版，民國 78 年第 6 次印行，頁 209～241。

36. 〈朱元璋：一個歷史和人格的研究〉，黃小平，《師大學報》第 24 期，國立臺灣師範大學。

37. 〈從《三言》看晚明商人〉，黃仁宇，《放寬歷史的視界》，允晨叢刊十九，臺北，允晨文化公司，民國 81 年 1 月 14 版。

38. 〈明政制上並設南京部院之特色〉，黃開華，《明史論集》，臺北，誠明出版社。

39. 〈儒家對于婚喪祭禮之理論〉，馮友蘭，原載《燕京學報》第 3 期（1928），收入杜正勝編《中國上古史論文選集下冊》，臺北，華世出版社，民國 68 年 11 月初版，頁 1175～1190。

40. 〈中國歷史上的皇權和忠君的觀念〉，寧可、蔣福亞，《歷史研究》1994 年第 2 期，總頁第 79-95，中國社會科學雜誌社出版。

41. 〈對禮學的歷史考察〉，詹子慶，《東北師大學報》1996 年第 5 期（總第 163 期），長春，東北師範大學。

42. 〈試論東林黨人反對內閣專權的歷史意義〉，鄭文君，《四川大學學報》，1994 年第 4 期，頁 63～70。

43. 〈仕與隱——傳統中國政治文化的兩極〉，劉紀曜，《中國文化新論思想篇一，理想與現實》，臺北，聯經出版公司。

44. 〈公與私——忠的倫理內涵〉，劉紀曜，《中國文化新論思想篇二，天道與人道》，臺北，聯經出版公司，民國 71 年 11 月初版，民國 78 年 8 月第 6 次印行，頁 171～207。

45. 〈探索中國官僚體系的新嘗試——評介「清代官僚的內部組織：法律、規範與溝通」〉，劉紀曜，《國立臺灣師範大學歷史學報》第 6 期。

46. 〈勘合制度與明代中央集權〉，羅冬陽，《東北師大學報》1997 年第 1 期（總第 165 期），東北師範大學。

47. 〈皇帝決策與明代興亡〉，蕭立軍，《明清史論文集》第二輯，天津古籍出版社出版，1991 年 8 月第 1 版，頁 76～86。

48. 〈三楊與明初之政治〉，駱芬美，臺北，中國文化大學史學研究所碩士論文，民國 71 年 7 月。

49. 〈楊士奇與明永樂朝之內閣〉，駱芬美，《實踐學報》，臺北，實踐大學（原實踐設計管理學院），第 20 期，民國 78 年 6 月，頁 105～142。

50. 〈試論影響明洪武朝四輔官設立廢除的因素〉，駱芬美，《明史研究專刊》第 9 期，民國 78 年 12 月，頁 139～215。

51. 〈論古代中國「守喪」制的意義〉，駱芬美，《實踐學報》，臺北，實踐大學（原實踐設計管理學院），民國 83 年 6 月，第 25 期，頁 207～239。

52. 〈概說先秦至五代的「丁憂」守制〉，駱芬美，《簡牘學報》第 15 期，臺北，簡牘學會，蘭臺出版社，民國 82 年 12 月，頁 259～286。

53. 〈論明洪武朝的「丁憂守制（西元 1368 年至 1398 年）」〉，《實踐學報》，臺北，實踐大學（原實踐設計管理學院），民國 85 年 6 月，第 27 期，頁 127～151。

54. 〈試論明朝內閣制度的形成和發展〉，關文發，《明清史國際學術討論會論文集》。

55. 〈讀明初開國諸臣詩文集〉，錢穆，《明代政治》，明史論叢之四，臺北，臺灣學生書局。

二、外文資料

1. 《喪服總說》，日，景山誠一，日本，大東文化大學東洋研究所叢書六，大東文化大學東洋研究所刊，昭和 44 年 3 月。

2. 〈明朝の政治體制〉，日，萩原淳平，《京都大學文學部研究紀要》第十一，京都大學文學部。昭和 42 年 3 月。

3. 〈東林派とその政治思想〉，日，小野和子，《東方學報》第 28 號，日本京都大學人文科學研究所，1958 年，頁 249～282。

4. 〈東林黨と張居正——考成法を中心に〉，日，小野和子，收入小野和子編《明清時の政治と社會》，日本，京都大學人文科學研究所，1983 年。

5. 〈張居正の研究〉，日，鈴木正，《史觀》，日本早稻田大學史學會編。

6. 〈明王朝成立の軌跡——洪武朝の疑獄事件と京師問題をめぐつて〉，日，檀上寬，《東洋史研究》第三十七卷，第 3 號，日本昭和 52 年 12 月發行。

7. 《中國近世政治史研究——明代科道官の言官機能》，韓，曹永祿，轉引自日・渡昌弘書評《東洋史研究》第四十九卷第 2 號。

8. Edward C. Farmer, Early Ming Government: The Evolution of Dual Capitals. （虹橋書局翻印版）

9. Richard A. Solomon, Mao's Revolution and Chinese Political Culture, University of California, Berkeley, 1971.

10. Tomas A. Metzger. Escape from Predicament: Neo-Confucianism and China's Evolving Political Culture (New York, Columbia University Press, 1977.

11. Tomas A. Metzger. 'The Internal Organiztion of Ch, ing Bureaucracy: Legal, Normative, and Communication aspects, Harvard University press, Cambridge, Mass, 1973（虹橋翻印版）

12. Wm. Theodore de Bary, "Chinese Despotism and the Confucian Ideal: A Seventeenth-century View" in John K. Fairbank ed, Chinese Thought and Institutions (University of Chicago Press, 1957)

三、譯文（書）

1. 〈明末的東林運動〉，Charles O. Hucker 著，張永堂譯，《中國思想與制度論集》。

2. 〈獨立自主的代價——知識份子與明清政治〉，Frederic Wakeman 著，劉唐芬譯，收入周陽山編《知識份子與中國》，臺北，時報出版公司。

3. 〈近代中國社會的變化〉，龔忠武編譯，《大陸雜誌》三十一卷 10 期，民國 54 年 11 月 30 日出版。

4. 《劍國中國明代史》，美，牟復禮、英，崔瑞德，中國社會科學出版社。

5. 《明代地方官吏及文官制度——關于陝西和西安府的研究》，法·讓；德·米里拜爾著，郭太初、張上賜、蔣梓驊譯，陝西人民出版社，1994 年 4 月第 1 版。